ALMIRANTE NELSON

O HOMEM QUE DERROTOU NAPOLEÃO

Consulte nosso catálogo completo e últimos lançamentos em **www.editoracontexto.com.br**.

GUERREIROS

ALMIRANTE NELSON

O HOMEM QUE DERROTOU NAPOLEÃO

Armando Vidigal

Revisão técnica
Francisco Eduardo Alves de Almeida
William de Sousa Moreira

editoracontexto

Imagem de capa
Retrato de almirante Nelson, por Lemuel Francis Abbott

Montagem de capa e diagramação
Gustavo S. Vilas Boas

Preparação de textos
Lilian Aquino

Revisão
Evandro Lisboa Freire

Dados Internacionais de Catalogação na Publicação (CIP)
(Câmara Brasileira do Livro, SP, Brasil)

Vidigal, Armando, 1928-2009.
    Almirante Nelson : o homem que derrotou Napoleão / Armando
Vidigal. – 1. ed., 1ª reimpressão. – São Paulo : Contexto, 2012.

    Bibliografia
    ISBN 978-85-7244-662-4

    1. Almirantes – Grã-Bretanha – Biografia 2. Batalhas navais –
História 3. Grã-Bretanha – História naval 4. Nelson, Horatio Nelson,
Visconde, 1758-1805 I. Título.

11-09141   CDD-359.0092
Índice para catálogo sistemático:
1. Almirantes : Biografia : Grã-Bretanha : Força naval : História marítima   359.0092

2012

EDITORA CONTEXTO
Diretor editorial: *Jaime Pinsky*

Rua Dr. José Elias, 520 – Alto da Lapa
05083-030 – São Paulo – SP
PABX: (11) 3832 5838
contexto@editoracontexto.com.br
www.editoracontexto.com.br

À Hortência,
esposa e companheira,
cuja infinita paciência e
compreensão tornou este
livro possível.

SUMÁRIO

PREFÁCIO

Este é um livro sobre a vida de um herói marinheiro, o almirante Horatio Nelson (1758-1805), escrito por um apaixonado pelo mar, o almirante Armando Vidigal, que o deixou manuscrito, ao falecer em dezembro de 2009.

Durante sua carreira na Marinha do Brasil, o almirante Vidigal desempenhou com destaque todas as funções e cargos que exerceu e, depois que deixou o serviço ativo, produziu vários trabalhos para a Marinha Mercante Nacional. Ganhou cinco vezes o *Prêmio Revista Marítima Brasileira* (periódico publicado pela Marinha desde 1851), com artigos originais e brilhantes, em que transmitia seu entusiasmo pelas coisas do mar. Ele contribuiu para formar, principalmente nas pessoas mais jovens da comunidade marítima brasileira, uma forte consciência da importância do Poder Marítimo e de seu componente militar, o Poder Naval, para o Brasil. Publicou muitos livros e artigos; realizou palestras; expôs seu pensamento sem medo da crítica, sabendo que publicar é um ato de humildade, de sujeição a outras formas de pensar; e criou novos patamares de conhecimento, para benefício de todos. No relacionamento futuro do país com o mar haverá, provavelmente, a contribuição de muitas das ideias que deixou.

O almirante Vidigal era estudioso da História Marítima e conhecia bem a História da Marinha Real inglesa, e depois britânica, por sua importância e pela influência que exerceu em outras Marinhas, como, por exemplo, a do Brasil.

A vitória da Grã-Bretanha nas Guerras Napoleônicas iniciou um período conhecido internacionalmente como *Pax Britannica*. Durante quase um século, por meio de um Poder Marítimo notável, a Grã-Bretanha exerceu o domínio dos mares e se tornou próspera. Nesse seu poderio estavam: o transporte por navios mercantes, para suprir o comércio internacional; a instalação de cabos telegráficos submarinos, para a comunicação com outros continentes; a liderança no projeto e na construção de novos navios, alguns inovadores; e a atuação de forças navais, em todos os oceanos, para garantir interesses nacionais britânicos. Essa predominância internacional se manteve até a Primeira Guerra Mundial, no século xx.

A característica das táticas empregadas por Nelson foi a agressividade com que procurava destruir a Força Naval inimiga em combate. Não lhe bastava uma vitória estratégica obtida com resultados táticos indecisos. Na descrição da Batalha de Trafalgar, que inicia este livro, ele utilizou uma tática arriscada, que expôs ao fogo concentrado da força franco-espanhola os navios ingleses que lideravam suas duas colunas, o Victory, onde estava a bordo, e o Royal Sovereign, do contra-almirante Cuthbert Collingwood. Seu principal propósito foi destruir o inimigo. O mesmo aconteceu com sua iniciativa em Cabo de São Vicente, no comando da Batalha do Nilo (ou Aboukir) e na destruição da Esquadra dinamarquesa, em Copenhague. Tudo isso e muito mais foi descrito neste livro por um profissional capacitado para fazer a análise militar de combates e situações, um almirante que dirigiu a Escola de Guerra Naval brasileira.

O almirante Vidigal não deixa de expor também a vida pessoal de Nelson, nem sempre louvável em algumas ocasiões (como a vez em que dividiu a mesma casa com a amante e seu marido, lorde Hamilton). É, porém, impossível conhecer a personalidade do grande herói sem falar de seu grande amor, Emma (lady Hamilton), uma das mulheres mais bonitas de sua época. Para Nelson, ela era seu anjo, para outros, uma aventureira que iniciara sua vida, aos 16 anos, como prostituta. Pintores e escultores a utilizaram como modelo; escritores, como Goethe, a descreveram e, graças a isso, hoje, passados dois séculos, conhece-se bem sua imagem e beleza, verdadeiramente deslumbrante quando jovem. "Emma adorava representar, emocionar e inspirar", gostava de ser sempre o centro das atenções, como o almirante Vidigal relata no livro. Com a idade, engordou, passou a beber sem moderação e contraiu muitas dívidas. Anjo, demônio, ou apenas uma mulher linda, em quem faltava a educação suficiente para moldar um caráter digno e que tinha o poder de seduzir um herói, para possuí-lo e, talvez, usufruir de parte de sua fama?

O que aconteceria com Nelson se não morresse em Trafalgar? Seria esquecido, como muitos outros, e iria cuidar de sua propriedade na Sicília, talvez cego, ao lado de uma mulher detestada por muitos? Impossível saber, mas ele não seria facilmente esquecido. Seriam lembrados: sua liderança sobre os subordinados; seu planejamento detalhado para as batalhas; sua indômita agressividade contra os inimigos; sua capacidade de aproveitar bem as oportunidades, transformando-as imediatamente em vantagens; e, sem dúvida, suas grandes vitórias, que ajudaram a proporcionar para seu país prosperidade garantida por um século de domínio dos mares. Período lembrado pelos males do colonialismo e, também, pela propagação, por todo o planeta, de ideias liberais, conceitos de justiça e outros valores sociais importantes, além de produtos tecnológicos da "Revolução Industrial" – que demonstrou, desde então, que o capitalismo era provavelmente, apesar de seus defeitos, o melhor sistema de organização econômica para uma nação.

O almirante Nelson morreu em Trafalgar e pediu para não ser jogado ao mar. Então, seu corpo foi, primeiro, conservado em um barril de conhaque, depois exposto no Salão Pintado de Greenwich e sepultado na Catedral de Saint Paul, em Londres. Suas últimas palavras foram: "*Kiss me, Hardy*", dirigindo-se a seu amigo e comandante do Victory. É também possível que tenha dito "*Kismet, Hardy*", ou seja, "O destino, Hardy". O destino que o levou a morrer em Trafalgar, mas também que lhe garantiu a admiração eterna de todos os marinheiros. Como acreditar em tudo que dizem as testemunhas orais?

Quando o almirante Vidigal faleceu, suas cinzas foram jogadas ao mar, em janeiro de 2010, cumprindo seu desejo. Em seu tempo, felizmente, não houve guerras, mas ele deixou uma obra duradoura, que vem ajudando a propagar a consciência marítima no Brasil. Este livro é um elo a mais nessa corrente, que precisa ser forte em benefício da prosperidade dos brasileiros.

Dizem que Collingwood comentou, ao identificar a mensagem com bandeiras – "A Inglaterra espera que cada um cumpra seu dever" ("*England expects that every man will do his duty*") –, lançada por Nelson no mastro do Victory antes de engajar o inimigo em Trafalgar, que esperava que o almirante parasse de sinalizar, pois todos sabiam o que tinham que fazer. Embora essa mensagem pareça sempre desnecessária, ela é essencial, porque se todos cumprissem seus deveres o mundo seria muito melhor.

Almirante Vidigal – amigo e mestre – obrigado por ter cumprido seu dever.

Armando de Senna Bittencourt★

★ Armando de Senna Bittencourt é vice-almirante (reformado) e o atual diretor do Patrimônio Histórico e Documentação da Marinha. É também sócio efetivo do Instituto Histórico e Geográfico Brasileiro e emérito do Instituto de Geografia e História Militar do Brasil.

A MORTE DO GUERREIRO

19 de outubro de 1805 a 9 de janeiro de 1806

O plano que Nelson havia apresentado aos seus comandantes para enfrentar a esquadra combinada franco-espanhola tinha o objetivo de garantir que a batalha a ser travada fosse decisiva e aniquilasse totalmente a força inimiga. Em linhas gerais, ele pretendia estabelecer sua força em três divisões, cada uma formando uma coluna; uma das colunas seria formada com os navios de linha mais velozes da força e seria mantida, na medida do possível, do lado do vento ou numa posição que as circunstâncias indicassem ser vantajosa, sob o comando de alguém que fizesse exatamente o que lhe fosse determinado, isto é, intervir na batalha no local correto e na hora certa, seja o local e a hora previstos por ele, seja o local e a hora em que as circunstâncias ditassem, de acordo com sua avaliação da situação. Disse Nelson, confiante na vitória:

> As outras duas divisões, formadas em duas colunas, investirão sobre o meu comando contra a linha de batalha inimiga, se possível contra um ponto a um terço da linha inimiga a contar do navio líder da linha. Penso que dessa forma surpreenderei e confundirei o inimigo, tornando inevitável o seu aniquilamento.

Esse plano audacioso representava uma ruptura total do enfrentamento clássico, em que as duas forças antagônicas, cada uma formando uma linha de batalha, navegando em rumos paralelos, trocariam bordadas a uma determinada distância, como previsto nas Instruções de Combate. Sem dúvida, os navios líderes das duas colunas correriam um enorme risco durante a aproximação e apenas eles teriam condição de responder ao fogo inimigo, só podendo usar os canhões de proa. Para Nelson, sem correr riscos não se poderia obter uma vitória decisiva. Infelizmente, na batalha que estava por vir, ele não tinha navios suficientes para fazer a divisão de reserva que queria.

A saída de Villeneuve de Cádis se deu quando Nelson teve de enviar alguns de seus navios para obter água e provisões. A força combinada franco-espanhola que se fez ao mar no dia 19 era composta por 33 navios de linha, 18 franceses e 15 espanhóis, acompanhados por 5 fragatas e 2 brigues, todos franceses. Não eram duas forças independentes atuando de forma coordenada, mas uma força integrada sob comando do vice-almirante francês Villeneuve e, sendo seu segundo o vice-almirante espanhol Gravina; 4 outros almirantes, 2 de cada país, estavam também presentes bem como diversos comodoros. Entre os navios dessa força, havia 4 navios de 3 conveses, de 100 a 130 canhões cada, todos espanhóis, entre os quais estava o Santíssima Trinidad, o maior navio até então existente.

A força de Nelson, com 27 navios de linha, tinha 7 navios de 3 conveses, de 98 a 100 canhões cada um; mas entre os navios de menor classe, a desvantagem era britânica. Todos os demais navios de linha das duas forças oponentes eram navios de 74 canhões, os navios considerados por todas as marinhas da época os mais adequados para as muitas tarefas de uma esquadra, já que os navios mais pesados e mais bem armados só eram utilizados para reforçar os pontos mais críticos de uma linha de batalha.

A manobra para conduzir uma força tão grande como a combinada não era tarefa fácil e, somente às 15h do dia seguinte, 20 de outubro, a frota completa estava fora da baía. O vento então soprava forte, variando de sudoeste para norte ou para oeste, com a frota de Villeneuve procurando tomar o rumo para os estreitos de Gibraltar. Desde que os movimentos do inimigo foram informados a Nelson, ainda a 19, ele manobrou sua força para iniciar uma caçada geral a sudeste, com um leve vento sul, para cortar a rota dos navios inimigos.

A última carta escrita para lady Hamilton seria encontrada em sua mesa, aberta e não assinada, depois da batalha, escrita em duas etapas, uma a 19 e outra a 20. Trechos dessas cartas estão aqui transcritos. A do dia 19 dizia o seguinte:

Minha muito amada Emma, querida amiga do meu coração [...]. Peço ao Deus das batalhas coroar o meu empreendimento com o sucesso; em todos os momentos, eu terei cuidado para que o meu nome seja sempre muito caro para você e Horatia, ambas amadas por mim mais que a minha própria vida. Como minha última carta antes da batalha será dirigida a você, espero em Deus que eu viva para poder terminar minha carta depois da batalha. Possam os céus abençoar as suas preces.[1]

No dia seguinte ele pôde acrescentar algumas palavras, das quais transcrevemos apenas o final:

Que Deus Todo Poderoso nos dê a vitória sobre essas pessoas e nos permita alcançar a paz.[2]

Ele também enviou uma carta para Horatia, em que mostrava seu carinho pela filha.

Ao nascer do dia 20, com uma brisa fresca soprando de sul-sudoeste e chuvas pesadas, a força britânica estava perto da entrada dos estreitos, entre os cabos Trafalgar e Spartel, sem nenhuma visão, mas com a certeza de não terem sido precedidos pela força inimiga. As informações recebidas das fragatas que, a distância acompanhavam a força franco-espanhola, indicavam que deixava muito a desejar quanto à marinharia e à disciplina. Nelson manteve seu plano original, apesar da reserva relativa à terceira divisão.

Na manhã do dia 21, Villeneuve compreendeu que sua força não poderia cruzar os estreitos sem enfrentar a força inimiga e, como Nelson esperava, o almirante francês tentou evitar o combate, invertendo o rumo de sua força na tentativa de ficar sob a proteção das baterias costeiras espanholas. Já era tarde, porém, e o tempo não o ajudou: naquela manhã os ventos eram fracos, soprando na direção de terra e levantando grandes ondas.

A BATALHA DE TRAFALGAR, 21 DE OUTUBRO DE 1805
O ATAQUE – POSIÇÕES EXATAMENTE ANTES DO MEIO-DIA

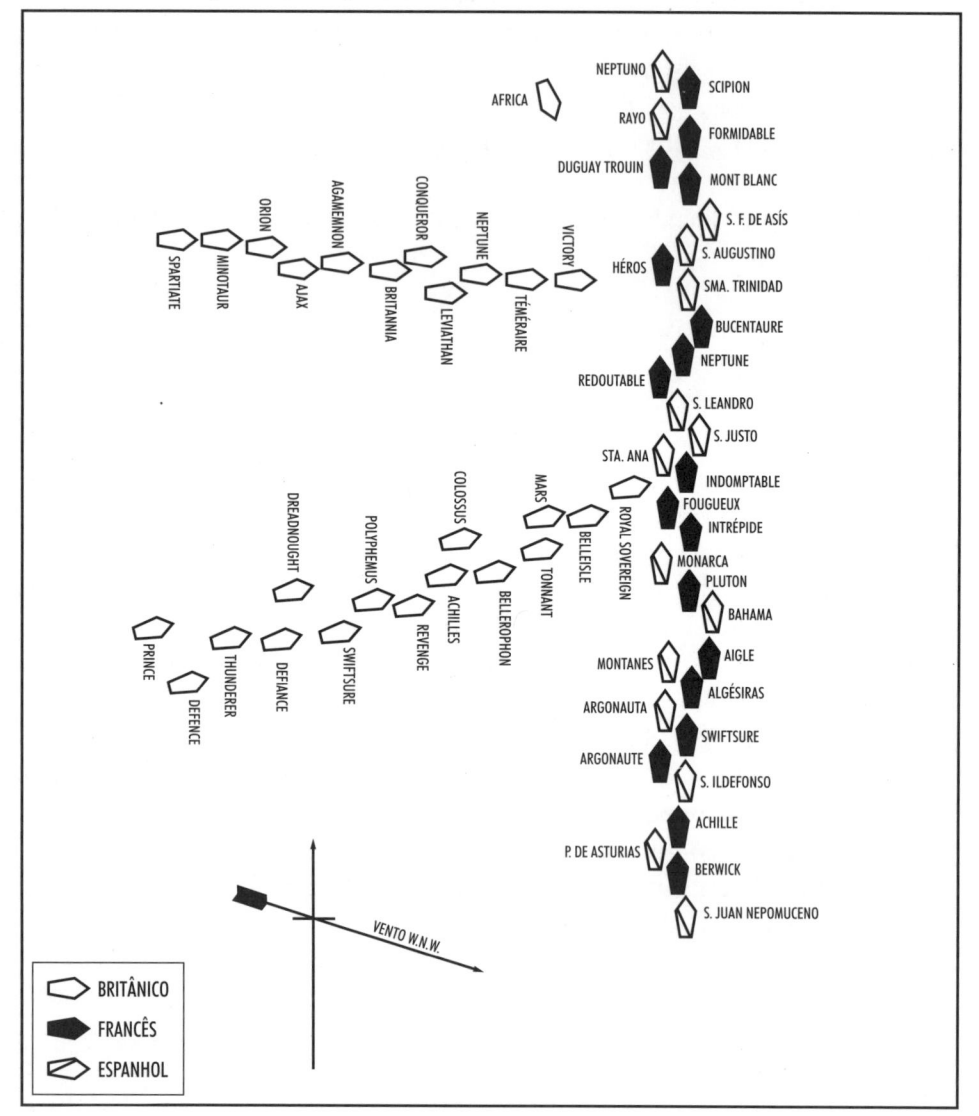

Na presença de Hardy e de Blackwood, que no comando das fragatas fora chamado para ser cumprimentado pelo excelente trabalho de acompanhar a força inimiga e dar suas últimas instruções, Nelson assinou um aditamento ao seu testamento no qual pedia que a nação cuidasse de lady Hamilton e de Horatia no caso de sua morte. Nesse documento, ao se referir aos relevantes serviços prestados por lady Hamilton ao país, ele dizia:

Pudesse eu recompensar esses serviços, eu não apelaria agora ao meu país, mas como eu não tive poder para isso, eu deixo Emma, lady Hamilton como um legado para o meu rei e minha pátria, que eles lhe deem uma ampla provisão para que mantenha seu estilo de vida. Também deixo à beneficência de meu país o futuro de minha filha adotada, Horatia Nelson Thompson, que desejo no futuro use somente o nome de Nelson. São estes os únicos favores que peço para meu rei e para minha pátria no momento em que vou lutar as suas batalhas...[3]

No diário de Nelson, antes da batalha, pode ser lido:

Que o grande Deus que eu adoro garanta para minha pátria, e para o benefício da Europa em geral, uma grande e gloriosa vitória, e que nenhuma conduta errada de quem quer que seja venha manchá-la; e que após a vitória, a humanidade seja o sentimento dominante na esquadra britânica. No que me diz respeito, dedico minha vida a Ele que me fez, e que possam Suas bênçãos iluminar os meus empreendimentos para servir minha pátria fielmente. Para Ele eu me entrego, bem como a justa causa que me foi confiada defender. Amém, amém, amém.

Do Victory foi içado, então, o sinal para toda a esquadra: "A Inglaterra espera que cada um cumpra o seu dever."

A coluna de Nelson era liderada pelo Victory e constituiu a coluna mais a barlavento, isto é, a do lado do vento, e a outra coluna a sotavento, oposta à entrada do vento, era liderada por Collingwood, a bordo do Royal Sovereign – ele deixara pouco antes o Dreadnough que, embora um bom navio, era de marcha lenta. O vento estava fraco quando veio o sinal para formar as duas divisões. Tão logo os líderes guinaram contra o inimigo, os navios restantes alinharam-se da melhor maneira possível, ficando 13 na coluna de Collingwood e os outros 12 atrás do Victory. As duas linhas estavam separadas entre si por cerca de uma milha.

O navio de Collingwood foi o primeiro a engajar com o inimigo, mas em breve as duas colunas estavam completamente engajadas. O Victory rompeu a linha francesa muito próximo à popa do Bucentaure com o pavilhão de Villeneuve. A vanguarda francesa – cerca de 10 a 12 navios – ficou isolada do centro, mas levou tanto tempo para os navios guinarem em sua ajuda que, quando o fizeram, a batalha já estava decidida. Nelson participou da captura ou destruição de 20 navios inimigos. A aniquilação da esquadra combinada foi completa. No entanto, em razão da confusão reinante ao fim do encontro, da dificuldade de providenciar guarnições de presas para os navios que se renderam, de navios afundados ou encalhados, além da tempestade que caiu depois da batalha, apenas quatro navios apresados chegaram a Gibraltar (nenhum deles de primeira-classe).

O Victory pulverizou primeiramente o Bucentaure, levando-o à rendição. Logo depois teve de enfrentar o Redoutable, navio comandado pelo capitão Lucas e um dos poucos bem treinados da frota combinada, tendo sua guarnição lutado com enorme bravura. Foi de um atirador do Redoutable que partiu o tiro que derrubou Nelson, quando caminhava no passadiço do Victory com o capitão Hardy. Ele ainda viveria por algumas horas no convés, permitindo que tomasse conhecimento da extensão da sua vitória. Trafalgar foi a maior de todas as batalhas da época da vela. Embora a guerra tenha se arrastado ainda por 10 anos, foi Trafalgar que tornou possível todas as vitórias posteriores em terra, tendo assegurado a definitiva predominância da Marinha Real britânica.

A bala atingiu Nelson no ombro esquerdo, na parte da frente da sua dragona, perfurando o pulmão, onde cortou uma grande artéria e atravessou a sua coluna da esquerda para a direita, alojando-se finalmente nos músculos das costas. Para que os homens do Victory não ficassem chocados com a queda do almirante, ao ser transportado para baixo Nelson foi coberto no rosto e em suas condecorações com um lenço.

Os navios que vieram à frente das duas colunas — o Victory e o Téméraire de um lado e o Royal Sovereign e o Belleisle do outro — sofreram enormes avarias e cerca de um terço de todas as baixas ocorridas. Eles forçaram sua passagem e, sacrificando-se, pulverizaram a resistência local, acabando com a integridade da linha inimiga e abrindo caminho para os navios que vinham mais atrás. Quando a vanguarda inimiga guinou para proteger o centro já era tarde, e chegaram desordenadamente. Teve início, então, a fase final da batalha.

Hardy, momentaneamente no comando, apesar das insistentes intervenções do moribundo almirante, não pôde fazê-lo até que dois navios britânicos que ainda não tinham se engajado — o Spartiate e o Minotaur — interpuseram-se entre o Victory e a vanguarda inimiga que se aproximava.

Nelson perguntou a Hardy pelo desenrolar da batalha, sendo informado de que se tratava de uma grande vitória, com 12 a 14 navios inimigos capturados e que nenhum navio britânico havia arriado sua bandeira. Depois de expressar esperanças na recuperação do almirante, o que foi tristemente negado por Nelson, Hardy recebeu instruções para entregar todas as suas coisas, inclusive uma mecha de seu cabelo, para lady Hamilton. Antes de voltar ao passadiço, Hardy apertou, comovido, as mãos de Nelson.

Às 15h, os cinco navios de vanguarda inimiga, passando à distância de tiro, abriram fogo contra os navios britânicos e suas presas, mas essa troca de tiros a distância foi bastante ineficaz, só acarretando a morte ou o ferimento de mais alguns homens. Com o Victory ainda mostrando o pavilhão do almirante, Hardy tinha de permanecer no convés. Ele decidiu então enviar um oficial a Collingwood infor-

Quadro que idealiza a morte de Nelson. Na verdade, ele foi levado para o convés inferior antes de falecer para que os homens do Victory não ficassem chocados com a queda do almirante. [*Painting of the death of Lord Nelson on the deck of the Victory during the Battle of Trafalgar* (1806), por Benjamin West]

mando o estado de Nelson, embora tivesse deixado claro que enquanto vivesse não passaria o comando.

Às 16h, Hardy estava de volta ao lado de Nelson, dessa vez congratulando-o pelo tamanho da vitória. Depois, o almirante determinou a Hardy que, em razão da aproximação da tempestade, desse ordem para todos fundearem. Em seguida afirmou: "Não me jogue pela borda, você sabe o que deve fazer. Tome conta de minha cara lady Hamilton, Hardy; tome conta da pobre lady Hamilton. Beije-me, Hardy."[4]

Hardy ajoelhou-se e beijou Nelson na face. "Agora estou satisfeito. Graças a Deus, cumpri meu dever",[5] disse Nelson.

Antes de deixar Nelson, Hardy beijou-o na testa.

Essa última entrevista não levou mais de oito minutos. Enquanto pôde falar, Nelson não deixou de repetir para o médico "Graças a Deus, cumpri o meu dever". Suas últimas palavras, segundo o doutor, foram "Deus e minha pátria". Eram 16h30 quando ele fechou os olhos para sempre, três horas após ter sido atingido.

É impossível não transcrever aqui as palavras do renomado historiador naval norte-americano Alfred Thayer Mahan, referindo-se à morte desse guerreiro:

> Lá, cercado pelos companheiros de seu triunfo, e pelos troféus de suas proezas, nós deixamos o herói com sua glória. Partilhando de nossas fraquezas mortais, ele nos deixou um legado de um devotamento pessoal, que era nele ideia fixa, que nunca perecerá. Como o hino do seu funeral proclamou, enquanto a nação se levantava, "o corpo é enterrado em paz, mas seu nome viverá para sempre". As guerras podem terminar, mas a necessidade de heroísmo nunca deixará a terra, enquanto o homem continuar homem e existir o mal para ser remediado. Enquanto houver perigo a ser enfrentado ou dever a ser cumprido, à custa do indivíduo, os homens tirarão inspiração do nome e dos feitos de Nelson.[6]

Collingwood não seguiu o conselho de Nelson, recusando o fundeio. Quando chegou a tempestade, acompanhada de fortes chuvas, que duraram quatro dias, os acidentes se sucederam: o Redoutable, a reboque do britânico Swiftsure, afundou, e o Neptune e o Aigle, também capturados, encalharam. A frota vitoriosa logo se dispersou e diversas presas, com um número pequeno de homens para navegá-las, não estavam mais sendo rebocadas; o Santissima Trinidad teve de ser afundado, bem como as presas que não podiam ser controladas foram incendiadas ou afundadas.

Para preservar o corpo de Nelson, depois que seu cabelo foi parcialmente cortado para ser dado à lady Hamilton, ele foi colocado numa espécie de tonel, cheio de *brandy* com uma pequena abertura em cima e outra embaixo. O tonel foi colocado em pé e deixado sob a guarda de uma sentinela no convés do meio. O Victory, bastante avariado, foi rebocado pelo Polyphemus, mas durante a tempestuosa noite de 24, o homem de sentinela percebeu que a tampa do tonel estava lentamente se levantando e correu por ajuda. Provavelmente, o tonel foi fechado, ficando algum ar no seu interior, de modo que foi necessário esvaziá-lo completamente pelo fundo e depois reenchê-lo por cima para retirar todo o ar. Na tarde seguinte, o Polyphemus teve de cortar o reboque para não ser alcançado pelo Victory, tendo-o perdido de vista por 48 horas. No dia 26, tendo diminuído a tempestade, o Neptune, de Fremantle, tomou o Victory a reboque.

Trafalgar custou aos britânicos 1.690 baixas, entre mortos e feridos, e à frota combinada 5.860 baixas e 20 mil prisioneiros, levados para a Grã-Bretanha. A morte de Villeneuve foi tristemente trágica. Depois de alguns meses de cativeiro, ele foi trocado, mas não chegou a Paris. Na viagem de regresso foi encontrado na cama do hotel com uma faca no peito, possivelmente tendo se suicidado. O vice-almirante espanhol Gravina morreu por conta dos ferimentos da batalha.

Onze navios da força combinada chegaram a Cádis e de lá nunca saíram. Os quatro navios de vanguarda que escaparam foram capturados em seguida, a 4 de novembro, ao largo do Cabo Ortegal.

No dia 5 de novembro, à meia-noite, chegaram a Londres os despachos de Collingwood sobre a batalha. A típica manchete dos jornais no dia seguinte traduz bem o sentimento geral, do governo e do povo, entre a alegria pela vitória e tristeza pela morte do seu herói: "É com sensações misturadas de alegria e angústia...".

O herói voltaria para casa a bordo do seu próprio capitânia, o Victory. Muito avariado durante a batalha, o navio, após uma semana em Gibraltar, estava em condições de fazer a viagem de volta à Inglaterra. A 4 de novembro, deixou aquele porto e, a 5 de dezembro, chegou a Portsmouth, onde estava sendo esperado por enorme multidão. Durante uma semana, o capitânia permaneceu ancorado em Spithead, objeto de ininterrupta veneração; de lá partiu para Downs, onde, finalmente, o cirurgião de bordo e seus assistentes fizeram a autópsia de Nelson. O corpo estava em perfeito estado de conservação e as máscaras mortuárias, feitas dez dias mais tarde, mostraram que suas feições não estavam alteradas, com uma expressão de profundo repouso.

O corpo de Nelson foi colocado no caixão construído com parte da madeira do mastro principal do L'Orient, que havia sido ofertado ao vencedor da Batalha do Nilo. Envolvendo esse caixão foram colocados outros caixões de chumbo e, finalmente, o caixão externo, descrito como "o mais elegante e suntuoso já visto na Europa", e posteriormente coberto com um veludo preto com 13 bordados, desde o leão britânico com a bandeira da Grã-Bretanha, Britânia e Netuno, até a Esfinge, a Águia, o Crocodilo, o Cavalo Marinho e o Golfinho. No dizer de uma pessoa amiga:

> Ele será enterrado em Saint Paul, diretamente sob a cúpula, que será o seu monumento e poderá ao mesmo tempo lembrar a milhares de espectadores seus méritos e sua perda, e animar, num último olhar para Londres, os guardas marinha, tenentes, capitães e almirantes de partida, a imitar o seu exemplo.[7]

Na véspera de Natal, o caixão de Nelson chegou a Greenwich, onde ficaria em exposição até o dia do enterro, 9 de janeiro de 1806. O local era iluminado por velas de cera colocadas em longos castiçais e num estrado em forma de crescente cercado por um corrimão. Debaixo de um dossel muito alto com entalhes em preto e dourado, estava o caixão, com uma pequena coroa de visconde sobre ele. Dez funcionários do Departamento de lorde Chamberlain faziam a guarda. A presença constante do capelão do Victory se justificava, pois ele não queria se afastar de seu chefe até o último momento do sepultamento. Durante os dias de exposição, mais de 30 mil pessoas o visitaram. Guardas permanentemente esforçavam-se para manter as intermináveis filas se movimentando.

Na noite de 8 para 9 de janeiro, a cidade de Londres, que havia recebido gente de toda a parte, e encontrava-se cheia como nunca, não dormiu. Trinta e um almirantes e uma centena de capitães estavam acordados, com seus uniformes de gala. A partir da meia-noite, todo o tráfego de carruagens tinha sido interrompido nas ruas por onde o caixão passaria. Às 3h milhares de pessoas se deslocavam nas ruas ainda escuras, apressando-se para ocupar seus lugares, algumas vezes comprados a preços muito altos, para ver passar o cortejo em direção à Igreja de Saint Paul.

O caixão foi trazido por água em procissão, de Greenwich até as escadas de Whitehall, num dia de brilhante sol. A família de Nelson, seu irmão William, agora feito pelo governo conde, suas irmãs Catherine Matcham e Susanna Bolton, tiveram lugar de destaque na procissão.

Às 8h30 os sinos da catedral começaram a tocar, no entanto, somente às 12h a procissão chegou aos Horse Guards, onde deveria se postar logo após as tropas, sob o comando do veterano sir David Dundas.

Ao som de pífaros e tambores em surdina, a procissão se deslocou até o almirantado, onde o almirante foi transferido para o carro funerário, que pretendia representar, de alguma forma, o capitânia de Nelson. O carro tinha uma figura alada da Fama portando uma coroa de louros e sobre uma grande lanterna colocada por cima da janela de popa, a inscrição HMS Victory em letras maiúsculas pintadas de amarelo. Fora a música fúnebre, a multidão assistiu ao desfile no mais absoluto silêncio, só quebrado pelo murmúrio da multidão quando divisava o carro funerário.

Houve uma pausa de 35 minutos depois que o príncipe de Gales chegou, com seu irmão Clarence e lorde Moira. Às 14h o silêncio foi rompido por vozes de comando, com as tropas se alinhando ao longo da entrada da catedral; o caixão foi retirado do carro funeral por 12 homens do Victory, que foram ao encontro de seis almirantes trazendo um dossel.

O sol e a música militar deram lugar à luz de velas e ao coro; quando o caixão entrou na catedral, teve início a cerimônia que durou cerca de quatro horas. A escuridão já se instalara do lado de fora quando o serviço terminou. Dentro da catedral o coro aparecia apenas levemente iluminado, apesar de terem sido usadas muitas tochas, mas um efeito de brilho extraordinário sob o domo ocorreu, exatamente, acima do esquife, pela colocação provisória de um candelabro de 130 lâmpadas. Com o caixão já colocado no sarcófago de mármore preto e branco, houve algo inesperado e de certa forma inusitado: os homens do Victory, que deveriam colocar sobre o sarcófago as bandeiras furadas à bala que haviam desfraldado durante o desfile, rasgaram a maior das três bandeiras do Victory, em tiras e as colocaram em seus bolsos como uma lembrança do maior e mais querido de seus comandantes.

A maior parte dos presentes só conseguiu deixar a catedral em torno de 21h.

Notas

1 Citado por Admiral Alfred Thayer Mahan, *The Life of Nelson*, London, Sampson Low Marston, 1897, v. 2, cap. XVIII.
2 Idem.
3 Idem.
4 Apud Admiral Alfred Thayer Mahan, op. cit., cap. XXIII.
5 Idem.
6 Admiral Alfred Thayer Mahan, op. cit., cap. XXIV.
7 Carola Oman, *Nelson*, London, Hodder & Stoughton, 1954, p. 645.

NOS TEMPOS DE NELSON

Nascido em 1758 e morto em 1805, Nelson viveu tempos de muitas transformações tanto na Europa como no mundo.

A Guerra dos Sete Anos (1756-1763) envolveu os principais países europeus – de um lado, a França de Luís xv, a Áustria de Maria Tereza, a Saxônia, a Rússia, a Suécia e a Espanha; do outro, Inglaterra, Portugal, a Prússia de Frederico ii e Hannover. Duas grandes questões estavam envolvidas: em primeiro lugar, a disputa entre a Inglaterra e a França pelo controle comercial e marítimo das colônias, em especial as da América do Norte e da Índia; em segundo lugar, a disputa entre a Áustria e a Prússia pela liderança dos estados germânicos – disputa que só seria definida cerca de um século mais tarde, em 1870, com a unificação dos estados germânicos em torno da Prússia, constituindo a Alemanha.

Esse foi o primeiro conflito com caráter mundial e é apontado por muitos historiadores como o ponto inicial da Era Moderna. O conflito teve caráter mundial, pois as ações militares estenderam-se para o continente americano, a Índia, o Mediterrâneo e a costa oeste da África.

A fase americana do conflito ficou conhecida como Guerra Franco-Indígena porque os franceses, aliados aos índios, lutaram contra os ingleses, associados às suas colônias americanas – as 13 colônias, núcleo do que seriam os Estados Unidos da América (Massachusetts, Rhode Island, Connecticut, Nova Hampshire, Nova Jersey, Nova York, Pensilvânia, Delaware, Virgínia, Maryland, Carolina do Norte, Carolina do Sul e Geórgia).

No cômputo geral, os grandes vitoriosos do conflito foram a Inglaterra e a Prússia: pelo Tratado de São Petersburgo, em 1762, a Pomerânia foi devolvida à Prússia e pelo Tratado de Paris, no ano seguinte, quando foi assinada a paz definitiva entre franceses, austríacos e ingleses, a Inglaterra ficou com o Canadá, parte da Luisiana, com a Flórida (cedida pela Espanha), algumas ilhas das Antilhas (São Vicente, Tobago, Granada e Granadinas), feitorias costeiras no Senegal, além de ter reconhecidas todas as conquistas feitas na Índia. A Espanha recebeu da França, a título de compensação por sua participação na guerra, o restante da Luisiana e Nova Orleans.

A luta teve consequências também no sul do continente americano, já que Portugal participou do conflito ao lado da Inglaterra. Pelo Tratado de Santo Ildefonso, em 1777, a Espanha ficou de posse da Colônia do Sacramento e de grande parte do atual território do Rio Grande do Sul, tendo Portugal recuperado a ilha de Santa Catarina.

Após a guerra, a situação econômico-financeira da Inglaterra ficou extremamente difícil, levando-a a procurar angariar mais recursos das suas colônias americanas que, por terem participado ativamente do conflito, julgavam-se então logradas.

As leis que restringiam o direito de comercialização das colônias e taxavam pesadamente essas atividades, promulgadas pelo Parlamento inglês a partir de 1764, levaram a alguns incidentes, como o massacre de Boston de 1770 e o alijamento da carga de chá de navios surtos no porto de Boston em 1773. Esses fatos culminaram no I Congresso Continental, quando as 13 colônias, reunidas na Filadélfia, em 1774, exigiram a revogação das "leis intoleráveis". A resposta inglesa, reforçando as tropas nas colônias, exacerbou os ânimos, levando à luta armada em 1775.

No dia 4 de julho do ano seguinte, durante o II Congresso da Filadélfia, a independência dos Estados Unidos foi promulgada por meio de um documento preparado por Thomas Jefferson. Em 3 de setembro de 1783, pelo Tratado de Paris, foi assinada a paz e reconhecida a independência dos EUA, chegando ao fim o que ficou conhecido como a Revolução Americana ou a Guerra da Independência dos Estados Unidos da América.

Pela primeira vez na história, uma colônia de país europeu obtinha sua independência por meio de um processo revolucionário, o que teria consequências importantes nas colônias espanholas no continente americano. O exemplo dos EUA logo proliferaria.

No documento de Jefferson ficou definido que "o direito à vida, à liberdade e à procura da felicidade" era inalienável e de origem divina. Foi também estabelecido que os estados constituintes da nova Federação teriam grande autonomia e seriam regidos por uma constituição política em que se consignavam os direitos individuais dos cidadãos e se definiam o equilíbrio entre os Poderes Executivo, Legislativo e Judiciário, de modo que nenhum predominasse sobre os outros.

Essas ideias iriam inspirar o outro grande movimento libertário da época que estamos considerando: a Revolução Francesa de 1789.

Sendo a França a nação mais populosa e próspera da Europa na ocasião – em 1780 contava com 25 milhões de habitantes, contra 24 da Rússia, 17 da Itália, 10 da Espanha, 9 da Inglaterra, 8,6 da Prússia e 7,9 da Áustria, para citar apenas os países europeus mais populosos –, as consequências da Revolução seriam enormes em todo o continente, especialmente porque as mudanças ocorridas na França foram levadas, pelos exércitos da Revolução, à Itália do Norte, à Renânia, à Bélgica e à Holanda.

As mudanças políticas foram consideráveis, tendo sido o feudalismo varrido do mapa, não voltando nem depois da queda de Napoleão, sendo substituído por uma classe de camponeses livres e, pelo menos parcialmente, donos de suas terras. O absolutismo dos reis deu lugar a uma democracia que, embora limitada, levou à igualdade perante a lei e à igualdade de oportunidades, à liberdade de palavra, de culto e de acesso à informação, graças à liberdade de imprensa. A administração do país passou das mãos de uma aristocracia titulada, hereditária, para as mãos de uma burguesia de negócios, nova classe dominante. Províncias semi-independentes, com seus barões feudais, passaram a ser dirigidas por um governo central, regulado por uma lei de caráter nacional e apoiado por um exército nacional, não mais composto por mercenários, mas por cidadãos.

As transformações econômicas causadas pela Revolução foram decorrentes das mudanças políticas: a propriedade da terra pelos camponeses transformou-os numa poderosa força conservadora que se contrapunha ao socialismo do proletariado sem terras; a burguesia de negócios dominante alimentou o nascente capitalismo, com os bens gerados pelo comércio substituindo a terra como suporte para o poder político e econômico; a livre empresa foi paulatinamente ficando livre do controle do Estado, com as forças livres do mercado determinando, por si sós, os preços e os salários (vitória dos fisiocratas). Com a integração nacional, as transferências internas de produtos e bens passaram a não pagar impostos dentro do mesmo país, aumentando a sua circulação e gerando riqueza. É verdade que algumas dessas mudanças decorreram também de transformações que estavam, desde algum tempo, ocorrendo no processo produtivo, como logo discutiremos.

O aumento da liberdade, porém, logo faria com que crescessem as desigualdades na França democrática. É indubitável que a liberdade e a igualdade são incompatíveis: quanto maior a liberdade maiores as chances de prevalecerem as desigualdades inerentes aos homens, seja por razões de hereditariedade, de saúde, de inteligência etc. Na verdade, a fraternidade, tão difícil na prática devido à natureza do homem, seria o único elemento capaz de conciliar os outros dois da trindade revolucionária.

Embora a pressão das guerras que se seguiram e as de Napoleão tenham mudado o quadro inicial promovido pela Revolução, a herança cultural que ela nos deixou faz parte irremovível de nossa tradição: a liberdade de palavra, o direito pleno de reunião e uma imprensa livre são parte do acervo da humanidade. Embora tendo havido avanços e recuos, a Revolução deu início à separação entre a Igreja e o Estado, e o estado laico faz hoje parte da cultura ocidental, embora ainda não totalmente da do Islã.

A ciência foi estimulada como uma alternativa à teologia, o que ocorreu exatamente no momento em que mais essa evolução era necessária: o surgimento da Revolução Industrial, da qual falaremos adiante. Um novo sistema de pesos e medidas foi adotado em 1792, hoje quase universal.

A educação passou a ser valorizada: o estabelecimento de um sistema nacional de escolas, destinado a todas as classes, foi um importante efeito do movimento revolucionário, e ainda hoje é motivo de orgulho dos franceses.

A despeito de seus enormes defeitos – o período do terror foi uma clara demonstração de que os revolucionários, quando no poder, especialmente quando o poder não tem contrapesos, comportam-se tão mal ou pior do que aqueles que foram tirados do poder – ou até mesmo por causa dos excessos que praticou, a Revolução Francesa ocupa um importante lugar no imaginário universal, sendo uma referência sempre que os ideais de igualdade, liberdade e fraternidade estão em foco.

É inegável que quando a revolução começou, teve a simpatia universal de todos os que tinham convicções liberais à época. Preocupava a condução dos assuntos públicos por turbas vociferantes; os massacres de setembro que atentaram contra a liberdade religiosa; a abolição da realeza, o caráter crescentemente agressivo da Convenção Nacional, evidenciado pelo decreto de 19 de novembro (que estabeleceu o socorro da França a todos os povos que queriam recuperar a liberdade e a determinação para que o exército francês garantisse isso) e pelo decreto de 15 de dezembro (que anunciou em termos absolutamente claros que a Revolução tinha como objetivo a derrubada de todos os governos existentes nos países onde o exército republicano pudesse penetrar). A rápida sucessão desses fatos, cada um mais alarmante do que o outro, despertou a apreensão dos homens mais esclarecidos da

Europa e essa preocupação aumentou à medida que crescia a efervescência popular por toda parte.

É inegável, porém, que a figura mais marcante dessa época foi Napoleão. Uma síntese do que esse homem significou para o mundo foi feita por Will Durant na sua magnífica *História da civilização*:

> Napoleão permanece a mais importante figura desse tempo, com algo de nobre em volta dele, que sobrevive a despeito de seu egoísmo no poder e de suas ocasionais quebras de grandeza para a derrota. Pensava que nós não iríamos ver alguém igual a ele durante 500 anos. Esperamos que não, e no entanto é bom – e suficiente – contemplar e tolerar uma vez em um milênio o poder e o limite da mente humana.[1]

As guerras da revolução fazem parte da história e da glória de lorde Nelson e serão discutidas adiante.

Costuma-se mencionar a data de 1750 como o início da Revolução Industrial, talvez a força mais poderosa e duradoura de seu tempo. Ela teve início na Inglaterra, onde, até então, a maior parte da população vivia nos campos, ganhando seu sustento com a agricultura. Nas cidades, artesãos trabalhavam em oficinas e, dirigidos por um mestre, fabricavam objetos manufaturados. Com a Revolução Industrial, surgiram as primeiras máquinas, que fabricavam em pouco tempo grande quantidade de produtos padronizados, e a preços muito inferiores aos das manufaturas. Esses trabalhadores industriais eram pagos com um salário.

Nessa fase inicial, as condições das fábricas eram as piores possíveis e os salários extremamente baixos. Mulheres e crianças trabalhavam por longos períodos de tempo em condições desumanas, situação que persistiu por muito tempo. Cerca de cem anos mais tarde, tal fato levou Marx e Engels a fazerem no Manifesto Comunista a crítica violenta do sistema, clamando para que os operários do mundo se unissem na defesa de seus interesses. A partir daí, o marxismo tornou-se a inspiração para os movimentos sociais em todo o mundo.

Para os propósitos deste livro, a Revolução Industrial é extremamente importante, pois é graças a ela que a Inglaterra tornou-se suficientemente rica para financiar e levar a cabo as guerras desse período e, sobretudo, proporcionou a construção de uma grande esquadra, em que o gênio de Nelson iria atuar, tornando-se o maior expoente militar do país. Posteriormente, a expansão da Revolução Industrial no continente criaria condições para que a Europa dominasse o globo. Também, um pouco mais tarde, nos EUA a Revolução proporcionaria a esse país condições de se tornar a maior potência mundial, capaz de salvar a Europa da destruição sofrida após a Segunda Guerra Mundial.

A consolidação do capitalismo deve muito à Revolução Industrial e, também, conforme nos ensina Max Weber, à ética protestante.

Já vimos que, inspirada em Adam Smith, a indústria inglesa optou pela iniciativa privada para se desenvolver, livre quase na totalidade de qualquer controle governamental, valorizando decididamente o lucro. Os recursos para movimentar o sistema provinham dos próprios lucros obtidos na indústria, dos proprietários de terra que dela auferiam rendimentos e de banqueiros que ofereciam dinheiro a juros nem sempre razoáveis. A produção em larga escala, usando trabalhadores de ambos os sexos e mesmo crianças, com salários que garantiam apenas a subsistência, permitiu que a Inglaterra obtivesse ganhos como nunca antes fora possível. Os donos do capital deram ao sistema seu nome – capitalismo –, que mudaria o destino do mundo ocidental.

A necessidade de aumentar a produção logo criaria o instrumento para produzir a energia capaz de acionar as máquinas voltadas para a produção: em 1774, James Watt produziu a primeira máquina a vapor (somente em 1807, portanto 33 anos mais tarde, Robert Fulton utilizaria o mesmo princípio para propulsionar uma pequena embarcação).

Para atender à crescente necessidade de mão de obra nas fábricas, aumentou o êxodo do campo para as cidades: na Inglaterra, havia, em 1750, 2 cidades com mais de 50 mil habitantes; em 1801, havia 8; e em 1851, 29.

A publicação em 1798 do *Ensaio sobre os princípios da população*, de Thomas Malthus, do qual nos ocuparemos mais adiante, não contribuiu para a melhora das condições do proletariado. A proposta de Robert Owen, esboçada em 1799, mas só terminada em 1817, quando publicou o primeiro de seus quatro trabalhos sobre uma nova visão para a sociedade, não teve efeitos práticos, servindo apenas para mostrar que um futuro melhor era possível.

A Revolução Industrial criou novas necessidades: era preciso conseguir matérias-primas alhures e conseguir novos mercados para a venda dos produtos produzidos em grandes quantidades. O imperialismo foi a resposta. Ele se tornaria característico do século XIX e impulsionaria o transporte marítimo e as forças capazes de protegê-lo contra a ação de concorrentes ou de piratas.

É importante identificar alguns aspectos da Inglaterra durante o tempo de vida de Nelson, que, a partir da Guerra da Independência dos Estados Unidos, quando, na qualidade de tenente, participou de ação nas Índias Ocidentais, atuou em todas as guerras do seu país até sua morte em 1805.

O rei, apoiado por seu gabinete de ministros, escolhidos entre os membros do Parlamento, exercia o poder executivo: embora teoricamente ele pudesse escolher os membros do Gabinete, na prática ele chamava o líder do partido vitorioso nas eleições e este, na qualidade de primeiro-ministro, indicava ao rei os membros do Parlamento para o Gabinete. Os membros do Gabinete, ministros, eram responsáveis por suas ações diante do Parlamento e dele dependiam para a obtenção de recursos para suas pastas.

O período de 1783 a 1801, que cobre boa parte da vida de Nelson, corresponde à primeira administração de William Pitt. O jovem George III ascendeu ao trono em 1760, com 22 anos de idade, e defendia maior independência do rei em relação ao Parlamento. Entretanto, devido ao fracasso de sua liderança durante a Guerra da Independência dos Estados Unidos e seus frequentes acessos de insanidade (1765, 1788, 1804, 1810-1820), foi forçado a permitir que Pitt efetivamente governasse a partir de 1788, desde que não viesse autorizar o voto dos católicos, não condenasse definitivamente a escravidão e não assinasse a paz com a França até que Luís XVIII viesse ocupar o trono daquele país, que por direito lhe pertencia. George III era amado por seu povo, apesar de seus defeitos e por causa de seus infortúnios, por estimar a religião, por amar sua esposa e suas filhas e por dar exemplo de uma vida simples e devotada. Contribuía para isso o fato de ser inglês, ao contrário dos dois Georges que o precederam, que eram estrangeiros.

O Parlamento era composto de duas câmaras, a Câmara Superior ou Câmara dos lordes, composta por membros não eleitos, ali presentes por direito de nascimento ou por tradição, e a Câmara dos Comuns, constituída por 55 membros, sendo dois de cada uma das Universidades (Cambridge e Oxford), um do Trinity College de Dublin, 45 da Escócia e os demais escolhidos por 40 condados (*shires*) e 20 burgos (*boroughs*) por meio de eleições. O número de representantes por burgo era fixado pela tradição, não se levando absolutamente em conta o aumento ou a diminuição populacional de cada burgo ao longo do tempo; centros industriais importantes como Manchester, Birmingham e Sheffield não tinham nenhum representante no Parlamento, enquanto o velho condado de Cornwall tinha 48. Mulheres, católicos, judeus, pobres, quacres, agnósticos (ou qualquer um que não pudesse jurar lealdade à Igreja da Inglaterra) não podiam votar (somente 245 mil pessoas, num universo de 9 milhões, podiam votar, isto é, pouco mais de 2,7% da população). Como o voto não era secreto, era muito difícil evitar a pressão das pessoas influentes nos burgos.

Já existia a divisão entre *tories* e *whigs*, aqueles defendendo a antiga prerrogativa do poder real e estes a desaprovando, mais sensíveis às pretensões dos afluentes e emergentes líderes do comércio e da indústria.

O rei podia dissolver o Parlamento e determinar nova eleição e, teoricamente, podia vetar qualquer medida aprovada no Parlamento (George III nunca tentou ver se essa sua prerrogativa iria funcionar).

O direito inglês, consuetudinário, fazia com que o judiciário tivesse de se haver com um corpo de leis que crescera constantemente durante centenas de anos, trazendo o ranço de suas origens feudais, isto é, trazendo em seu bojo penalidades tradicionais brutais, o que levava, muitas vezes, os juízes a emendá-las ou simplesmente ignorá-las.

Até 1800, o número de crimes para os quais a pena máxima prescrita era a morte chegava a duzentos; a partir daí, porém, esse número foi sendo reduzido paulatinamente. O *habeas corpus*, introduzido em 1679, foi suspenso tantas vezes desde sua criação que, numa época de crise como essa de que estamos tratando, ele já não tinha força.

Os procuradores ou *solicitores*, que faziam o papel de agentes legais para o litigante em qualquer ação na Justiça, pesquisavam sobre as questões que iam ao tribunal e preparavam a documentação para os advogados, que eram os únicos a ter acesso às cortes. Entre eles, por recomendação do lorde Chanceler, o rei escolhia os juízes. Uma ou duas vezes por ano, esses juízes percorriam os condados para julgar as ações civis ou criminais; em geral, entretanto, eram os juízes de paz locais que, escolhidos pelo poder central entre os mais ricos proprietários de terra, administravam a Justiça. Não eram pagos, mas esperava-se que, devido à sua riqueza, fossem incorruptíveis.

O melhor aspecto do sistema judiciário era o direito do acusado a julgamento por um júri popular, constituído por jurados, em geral da classe média, escolhidos dentro de um grupo de 48 a 72 selecionados, por meio de um processo demorado em que as partes em litígio podiam recusar qualquer um dos apontados para o júri. Os jurados, após ouvir a apresentação das provas, os discursos dos advogados das partes e um sumário do juiz, retiravam-se para uma sala adjacente onde, sem alimentos, bebida, aquecimento e velas para iluminação, para não retardar indevidamente o veredicto, deliberavam até chegar a uma decisão unânime.

A síntese do John Stuart Mill sobre o período que estamos considerando, feita em 1838, é pertinente:

> Existe uma mentalidade inglesa, tanto na especulação como na prática, um recuo altamente salutar de todos os extremos [...]. *Quieta non movere* (não mexa no que está quieto) era a doutrina favorita daquele tempo, [...] consequentemente, sob a condição de não fazer barulho demais acerca de religião, ou de levá-la demais em consideração, a Igreja era apoiada até pelos filósofos como um baluarte contra o fanatismo, um sedativo para o espírito religioso, a fim de impedi-lo de perturbar a harmonia da sociedade ou a tranquilidade do Estado. O clero do Estabelecimento pensava ter uma boa barganha nesses termos, e seguia suas condições muito fielmente.[2]

A Igreja Unida da Inglaterra e Irlanda, com forte componente calvinista, manteve muitas características do ritual católico. Seus arcebispos e bispos eram indicados pela coroa e os párocos locais pelos senhores locais. A unidade entre o Estado e a Igreja era total, agiam como uma e mesma coisa.

A grande intolerância da igreja oficial era em relação a católicos e judeus. Com relação aos primeiros, os protestantes tinham dúvidas quanto à sua lealdade já que o papa era soberano de um Estado estrangeiro. Com o passar do tempo, a tendência era para dar-lhes total emancipação, principalmente pela perseguição que sofreram na França, país inimigo da Inglaterra, durante o período revolucionário. A emancipação só viria, entretanto, em 1829. Os judeus tinham as mesmas restrições que os católicos, proibidos de votar e de ser votados para o Parlamento, mas tinham relativa liberdade de culto, desde que o praticassem em casa ou nas sinagogas. A condição de banqueiros de muitos judeus permitiu que ajudassem a Inglaterra no longo conflito com a França; entretanto, só recuperaram seus direitos em 1858.

No que diz respeito à educação, o quadro não podia ser mais desalentador. Era melhor para a aristocracia que camponeses, o proletariado e os burgueses permanecessem analfabetos, especialmente quando cada vez se imprimiam mais panfletos que denunciavam a exploração dos pobres, a miséria reinante nas fábricas e pregavam contra a religião. Ainda em 1806, mais de dois milhões de crianças e adolescentes na Inglaterra e no País de Gales estavam fora das escolas e mais de três quartos dos trabalhadores agrícolas eram analfabetos.

Para aqueles que podiam pagar, isto é, a aristocracia e, ocasionalmente, os burgueses importantes, a educação era provida por tutores domésticos, nas escolas públicas ou nas universidades de Oxford e Cambridge (na época, inferiores às equivalentes da França e da Alemanha). A disciplina nas escolas públicas era na base do açoite e do trote, que consistia na prestação de trabalhos servis aos condiscípulos. A frequência às escolas públicas dava acesso às universidades, desde que o candidato fosse aceito pela Igreja. Lá, tutores dirigiam um ou mais alunos, por meio de conferências ou aulas particulares. Como nas escolas, o ensino nas universidades era baseado nos clássicos, mas com maior incidência das ciências exatas.

A moralidade dessa sociedade era consequência das circunstâncias reinantes. O número de crimes era grande e permeava todo o extrato social.

Um sistema em que os que detêm o poder escolhem os que vão ocupar os cargos é intrinsecamente corrupto. Desde os mais altos escalões até às camadas sociais mais baixas a desonestidade era a regra. A baixa qualidade moral do príncipe de Gales, que se reconhecia escravo das mulheres e do vinho, não representava problema maior para a aristocracia cujo procedimento era semelhante. Os camponeses, pelas características inerentes ao trabalho agrícola, obedeciam ao velho código moral, mas o proletariado nascente, dentro das limitações impostas pelos míseros salários, seguia os vícios dos citadinos mais abastados. Jovens proletárias vendiam o corpo para aumentar os seus minguados rendimentos.

Os casamentos eram na grande maioria arranjados, levando-se em costa a renda ou perspectiva: o "bom partido" era caçado por mães ávidas de casarem as filhas com alguém de dinheiro, tema recorrente nos romances de Jane Austen. Em geral, as famílias eram grandes, pois os filhos, tanto no campo como nas fábricas, deveriam contribuir para o aumento da renda familiar. O adultério era prática consagrada, a jogatina universal e o alcoolismo uma constante em todas as classes. Políticos tão diferentes em diversas questões estavam de acordo que o alcoolismo era uma anestesia, funcionando como importante fator para a paz social:

> O alcoolismo era endêmico, como uma escapatória do frio, dos nevoeiros e das chuvas, da pobreza brutalizante, das questões familiares, das crises políticas, do desespero filosófico.[3]

A guerra com a França despertou em alguns ingleses mais conscientes o receio de que uma nação, moralmente tão comprometida, não fosse capaz de fazer frente a uma invasão estrangeira ou a uma revolta interna, surgindo vozes como a de Jeremy Bentham, que atacou a venalidade e a incompetência dos políticos (voltaremos a falar dele como jurista) e a de William Wilberforce (1759-1833), reformador que ajudou na criação da Sociedade para Reforma dos Costumes (1787), e foi uma voz incansável contra o tráfico de escravos africanos e contra a escravidão. O tráfico, porém, só seria abolido em 1806 e a escravatura em 1833.

A aristocracia e os abastados em geral vestiam-se com apuro. Os homens já não usavam cabeleiras postiças e espadas na cintura: com calças e casacos longos sem bordados, esmeravam-se nos coletes, enfeitados com rendas. Abandonaram as fivelas dos sapatos, substituídas por cordões. Os cabelos eram usualmente longos. Foi a época do "dandismo", que produziu tipos como o Belo Brummel, rico e elegante, mas que, por sua paixão pelo jogo, acabou morrendo pobre num asilo francês para alienados.

As mulheres ainda usavam saias redondas, de cintura alta – moda que perduraria até a segunda década do século XIX – e corpetes que mantinham os seios cheios e elevados, visíveis por entre o amplo decote.

Para os que tinham recursos, as refeições eram enormes, com grande número de pratos: sopa, peixe, aves, carne, caça e sobremesa, tudo acompanhado por vinhos variados. A alimentação dos pobres era baseada em pão e queijo, cerveja ou chá.

A caça era uma modalidade esportiva popular entre os ricos; nas classes inferiores praticava-se a luta livre, meio por esporte, meio por competição. O boxe profissional era uma das competições favoritas, reunindo em algumas ocasiões mais de vinte mil espectadores; o críquete por sua vez era muito popular, com grande movimento de apostas, e a participação de verdadeiras multidões entusiasmadas; também as corridas de cavalo eram frequentes e motivo para muitas apostas.

As classes mais altas promoviam festividades em cafés ou em residências, onde se jogavam cartas ou outros jogos, praticava-se a *dansa* (a valsa tinha chegado à Inglaterra vinda da Alemanha e era tida como dança muito sensual) e ouvia-se música. O Pavilhão Real de Brighton era um dos locais preferidos para a realização de festividades. Havia ainda clubes da moda, onde se jogava alto ou se organizavam bailes. Uma residência particular, a Holland House, era um dos locais mais nobres onde a senhora da casa organizava saraus que reuniam a nata da sociedade.

Em síntese, pode-se dizer que a Inglaterra dessa época tinha inúmeros problemas, mas, apesar disso, em torno de 1800, era um país viril e produtivo. Embora fosse uma aristocracia, era polida; embora o rei fosse eventualmente acometido de acessos de loucura, era amado pelo povo, sendo o símbolo da unidade nacional; embora fosse um governo de classes, tanto no que diz respeito aos privilégios como aos rigores da lei, embora o proletariado vivesse uma vida miserável nas fábricas, embora a jogatina e o alcoolismo arruinassem muitas vidas, ainda assim havia certa ordem e certa estabilidade que permitiam um razoável nível de liberdade que, com exceção da França onde a liberdade se excedera, era superior ao de qualquer outro estado europeu. Diz Will Durant:

> Havia liberdade de movimento e de viajar, exceto durante a guerra; liberdade de culto desde que não se blasfemasse, liberdade de imprensa desde que não houvesse traição, liberdade de opinião desde que não se advogasse uma violenta revolução.[4]

A ordem imposta era a garantia desse grau de liberdade. A tendência inglesa para ficar no meio-termo, para nunca ir a qualquer extremo, sem dúvida, é responsável pela criação desse ambiente, tão favorável para o desenvolvimento das artes e da ciência.

A Academia Real de Artes, criada com o apoio de George III, ajudou, com seus quarenta membros, a elevar o nível dos artistas, alçando-os à nobreza como *squires*. A Academia organizava classes de anatomia, desenho, pintura, escultura e arquitetura, tornando-se uma cidadela da tradição e da respeitabilidade.

Se a música e as artes menores não floresceram de maneira especial nessa época, e nem mesmo a arquitetura, os cartunistas – Napoleão era objeto preferido das sátiras – brilhavam, granjeando fama e fortuna, sendo prestigiados e regiamente pagos. Thomas Rowlandson (1756-1827) e James Gillray (1757-1815) foram figuras de destaque nesse setor. Entre os gravadores, William Blake (1757-1827) foi o mais importante (mais tarde, tornar-se-ia pintor).

Na pintura sobressaíram-se os pintores da natureza: John Constable (1776-1837) e Joseph M. William Turner (1775-1851) foram os grandes nomes; embora suas obras principais tenham sido realizadas após a morte de Nelson, eles são representativos do período. Em 1799, Turner foi um dos quatro pintores que, na exposição da Academia, celebrou o triunfo de Nelson sobre os franceses em Aboukir. William Blake (1757-1827), já citado aqui como gravador, que se tornou pintor de categoria.

Na Inglaterra, o teatro era, e ainda é, uma paixão nacional, e, nessa época, mais do que dramaturgos, produziu atores, provavelmente porque a figura dominante de Shakespeare inibiu os possíveis autores dramáticos. Uma família dominou o cenário: Roger Kemble e seus três filhos – Sarah, que se tornou a inigualável senhora Siddons, foi rainha absoluta do teatro Drury Lane por 20 anos, e nos 10 anos seguintes, do Covent Garden; John Philip, que trabalhou como ator a partir de 1783 em Drury Lane e como empresário depois de 1788 (sua estreia como Hamlet não foi um grande sucesso, mas, quando dois anos mais tarde, atuou com Sarah em *Macbeth*, consagrou-se definitivamente como ator); e finalmente Stephen, que empresariou o Drury Lane de 1792 a 1800.

No período, na literatura se destacou a romancista Jane Austen (1775-1817). Com seu humor sutil e ligeiramente sarcástico, ela retratou com fidelidade o cenário rural em que vivia, longe dos problemas criados, primeiro, pela Revolução Francesa e, depois, por Napoleão. Foi, porém, na poesia que os ingleses viveram um momento especial, só igualado na época de Elizabeth I: os notáveis poetas do Distrito dos Lagos, isto é, John Wordsworth (1770-1850), Samuel Taylor Coleridge (1772-1834) e o menor poeta dos três, Robert Southey (1774-1843). Embora nascidos nessa época, os chamados Poetas Rebeldes, dois dos nomes mais representativos da poesia mundial, Byron e Shelley não são aqui considerados porque somente após a morte de Nelson se tornaram conhecidos.

Tendo sido a Inglaterra o primeiro país a fazer a Revolução Industrial, era natural que as ciências, no período que estamos considerando, encontrassem ali terreno fértil para se desenvolver. Na física, nomes como o de Benjamin Thompson (1753-1814), mais conhecido por seu título nobiliárquico, conde de Rumsford, e o de Thomas Young (1773-1829) deixaram contribuições importantes; na química, John Dalton (1766-1844) revolucionou a ciência com sua teoria atômica, e Humphry David (1778-1829) fundou a eletroquímica e inventou a lâmpada de segurança para uso nas minas; na biologia, Erasmus Darwin (1731-1802), avô do criador da teoria da evolução, escreveu cinco importantes livros sobre o ponto de vista evolucionário, seguindo os passos de Lamarck, mas procurando conciliar a religião com a ciência; na medicina, Edward Jenner (1749-1823) criou a vacina contra a bexiga.

Batalha de Trafalgar idealizada por Joseph William Turner.
A pintura inglesa do início do século XIX costumava
retratar os feitos heroicos do país. [*The Battle of
Trafalgar* (1822-1824), por J. M. W. Turner]

Em 1794, duas vozes se elevaram para discutir a compatibilidade entre as ciências físicas e a teologia, defendendo posições antagônicas: Thomas Paine (1737-1809), um inglês-americano com grande envolvimento com a França revolucionária, que, no seu livro *A idade da razão*, defendia a razão como o único guia seguro nas questões envolvendo ciência e religião – ele aceitava a existência de uma divindade, mas recusava-se a aceitar a mitologia cristã. Em oposição a ele, William Paley (1743-1805) defendia com competência, em *Um ponto de vista sobre as provas do cristianismo*, a fé religiosa, tendo publicado mais tarde, em 1802, *A teologia natural*, em que procurou provar a existência de uma Suprema Inteligência e de um desígnio na natureza, usando os próprios argumentos da ciência – a existência do relógio implica necessariamente a existência de um relojoeiro.

No campo da filosofia, destacou-se William Godwin (1756-1836), que, em 1793, publicou *Inquérito concernente à política social e sua influência sobre a virtude e a felicidade gerais*, obra em que abordou quase todos os temas de filosofia. Para ele, qualquer que fosse a sua forma ou a teoria de governo, ela refletiria sempre a dominação da maioria por uma minoria (a elite dirigente); não aceitava que as massas fossem naturalmente inferiores e, portanto, governadas pela fábula ou pelo terror; na verdade, elas eram vítimas da educação inadequada, da falta de oportunidades e dos efeitos do meio maléfico em que viviam; negava que houvesse igualdade perante a lei, já que os ricos conseguiam se desvencilhar das penas devido a artifícios legais ou a favorecimento; sem ser socialista, julgava que a concentração de riqueza aumentava a possibilidade de revolução que, para ele, era instrumento inadequado para promover maior igualdade social, que seria conseguida por meio de educação. Para ele, o objetivo precípuo do governo é a garantia da segurança do grupo e do indivíduo sendo, portanto, a melhor forma de governo a que garante a maior segurança global com o menor comprometimento da independência individual; assim, o "anarquismo filosófico", isto é, a ausência de governo, seria o ideal. No que concerne à religião, considerava-a um meio para controlar as massas. Rejeitava o livre-arbítrio, pois as ações humanas são resposta a estímulos, situações ou desejos.

Thomas Malthus (1766-1834) publicou em 1798 *Um ensaio sobre a população e como ela afeta a futura melhoria da sociedade*, no qual procurou demonstrar que, sendo limitada a capacidade de produção de alimentos na terra, a multiplicação da população – seja por casamentos precoces, reprodução descontrolada, baixa mortalidade infantil e maior longevidade – levaria à fome. As recomendações daí decorrentes – não elevar o salário dos trabalhadores, não ajudar os desempregados e outras medidas que acarretariam crescimento populacional – causaram furor entre os conservadores. Afinal, os males da Revolução Industrial podiam ser atribuídos à irresponsável fertilidade dos pobres! Em resposta ao "anarquismo filosófico" de Godwin, ele afirmava que, numa sociedade sem governo, o egoísmo predominaria e haveria um estado permanente de luta; sem restrições, os homens se reproduziriam de forma descontrolada e a fome, a miséria generalizada e o caos reinariam. Passaria muito tempo até que houvesse uma reação às ideias de Malthus.

O erudito Jeremy Bentham (1748-1832), já aqui citado, procurou trazer racionalidade, consistência e homogeneidade à lei inglesa. O "princípio da utilidade" foi a base para o desenvolvimento de seu pensamento (utilitarismo). Seu principal trabalho, *Os princípios da moral e da legislação*, publicado em 1789, é de difícil leitura, mas, apesar disso, tornou-se popular, especialmente fora da Inglaterra. Para ele, o objetivo final de todas as ações e leis é o grau em que elas contribuem para a maior felicidade do maior número. Segundo ele, a lei deve levar em conta a natureza imutável e a capacidade limitada dos homens de atender às necessidades práticas da sociedade; ela deve ser clara e deve poder ser cumprida com facilidade; deve permitir uma interpretação uniforme pelos juízes e prescrever penas que sejam humanas, mais corretivas do que punitivas.

Notas

[1] Will Durant, *História da civilização*, Rio de Janeiro, Record, v. 11, p. 754.
[2] Apud Will Durant, op. cit., p. 346-7.
[3] Idem, p. 354.
[4] Idem, p. 362.

A Marinha Real britânica na época de Nelson

A Marinha Real britânica teve um papel relevante no fim do século XVIII e começo do XIX, afirmando-se como peça-chave do poder britânico, não só como a primeira linha de defesa da ilha, mas como elemento essencial para a expansão do comércio exterior e manutenção e consolidação do seu império.

Comparada com a França, a Grã-Bretanha era um país pobre e pouco populoso – cerca de oito milhões de habitantes – e militarmente fraco. Mas com o mar como sua fronteira, ela desenvolveu uma importante marinha para se proteger de qualquer invasão, e que lhe dava, ao mesmo tempo, certo grau de liberdade de ação.

A consciência da importância do poder naval para uma nação insular surgiu ainda no período elizabetano, quando foi necessário enfrentar e derrotar a poderosa Espanha de Filipe II, numa campanha em que o episódio culminante foi a destruição da Invencível Armada em 1588, frustrando a tentativa espanhola de invadir a Inglaterra.

Depois de um período de declínio – a paz não é um incentivo para o fortalecimento do poder militar de uma nação –, o Ato de Navegação de Cromwell, em 1651, assegurando o monopólio do comércio marítimo da Inglaterra aos navios de sua bandeira, até então totalmente dominado pelos holandeses, levou às três guerras contra a Holanda, que se prolongaram até 1674, quando foi assinado o Tratado de Westminster.

O período que consagrou Nelson como a maior figura naval da História teve início com a Guerra dos Sete Anos (1756-1763), conflito essencialmente marítimo no que diz respeito à Inglaterra, já que se transformou numa guerra para definir os contornos dos impérios ultramarinos da França e da Inglaterra, estendendo-se para o Canadá e para as Índias Ocidentais, para o Mediterrâneo e para a Índia e as Índias Orientais. Nesse primeiro embate, para definir a supremacia entre os dois países, a sorte da guerra só sorriu para a Inglaterra depois que William Pitt, o Velho – seu filho William Pitt, o Novo, desempenharia papel semelhante numa segunda etapa do confronto com a França – assumiu o cargo de principal secretário de Estado – que hoje seria primeiro-ministro. Pitt passou imediatamente a controlar não só a política externa do país, mas todas as operações militares, tanto terrestres como navais.

Sua estratégia, totalmente adequada para as circunstâncias, iria propiciar nos quatro anos seguintes uma série de vitórias de importância crucial para o seu país.

Essa estratégia era essencialmente naval: para ele, a concentração do poder militar da Inglaterra em combates terrestres esgotaria a sua capacidade, num terreno em que nada de muito positivo se poderia alcançar. A grande oportunidade de sucesso estava no emprego da incomparável aptidão da Marinha Real de atuar contra a França exatamente onde ela era mais vulnerável, isto é, na periferia do seu império colonial, impedindo-a de reforçar e apoiar as guarnições lá sediadas. Para conter os exércitos franceses no continente europeu, ele financiou os países aliados e, aproveitando a superioridade naval inconteste da sua Marinha nas águas do Canal da Mancha, determinou a realização de uma série de incursões anfíbias na costa francesa, retendo assim no litoral grandes contingentes do exército francês que, dessa forma, não podiam participar dos combates principais travados no interior.

Os resultados dessa estratégia levaram a Inglaterra à vitória. O Canadá e boa parte das Índias Ocidentais francesas – Guadalupe, Dominica e Martinica – passaram para mãos britânicas; com a entrada da Espanha na guerra ao lado da França, Havana, de onde partiam os galeões espanhóis carregados de tesouros do Novo Mundo para a Espanha, foi também ocupada pelos britânicos, que, na ocasião, destruíram o esquadrão espanhol que defendia a área e capturaram uma centena de navios mercantes. No Leste, a Espanha perdeu Manilha e logo o restante das Filipinas.

Na Índia e nas Índias Orientais, o poder naval britânico foi decisivo e, ao término da guerra, toda a região era controlada pela Grã-Bretanha.

Nas águas europeias, o acontecimento mais importante foi a tentativa da França, em 1759, de invadir a Inglaterra, usando suas forças navais de Toulon, no Mediterrâneo, e de Brest, na costa atlântica. A de Toulon foi destruída nas costas de Portugal e, pouco depois, a de Brest foi aniquilada na memorável Batalha de Quiberon Bay, na costa da Biscaia, próximo a Saint Nazaire.

A paz de 1763 deixou a Inglaterra senhora dos mares. Embora vitoriosa, ela devolveu aos donos originais algumas das suas conquistas: as Índias Ocidentais francesas para a França, assim como Havana e as Filipinas para a Espanha. O Canadá, porém, conquistado com muita luta, ficou de posse dos ingleses.

O período que se seguiu, de 1764 a 1800, foi o da Idade de Ouro das Descobertas. Ao fim da Guerra dos Sete Anos, o almirantado britânico reconheceu que a realização de descobertas de novas terras era uma atribuição do poder naval e que a superioridade de seu país nesse aspecto deveria ser aproveitada para a descoberta e exploração de novos territórios, bem como para o aprimoramento da arte da navegação.

A primeira tentativa de novas descobertas foi feita numa viagem de volta ao mundo, em 1764, com dois navios comandados pelo então capitão John Byron. De suas instruções expedidas pelo almirantado constava:

> Nada pode trazer mais honra para esta nação como potência marítima, para a dignidade da Coroa da Grã-Bretanha e, além disso, para o desenvolvimento do comércio e da navegação, do que realizar descobertas de países até agora desconhecidos.[1]

Essa primeira viagem ficou famosa por não ter feito nenhuma descoberta, o que, porém, não desanimou o almirantado. Apenas três meses depois do regresso de Byron, mandou mais dois navios sob o comando dos capitães Samuel Wallis e Philip Cartaret, que descobriram respectivamente o Taiti e as ilhas Pitcairn, além de ilhas menores.

Mas o grande nome desse período foi o de James Cook, o fundador do moderno levantamento hidrográfico. Suas três viagens ao redor do mundo, de 1768 a 1780, tornaram-no o grande explorador dos oceanos Pacífico e Antártico. Na primeira viagem (1768-1771), já como tenente – ele entrou para a Marinha em 1755 como simples marinheiro –, após observar a passagem de Vênus pelo disco solar em Taiti, no esforço mundial para medir a distância da Terra ao Sol, ele descobriu a Nova Zelândia e a Austrália. Na segunda viagem (1772-1775), agora como comandante, fez uma série de descobertas e visitou lugares já descobertos anteriormente, mas há muito tempo não visitados, como as ilhas de Páscoa, Marquesas, Sociedade, Nova Hébrida, Nova Caledônia, Tonga e outras menores e, na parte final da viagem, as Geórgias do Sul e Sandwich (do Sul), nominadas estas últimas em homenagem ao seu patrono, o quarto Conde de Sandwich. Na terceira e última viagem (1776-1780), já como capitão – ele faleceu em 1779 no Havaí, assassinado pelos nativos –, descobriu as ilhas Sandwich (norte), mais tarde chamadas de ilhas Havaí, e levantou a costa oeste dos EUA.

Conforme veremos, o jovem Nelson participou de uma dessas viagens de descobertas: empreendida ao Ártico para tentar encontrar, sem sucesso, uma passagem para o Leste.

É importante notar que, apesar da Guerra da Independência dos Estados Unidos ter começado em 1775 e ter se prolongado até 1783, o fato não alterou a determinação do almirantado de prosseguir com as viagens de descobrimento, nem mesmo depois da entrada da França nessa guerra, contra a Inglaterra. Depois de Cook, outras viagens foram feitas com George Vancouver e Matthew Flanders. John Harrison ganhou o prêmio instituído pelo almirantado, de 20 mil libras, para quem desenvolvesse um cronômetro suficientemente preciso para medir a diferença de hora entre o meridiano zero (Greenwich) e o meridiano em que está o navio, medindo, portanto, a longitude. Em 1795, foi criado o Departamento Hidrográfico britânico, coroamento desse intenso período de descobertas e desenvolvimento.

Após a Guerra dos Sete Anos, a Inglaterra tornou-se a grande potência naval e colonial da época. Possuía a maior marinha mercante do mundo, com uma frota de mais de meio milhão de toneladas; além disso, a Marinha Real podia alinhar 130 navios de linha, com mais de 85 mil homens, uma força naval superior às da França e Espanha combinadas. Mas o esforço despendido para alcançar esses resultados foi grande e sua situação financeira era difícil, levando-a a procurar tirar mais recursos das suas colônias de além-mar. Com relação às 13 colônias americanas, o governo de Sua Majestade impôs restrições comerciais e procurou taxar todas as atividades ligadas ao comércio, sob a alegação de que as colônias deviam pagar a manutenção das tropas britânicas em seu território, já que elas lá estavam para protegê-las. Ora, a expulsão dos franceses do Canadá havia removido a ameaça tangível representada por eles, que impediam a expansão dos americanos para oeste e, portanto, estes se sentiam livres para protestar contra as taxações. O lema dos colonos – sem representação não há taxação – serviu de mote para a revolta que, em 1775, levou à luta armada.

Nos primeiros anos da Guerra da Independência dos Estados Unidos (1775-1783), até a intervenção da França em apoio ao país em 1778 – cuja independência fora declarada a 4 de julho de 1776, num manifesto assinado por Thomas Jefferson –, o papel da Marinha Real foi de pouca monta, realizando apenas pequenas expedições em apoio às operações em terra.

Com a entrada da França na guerra – e posteriormente, em 1779, da Espanha, seguida pela Holanda –, expandiu-se o teatro de operações, tornando visíveis as limitações da Marinha Real que então existiam, como veremos a seguir.

Por um lado, os franceses, após as humilhações sofridas durante o conflito, haviam aprendido que o poder naval era o único elemento capaz de contribuir decisivamente para a derrota britânica, e, por isso, reconstruíram e modernizaram sua frota – ao início da guerra eles possuíam 73 navios de linha, de 64 canhões ou mais. Mas, por outro lado, a Grã-Bretanha deixara que a magnífica esquadra construída pelo almirante Anson, quando primeiro lorde do almirantado, na gestão de William Pitt, o Velho, se deteriorasse, tanto em quantidade como em qualidade.

Várias razões contribuíram para isso, mas a principal foi o fato de ter ocorrido o envolvimento dos oficiais de mais alto posto da Marinha com as questões políticas, dividindo-se em partidários dos *whigs* e dos *tories*. Dois episódios que se deram durante a Guerra da Independência dos Estados Unidos demonstram as dificuldades vividas em função de envolvimento político.

O primeiro desses episódios decorreu da Batalha de Ushant, quando a esquadra inglesa do Canal, sob o comando de Augustus Keppel – como capitão, ele havia participado com muito brilho da Batalha de Quiberon Bay, na Guerra dos Sete Anos – enfrentou a força francesa de Brest, sob o comando de d'Orvilliers. Keppel apoiava os *whigs* e teve como segundo o vice-almirante Hugh Palliser, de tendência *tory*, partido então no governo. Depois de um breve engajamento em que os ingleses sofreram algumas baixas, os franceses retiraram-se para Brest, o que só foi possível pelo fracasso de seus adversários em forçar um engajamento decisivo em virtude de Palliser não ter apoiado o seu chefe, seja intencionalmente, seja por incompetência. Apesar de Keppel nada ter dito sobre isso no seu relatório, a notícia vazou para o público, e Palliser, para se justificar, conseguiu, graças à sua influência política, que seu chefe fosse levado à Corte Marcial. Em 1779, Keppel foi absolvido em meio a enorme regozijo popular. Inconformado com o fato de ter sido submetido à Corte Marcial, Keppel pediu para ser afastado do comando, por se sentir, de acordo com suas próprias palavras, incapaz de servir "sob a direção e autoridade de pessoas com cuja aprovação ele não podia contar durante o cumprimento do dever ou depois; conforme indicava a sua experiência, ele não podia depender dessas pessoas".[2]

Keppel não foi o único a se recusar a servir sob um governo *tory*: o almirante sir Edward Hawke, comandante em chefe na Batalha de Quiberon Bay, um dos mais ilustres almirantes ingleses, bem como o almirante Samuel Barrington, após seu regresso à Inglaterra, que acabara de defender de forma admirável a ilha de Barbados contra um ataque francês, também se recusaram.

A administração *tory* teve dificuldades para substituir esses homens de inegável competência, chamando um almirante da reserva para comandar a Grande Esquadra. Para o comando nas Índias Ocidentais, o nome cogitado foi o do almirante George Rodney, mas sua indicação não pôde ser feita por força de suas dificuldades financeiras, já que tinha enormes dívidas para saldar. Somente após a solução desse problema, ele foi nomeado para a função, tornando-se o principal comandante naval dessa guerra, especialmente após a grandiosa vitória na batalha naval de Les Saintes (pequeno grupo de ilhas próximo à Martinica), em 1782, que permitiu à Grã-Bretanha a assinatura de um tratado de paz satisfatório em 1783.

Aliás, a vitória de Les Saintes propicia-nos o segundo exemplo das lamentáveis consequências da influência da política nos assuntos navais. Em março de 1782, os *whigs* assumiram o governo e, apesar do pequeno envolvimento político de Rodney, por ele ter sido nomeado pela administração anterior, foi decidido exonerá-lo. No mesmo dia em que a fragata Andromache chegava à Inglaterra com os triunfantes despachos de Rodney sobre Les Saintes, o seu substituto partira para as Índias Ocidentais. Tendo falhado os esforços para interceptá-lo e fazê-lo regressar, Rodney foi substituído no comando; tentando corrigir o fiasco, o governo deu-lhe tratamento de herói. Uma farsa com jeito de ópera bufa. Neste ponto da narrativa, é interessante fazermos uma breve digressão sobre o segundo de Rodney nessa batalha, Samuel Hood, que chegara às Índias Ocidentais com reforços em 1781.

A difícil situação da esquadra inglesa começou lentamente a melhorar depois que sir Charles Middleton, mais conhecido na História como lorde Barham, assumiu em 1778 as funções de Diretor do Material da Marinha Real (Navy Controller). Nada demonstra melhor o estado da Marinha Real nessa época do que os feitos do capitão americano John Paul Jones, que, baseado em portos franceses, foi um espinho cravado na carne dos ingleses, realizando, nos anos 1778 e 1779, uma série de incursões nas águas britânicas, até ter o seu navio Bonhomme Richard afundado, em setembro de 1779.

Com os avanços feitos por Barham, Hood pode seguir em 1781 para as Índias Ocidentais com reforços − oito navios de linha, isto é, navios que formavam na linha de batalha, quatro fragatas e mais de 100 mercantes carregados com suprimentos que eram desesperadamente necessários − para a combalida força de Rodney. A promoção de Hood a contra-almirante, quando ele estava na iminência de ser mandado para reserva, deveu-se à recusa de muitos oficiais dos mais altos postos de servirem, conforme já dito. Os desentendimentos entre Rodney e Hood, até então amigos, não tardaram a ocorrer: o mais antigo não aceitando as sugestões do mais novo e este criticando acerbamente o chefe por suas limitações.

De uma maneira geral, as batalhas travadas nas Índias Ocidentais não favoreceram as forças navais inglesas, embora os resultados não fossem de molde a resgatar

Almirante Samuel Hood, comandante em chefe da Esquadra Britânica no Mediterrâneo e na Batalha de Les Saintes. Nelson julgava Hood o melhor oficial da Marinha que conhecera. [por James Northcote]

o orgulho francês, tão ferido pelas humilhações que lhe foram impostas durante a Guerra dos Sete Anos. Embora as ações não tivessem sido muito favoráveis (a maior exceção foi a Batalha de Les Saintes, em que Hood comandou a retaguarda, Rodney o centro e Drake a vanguarda), serviram para demonstrar toda a competência de Hood, que, mais tarde, mereceria o elogio de Nelson: "o maior marinheiro que eu conheci… igualmente grande em todas as situações que um almirante pode viver".[3] Haveria, porém, um período em que as relações entre Nelson e Hood passariam por uma fase difícil.

Numa época em que a hierarquia era muito rígida, Hood inaugurou um sistema totalmente inédito para os padrões da Marinha Real: convocava antes da batalha seus comandantes, e alguns outros oficiais, para uma troca judiciosa de ideias, apresentando ao fim suas intenções. Nelson seguiria no futuro o mesmo sistema, com excelentes resultados. Essa descentralização de comando permitiria que seus oficiais, no calor da batalha, quando as comunicações tornavam-se difíceis ao extremo – todos os sinais eram visuais –, pudessem tomar decisões coerentes com a intenção do comando. Voltemos, porém, a discutir as causas das deficiências apresentadas pela Marinha Real nessa fase.

Além dos problemas de natureza política apresentados, a corrupção generalizada que dominava a sociedade inglesa afetava também a Marinha, prejudicando a sua recuperação e o seu crescimento: navios que ainda podiam ser reparados e modernizados eram retirados do serviço e, para substituí-los, eram contratados novos navios, a custos evidentemente muito maiores. Recursos eram desviados, contas eram falsificadas e as consequências não podiam ser diferentes: os depósitos estavam vazios de materiais para a manutenção dos navios, as bases e estaleiros em péssimas condições.

Para piorar esse quadro já tão difícil, os carvalhos retirados das florestas britânicas para a construção de navios começaram a faltar – para construir um navio de 60 canhões eram necessárias cerca de duas mil árvores. Foi preciso, então, importar carvalho e outros tipos de madeira de países estrangeiros com sérios prejuízos, pois esse material era de qualidade inferior a do produto nativo, com uma vida útil de apenas um quarto da do carvalho inglês e, portanto, os navios construídos com material importado duravam menos.

Um terceiro fator que contribuiu para as dificuldades da Marinha Real foi o atraso britânico à época na construção naval, tanto em relação à da França como, também, à da Espanha. A principal razão para isso foi a rigidez das normas constantes do Estatuto dos Construtores Navais. Um navio francês de 80 canhões era, no final do século XVIII, maior, mais espaçoso, mais rápido e superior em todos os aspectos a um britânico de 98 canhões. Os navios franceses eram maiores porque os navios construídos no continente tinham maior distância entre os canhões em cada convés, de modo que, para dado número de canhões, esses navios tinham maior comprimento e, evidentemente, por uma questão de proporcionalidade, maior boca. Sendo maiores, com maior tonelagem, podiam ser operados mais facilmente. Com qualquer disposição das velas, os navios ingleses eram mais lentos. Os franceses estudaram o formato do casco do navio abaixo da linha d'água (parte submersa do casco) e puderam desenhar navios que ofereciam resistência mínima ao deslocamento na água, de modo que eram, em geral, mais velozes do que os ingleses da mesma classe. Isso dava aos franceses enorme vantagem no combate, podendo colocar-se na posição mais favorável em relação ao vento e podendo desengajar da força inimiga quando o desejassem.

A vantagem dos espanhóis era também considerável. A comparação com um navio inglês da mesma classe mostra que os navios espanhóis eram de construção mais forte e com maior estabilidade, com capacidade superior no que diz respeito à resistência aos tiros da artilharia inimiga. No segundo quarto do século XVIII, um navio espanhol de 70 canhões era cerca de 15 pés mais longo, 6 pés mais largo e 4 pés mais alto no porão que um similar inglês; deslocava 1.700 toneladas e o inglês apenas 1.250.

Os navios ingleses, quando comparados com os construídos no continente, eram desengonçados e jogavam tanto que em quase nenhuma condição de tempo era possível usar os canhões do convés inferior. Quando o navio enfrentava mar muito forte de proa, ele "arfava" tanto – movimento do navio em torno de um eixo perpendicular à direção do seu movimento – que podia perder os mastros.

A partir de 1750, as regras do Estatuto foram flexibilizadas, melhorando a qualidade dos navios ingleses. Foi possível, então, introduzir na Marinha Real uma classe de navios de 74 canhões, inspirado em um 74 francês capturado. No final do século, esse navio era um sucesso, e a maior parte dos navios de linha ingleses era desse tipo.

O método de combate à época era clássico. Ao se aproximar, uma força passava de sua formatura de cruzeiro para a de combate, formando a linha de batalha, isto é, uma coluna, com cada navio se posicionando atrás do outro, de modo que todos os navios pudessem fazer pleno uso de seus canhões no bordo do engajamento. Com as duas forças em linha, em rumos paralelos, a uma distância compatível com o alcance dos canhões, tinha início a troca de tiros.

Numa época em que a manobra dependia da direção do vento, a posição a barlavento era a mais favorável para uma força iniciar o combate. Barlavento é o lado do navio voltado para a direção do vento e sotavento, é o oposto, isto é, o lado do navio oposto à direção de onde sopra o vento; portanto, a posição a barlavento, ideal para o combate, é aquela em que uma linha está entre a outra linha e a direção de onde sopra o vento:

Vento

Linha a barlavento

Linha a sotavento

É costume os marinheiros dizerem que não se deve cuspir a barlavento ou, do contrário, você será vítima de sua distração.

A manutenção da linha era muito importante para que o comandante da força mantivesse o controle sobre os seus navios (as comunicações eram visuais, feitas por bandeiras); no caso dos franceses, um comandante de navio só podia deixar a linha com ordem do comandante da força, e no caso inglês, as Instruções de Combate permitiam que o comandante de cada navio exercesse o próprio julgamento e abandonasse a linha após o início da ação, quando as circunstâncias indicassem que isso deveria ser feito (o que dificilmente ocorria).

Esse tipo de combate admitia pelo menos duas variantes. Na primeira, uma fração de uma das linhas cortava a retaguarda da linha inimiga e emparelhava com ela no bordo oposto, de modo a que a linha inimiga ficasse sob fogo cruzado de duas frações da linha que fizera a manobra. Era bastante arriscada, exigindo muita coragem e habilidade para sua execução. A segunda variante consistia em cortar a linha inimiga em um ou mais pontos, dividindo-a e desorganizando-a. Essa foi a tática escolhida pelos ingleses na Batalha de Les Saintes, em 1782, quando parte da linha inglesa sob as ordens de Rodney, que comandava o centro, cortou a linha francesa no centro, ao mesmo tempo que a retaguarda inglesa, sob comando de Hood, cortava noutro ponto a linha francesa, separando sua retaguarda do seu centro.

A grande diferença entre as marinhas inglesas e francesas nessa época estava nos princípios estratégicos que adotavam, e aí estava a superioridade inglesa. Para os britânicos, o objetivo principal de uma ação era a destruição, tanto quanto possível total, da força inimiga, tendo ou não superioridade. Assim sendo, procuravam o combate a curta distância. Os franceses tinham uma visão diferente: a batalha não era um fim em si mesma, ela só devia ser procurada quando fosse impossível cumprir a missão principal sem fazer frente a ela; em inferioridade ou igualdade de forças, a Batalha devia ser evitada de todas as maneiras e, se isso não fosse possível, todos os recursos deveriam ser usados para desengajar tão logo possível.

Em consequência desses princípios, as táticas de combate eram diferentes, como, por exemplo, no emprego da artilharia: os britânicos procuravam esmagar o casco dos navios inimigos, de modo a causar a maior destruição estrutural possível e o maior número de baixas, evitando que o inimigo pudesse desengajar. Já o objetivo primário dos franceses era, com tiros a longa distância, destruir os mastros e o velame dos inimigos, de modo a paralisá-los e abordá-los mais facilmente para a captura e, se fosse o caso, ter o controle do momento do desengajamento.

No período em causa os navios eram de madeira e a propulsão a vela. As grandes mudanças tecnológicas só viriam muito mais tarde, na segunda metade do século XIX, quando a revolução industrial passou a influenciar a arte da guerra.

Na época de Nelson, os navios ingleses eram classificados por classe, cada classe sendo definida pelo número de canhões. O quadro a seguir mostra isso:[4]

	Nº de canhões	Peso da bordada(a) (libras)	Nº de homens (b)	Tonelagem (tons)	Comprimento convés inferior (pés)
1ª Classe	100 ou mais	2.500-2.550	850-950	2.000 a 2.600	180
2ª Classe	98 ou 90	2.300-2.050	750	2.000	180-170
3ª Classe	80, 74 ou 64	1.970-1.764 1.200	720-640-490	2.000-1.700 1.300	170-160
4ª Classe	50	800	350	1.100	150
5ª Classe	44, 40, 38, 36 ou 32	636-350	320-300 250-215	900-700	150-130
6ª Classe	28, 24 ou 20	250-180	200-160	650-550	130-120

(a) Bordada é o disparo simultâneo de todos os canhões de um bordo do navio.
(b) O grande número de homens na tripulação do navio era devido à necessidade de manobrar as velas e guarnecer os canhões.

Em geral, os navios das três primeiras classes eram chamados navios de linha, ou seja, os navios que compunham a linha de batalha (outro critério estabelecia que eles deveriam ter mais de 50 canhões). Os navios da 4ª classe eram usados para escoltar comboios de navios mercantes ou em expedições longas; os de 5ª classe, como escoltas de navios maiores, para retransmitir sinais, para atuar contra corsários ou em expedições curtas, os de 6ª classe eram usados para patrulha costeira.

Boa parte dos navios com menos de 50 canhões eram genericamente chamados de fragatas na segunda metade do século XVIII, mas isso variava muito. Muitas vezes, o termo "fragata" designava um navio projetado para alta velocidade e que carregava seus canhões num único convés. Elas eram usadas como escoltas, no serviço de comboio e em ataque a navios mercantes inimigos, bem como navios correio, em razão da velocidade.

Navios com menos de 20 canhões eram chamados na Marinha Real de escunas e na francesa, bem como em muitas outras marinhas, de corvetas.

O padrão da época quanto à disposição do velame era o navio de três mastros – da proa para ré, traquete, grande e mezena – com velas redondas. As velas eram redondas, de forma retangular, ou latinas, de forma triangular – em todos os tipos de navios de linha, em todas as marinhas.

Os mastros eram aparelhados de modo a receber as velas; as vergas – pequenos mastaréus colocados perpendiculares aos mastros, formando uma cruz – serviam para acolher as velas redondas que neles eram ferradas quando não estavam em uso – enroladas e presas – ou desfraldadas para aproveitar o vento para o deslocamento da embarcação. As velas latinas, içadas entre os mastros ou na popa e na proa davam ao navio não só mais velocidade, mas contribuíam para a manobrabilidade.

Diversos melhoramentos foram feitos no correr do século XVIII, no sentido de dar aos navios maior velocidade e maior capacidade da manobra, aumentando o número de velas, acrescentando um mastaréu no mastro da mezena e aumentando o número de velas na proa e a ré do navio e as velas entre os mastros.

Um desenvolvimento importante no período foi a introdução da roda do leme em data desconhecida; em 1710, porém, ela já substituía o complicado e pouco seguro sistema anterior.

Para a proteção das obras vivas do navio – parte do casco abaixo da linha de flutuação – tanto contra os vermes, como contra o acúmulo da vegetação marinha (caracas), que diminuíam a velocidade de deslocamento da embarcação, passaram a ser usadas lâminas ou folhas de cobre para envolver toda a parte molhada do casco. Logo, porém, foi verificado que por efeito da ação eletrolítica, resultante da existência de cobre e ferro (dos parafusos usados no casco) dentro da água do mar, os estojos de ferro eram severamente corroídos. A substituição deles por estojos também de cobre resolveu a dificuldade.

Na época de Nelson, o armamento dos navios consistia de canhões, morteiros e armas menores (portáteis). Os canhões, de ferro ou principalmente de bronze, eram classificados de acordo com o peso em libras do projétil que utilizavam, tendo as denominações antigas caído em desuso: um canhão de 32 (32 pounder) usava um projétil que pesava 32 libras. À época, os canhões eram carregados pela boca – só na segunda metade do século XIX eles passariam a ser carregados pela culatra, isto é, pela parte de trás do canhão, para aumentar a rapidez de tiro – e tinham a alma lisa – também na mesma época do carregamento pela culatra os canhões passariam a ter o tubo alma raiado, o que daria ao projétil, já agora com formato cônico, uma rotação durante a sua trajetória e, em consequência, maior estabilidade e, portanto, melhor pontaria. A construção em aço permitiria maiores cargas do propelente e, em função disso, maiores alcances. Mas todas essas mudanças só ocorreriam 100 anos mais tarde, quando a revolução industrial repercutiria na arte da guerra, em todos os sentidos.

Os canhões eram assentados em berços de madeira, dotados de rodas também de madeira. Em razão dos movimentos do navio no mar – que podiam ser violentos em função do estado do tempo –, os canhões eram presos à estrutura do navio, em geral por cabos (cordas) de cânhamo. Mesmo assim, as guarnições dos canhões tinham que tomar muito cuidado em virtude da imprevisibilidade do recuo do canhão durante o tiro. O número dos que morriam ou se feriam gravemente por efeito desse recuo era significativo.

Os canhões atiravam através de aberturas no costado do navio, mantidas fechadas por portinholas que eram abertas por ocasião da preparação para a ação. Eram deslocados para frente e para trás por meio de alavancas ou barras de madeira, algumas vezes dotadas de garras de ferro. Uma pequena mudança na conteira do canhão – movimento na horizontal – era possível, usando a barra para pressionar a parte de trás do armamento; a elevação do canhão – movimento no sentido vertical – era conseguida por meio de cunhas usadas na parte de trás (em geral, a elevação máxima era de 10°). Os ingleses, embora preferindo o engajamento a curta distância, priorizavam o uso dos canhões curtos. Se forçados a combater a distâncias maiores com esses canhões, o tiro ficava muito impreciso. O quadro apresenta os dados referentes aos canhões mais usados:[5]

Calibre	Carga de pólvora (libras)	Alcance com elevação zero (jardas)	Alcance com elevação de 10° (jardas)
32 longo	11 a 10	350	2.900
32 curto	11 a 10	350	2.900
24 longo	8 a 4	297 – 265	2.870 - 2.513
24 curto	6 a 4	288 – 221	2.668 – 2.562
18 curto	6 a 4	288 – 221	2.668 – 2.562
12 longo	3 ½	300	1.800 – elev. 6°
12 curto	3 ½	300	1.800 – elev. 6°
9 longo	3	300	1.800 – elev. 6°
9 curto	3	300	1.800 – elev. 6°

Em cada categoria de longo e curto nos diversos calibres, havia canhões com diferentes comprimentos de tubo alma, o que permitia variar um pouco a carga de pólvora e, portanto, o alcance. Os canhões maiores tinham mais de 9 pés de comprimento e pesavam cerca de 3 toneladas.

Havia ainda canhões de maior calibre, como o 42 e o 68, com função principalmente de esmagar o casco dos navios inimigos, mas eram pouco usados não só por terem o tiro mais impreciso, mas também porque não podiam ser usados continuamente por muito tempo, por desenvolverem altas temperaturas no tubo alma e terem de ser esfriados.

O número de homens para guarnecer cada canhão variava de acordo com o tamanho do canhão e do grau de adestramento. Em um navio bem conduzido esses números eram:[6]

Tamanho do canhão	Número de homens
42	15
32	13
24	11
18	9
12	7
9	6
6	5
4	4
3	3

Em 1779 foi desenvolvido um novo tipo de canhão – a caronada –, muito curto e com paredes muito finas mesmo nos grandes calibres. A carga de pólvora desses canhões era menor e eles exigiam menos homens para sua operação. Eram muito eficientes para tiros com elevação zero, com alcances variando de 400 jardas, para um canhão 68, a 200 jardas, no caso de um canhão de 12. As caronadas eram normalmente instaladas no costado da proa do navio ou no tombadilho. Os projéteis usados nos canhões e caronadas eram de grande variedade, mas podiam ser classificados em quatro categorias.[7]

1 – Tiro comum, com esferas sólidas feitas de ferro fundido, em tamanhos que se ajustavam ao calibre das diversas armas. Um projétil desses, dos canhões de maior calibre, quando atirado de um canhão com elevação zero, podia perfurar de 4 a 5 pés de madeira sólida. Uma variante era o projétil-corrente – duas esferas unidas por uma corrente – e outra era o projétil-barra – duas semiesferas unidas por uma barra de ferro, ambas usadas contra os mastros e o cordame do navio.

2 – Tiro de dispersão, com duas principais variedades: a metralha, em que diversas camadas de pequenas bolas de ferro – de não mais de 2 quilos cada – eram alojadas numa bolsa de lona espessa, fortemente amarradas juntas de modo a formar uma espécie de cilindro de diâmetro adequado ao calibre da arma – no canhão 32 eram 16 esferas, no 24 eram 12 e no 18 eram 9; a segunda variedade,

o tiro-estojo, formado por uma caixa cilíndrica de metal no interior da qual iam grande número de balas de mosquete ou de pistola. Esses tiros eram adequados quando se queria causar muitas baixas.

3 – Tiro explosivo ou bomba: esferas ocas de ferro fundido, cheias de pólvora, com um pavio, acesso pela queima da carga propelente do canhão. Esse tipo de projétil era usado principalmente no caso dos morteiros, dos quais falaremos logo adiante.

4 – Tiro incendiário, uma esfera de ferro comum aquecida ao rubro antes de ser introduzida no canhão (para impedir a queima prematura da carga propelente, ela era protegida por um punhado de palha úmida ou de argila, antes de se introduzir a esfera aquecida). Uma variante era a carcaça, uma estrutura de ferro, lembrando muito as costelas de uma carcaça humana, cheia de material combustível, de tamanho adequado ao do canhão, caronada ou morteiro disponível.

As farpas ou lascas arrancadas da madeira dos navios pelos tiros eram mais temidas que os próprios tiros, de modo que os artilheiros procuravam provocá-las. Para isso, os primeiros tiros eram, às vezes, disparados com cargas propelentes menores de modo que o projétil, ao atingir a madeira, ao em vez de perfurá-la, a estilhaçasse, fazendo com que farpas voassem em todas as direções.

Os morteiros, peças de artilharia muito curtas, que inicialmente atiravam com elevação fixa – mais tarde, a elevação podia ser variada de acordo com o alcance desejado –, eram usados para atirar projéteis que caíam praticamente na vertical, atingindo alvos por trás de uma proteção. No século XVIII eles passaram a ter maiores calibres – 12 a 13 polegadas de diâmetro na boca – e eram usados no bombardeio de instalações em terra.

As armas menores usadas nos navios eram o mosquete, o mosquetão, a pistola, o cutelo, o chuço (lança) de abordagem, o machado, a baioneta, a faca de marinheiro e a adaga de lâmina curta usada pelos guardas-marinha. Eram usadas no combate a curta distância.

A comunicação entre navios era feita a viva voz se a distância o permitia – chegar à fala – ou, em caso contrário, usando-se bandeiras. Havia bandeiras correspondendo às letras do alfabeto e aos algarismos de 0 a 9, sendo essas bandeiras combinadas correspondendo a uma determinada mensagem, encontrada num código adrede preparado. Quando a mensagem desejada não era encontrada no código, as bandeiras alfabéticas soletravam a palavra desejada, o que, porém, tornava o sinal muito grande e complexo. A fumaça dos canhões e a confusão das batalhas, às vezes, dificultavam a visão dos sinais. À noite, as comunicações eram feitas por foguetes, sinais luminosos ou tiro de pequenos canhões.

Não era difícil angariar oficiais para a Marinha Real, pois a carreira de oficial era uma carreira honrada, o pagamento era razoável e sempre era possível um extra proveniente dos butins. Geralmente, a carreira tinha início aos 11, 12 ou 13 anos, quando o candidato ingressava como "empregado do capitão", nome que não exprimia bem as funções do jovem, que não incluíam a prestação de serviços domésticos; o nome foi mudado em 1794 para Voluntário de Primeira Classe, mais condizente com a função de aprendizes, que na verdade eles eram. A nomeação desses jovens era sempre em função de um interesse do capitão: para atender um pedido de um chefe naval, ou em paga do cancelamento de uma conta de um fornecedor, ou para agradar uma família influente ou amiga. Nelson foi admitido, com veremos, nessa condição por ser sobrinho de um capitão.

Dois anos após a sua admissão, o voluntário passava à condição de guarda-marinha. Outra forma de chegar a esse posto sem passar por dois anos de serviço no mar era cursar a Academia Naval de Gosport.

Os navios de linha levavam respectivamente 24, 18 e 12 guardas-marinha; os navios menores levavam números proporcionais.

Havia a bordo professores qualificados pelo almirantado para ensinar aos jovens navegação, astronomia e trigonometria e todas as artes e ciências navais necessárias. O aprendizado prático, acompanhando os oficiais mais antigos no serviço de quarto, complementava as aulas teóricas. Muitas vezes o capelão de bordo acumulava as funções de professor. Algumas vezes o comandante do navio dava aulas práticas aos jovens, ensinando a navegação estimada e a medida da altura do sol com o quadrante.

O espaço destinado aos guardas-marinha, geralmente num compartimento localizado abaixo da linha d'água do navio, era pequeno, mal ventilado e apenas parcialmente iluminado, com um cheiro nauseabundo, único no mundo. Os guardas-marinha veteranos, isto é, com mais de 20 anos e que não passaram nos exames para tenente, a partir das 8 horas da noite tomavam conta do alojamento, quando o rum era servido e tinha início uma conversação imprópria; era então colocado um garfo espetado na mesa ou numa caverna próxima – membro estrutural que modela o casco do navio como as costelas modelam o tronco de um homem – avisando que os mais jovens deviam se pôr em suas macas – tipo de rede de lona usada nos navios da época –, deixando a área livre para os veteranos.

Após seis anos de serviço no mar, se maior de 20 anos, o guarda-marinha era promovido a tenente, desde que passasse nos exames estabelecidos pelo almirantado. Os tenentes alojavam-se em pequenas cabines.

Tenente era o primeiro posto de oficial naval e era comissionado pelo rei, o que o tornava um "cavalheiro", qualquer que fosse a sua origem, garantindo, assim, respeito e *status* ao titular, tanto em terra como a bordo. Podia comandar um pequeno navio, como uma escuna, ou servir a bordo de um navio maior, como uma fragata ou um navio de linha.

Um navio de linha levava de três a oito tenentes, cuja função era substituir o capitão na sua ausência e, normalmente, atender o serviço de quarto, que, entre inúmeras obrigações, incluía fiscalizar o trabalho dos timoneiros para que o navio seguisse o rumo determinado, verificar que a cada hora o odômetro (instrumento rebocado pelo navio que mede a sua velocidade) fosse içado e assegurar que fosse anotada a distância que o navio andou. Era ainda da sua responsabilidade verificar que todos os homens do serviço de quarto estivessem atentos em seus postos e cumprindo suas obrigações. Ele era ainda responsável, quando viajando em formação, pela manutenção do navio em seu posto e pelo pronto atendimento dos sinais vindos do navio capitânia. Algumas vezes, os tenentes recebiam responsabilidades adicionais, como exercitar os homens no uso das armas portáteis ou comandar uma seção de canhões durante o combate. Era uma etapa essencial para atingir o posto de capitão, posição que nem todos alcançavam, mesmo que fossem bons.

O posto de comodoro dava ao titular o direito de comandar uma força; o comandante do navio onde o comodoro tinha o seu pavilhão era conhecido como "capitão de bandeira". Os oficiais dos postos de comodoro e de almirante eram conhecidos como "oficiais de bandeira ou de pavilhão", porque eram os que tinham direito a içar o seu pavilhão nos navios onde embarcavam.

Outro membro da tripulação que tinha uma razoável possibilidade de ascender à categoria de oficial de convés era o mestre, uma espécie de subtenente responsável pela navegação do navio, em geral pessoa inteligente e hábil, que, como foi o caso de James Cook, podia chegar a capitão, o que era, porém, excepcional. Os mestres, e os outros subtenentes, eram em geral oriundos da classe média baixa – donos de loja, empregados de escritório etc. –, normalmente sem os conhecimentos sociais dos oficiais comissionados, mas muitas vezes dotados de talento excepcional, também no caso de James Cook. Outros subtenentes eram o encarregado dos canhões e da munição de bordo; o contramestre, encarregado dos botes, das velas e seus aparelhos, das bandeiras e flâmulas, âncoras, amarras e cabos; o comissário, encarregado dos suprimentos do navio (a desonestidade dessa função era proverbial); o carpinteiro, com enorme responsabilidade num navio, em que tudo era de madeira, o que exigia muita competência profissional para o seu exercício; o encarregado das velas, responsável pelo conserto e manutenção das velas; o mestre d'armas, cuja principal função era a preservação da paz e da tranquilidade cobertas abaixo (no final do século XVIII, ele perdeu muito de sua autoridade, transformando-se em mero auxiliar dos tenentes nesse mister). Em navios que não levavam fuzileiros, era de responsabilidade do mestre d'armas colocar sentinelas nos locais devidos e instruí-los; finalmente, o cozinheiro, que cozinhava para todos a bordo (exceto para o comandante) e que, em geral, era um antigo marinheiro ferido, homem de muita responsabilidade, pois, num navio de madeira, o fogo representava uma enorme ameaça.

Esses homens constituíam cerca de um terço da tripulação do navio; o restante, normalmente chamado "o povão" – assim traduzimos a palavra inglesa "the people" –, era constituído por marinheiros comuns ou marinheiros especializados, pessoal sem experiência no mar e grumetes (estamos traduzindo assim a palavra inglesa "boys", significando um marinheiro sem nenhuma experiência). Esses grumetes eram chamados de Voluntários de Segunda ou de Terceira Classe, dependendo da sua origem.

O preenchimento do pessoal podia ser feito de diversas maneiras, umas voluntárias, em geral atraídas pelo butim ou pelo espírito de aventura; outras compulsórias, como os recolhidos pelos "bandos de recrutamento forçado" que, em situação de guerra, e somente nesse caso, saíam às ruas recolhendo marinheiros de navios mercantes ou recolhendo quaisquer tipos que pudessem encontrar nos prostíbulos e tabernas locais. Durante a Revolução Francesa, foi baixado pelo governo a Lei das Cotas, a qual especificava o número de homens que tinham de ser entregues para a Marinha por cada burgo ou condado. Para preencher essas cotas, os magistrados locais enviavam vagabundos ou pessoas que praticaram pequenos crimes.

A Sociedade Marítima enviava todo ano um contingente de grumetes, entre 13 e 15 anos de idade: alguns por pequenas infrações, vagabundagem, mendicância ou, mais frequentemente, porque seus pais não os podiam sustentar. A bordo, o trabalho desses "voluntários" era o mais desagradável possível: limpeza de privadas, das pocilgas, dos galinheiros etc. Os que escapavam da brutalidade dos homens de seu navio ou fracassavam nas tentativas de desertar, acabavam chegando a marinheiros comuns.

Em síntese, o tipo dos homens que serviam na Marinha Real nos tempos de Nelson era muito variável: podiam ser brancos ou negros, naturais do país ou estrangeiros de inúmeras nacionalidades – cerca de um oitavo da tripulação de um navio de guerra da Marinha Real era de estrangeiros. Somente uma rígida disciplina podia levar tão heterogênea guarnição à eficiência, mas, por outro lado, essa disciplina era causa de deserção ou de motim. Como os motins de Spithead e de Nore (na boca do Tâmisa), no verão de 1797, quando as principais queixas dos amotinados eram relativas ao baixo pagamento, à qualidade da comida e à proibição de irem à terra; proibição, aliás, que criava situações constrangedoras quando centenas de prostitutas eram levadas a bordo para manter os homens da guarnição calmos.

No que concerne ao pessoal que serviu e lutou com Nelson, as palavras de Samuel Johnson – poeta, ensaísta, crítico, lexicógrafo e dono de uma conversação inigualável, que viveu no período (1709-1784) – depois de uma visita a um navio de guerra inglês, dão uma ideia da vida a bordo: "[...] estar num navio é como estar numa prisão, e ainda com a possibilidade de se afogar [...] um homem na cadeia tem mais espaço, melhor alimentação e habitualmente melhor companhia".[8]

Entretanto, na realidade, os homens que viviam nesse ambiente foram os melhores guerreiros navais da história, o que exige alguma reflexão de nossa parte. Apesar da difícil vida a bordo e da rigorosa disciplina, talvez as alternativas disponíveis – trabalho insano numa fábrica em condições sub-humanas, sem qualquer possibilidade de uma vida aventurosa – não fossem atrativas. Além disso, é incontestável que bons oficiais são capazes de produzir excelentes homens. A participação nos butins era também uma atração que não pode ser desconsiderada. Por outro lado, as deserções eram muito frequentes.

O comandante de um navio da Marinha Real era quase um deus para seus homens, não cabendo nenhum recurso para suas decisões. Vivia a bordo isolado na sua cabine – sempre com um sentinela à porta – onde comia só, com a única exceção quando convidava à sua mesa algum tenente ou guarda-marinha. Quando chegava ou saía de bordo era objeto de um cerimonial solene e, em viagem, quando subia ao convés, por uma questão de respeito, todos no convés passavam para o bordo contrário do navio ao em que ele se encontrava.

Os castigos a bordo eram severos, podendo o comandante punir um homem com até 12 chibatadas, aplicadas com um chicote que, por razões óbvias, era chamado de "gato de nove rabos". Em casos mais graves, a punição podia ser realizada em todos os navios no porto, sendo 12 chibatadas por navio. Poucos sobreviveram ao castigo. O limite de 12 chibatadas, que um comandante podia aplicar, sem submeter o punido à Corte Marcial, na prática não era seguido, conforme se pode constatar vendo os diários de bordo. A Corte Marcial era sempre chefiada pelo capitão mais antigo na área e composta por mais três capitães e podia condenar o acusado à morte. Somente o rei, ou uma comissão especialmente por ele designada, podia conceder clemência no caso de uma condenação à morte.

Além do que já foi comentado, é preciso entender que num navio da segunda metade do século XVIII, cuja única propulsão era a vela, era absolutamente necessário que a guarnição operasse como um time, um homem dependendo do outro, não só para não ser sobrecarregado de trabalho, que por si só já era extremamente penoso, mas também para garantir a sua sobrevivência, numa época em que a guerra era constante. Os que ameaçavam essa coesão, por serem ladrões, brigões ou preguiçosos, não eram populares. Para a maioria dos homens, uma disciplina rigorosa era indispensável para o bem-estar geral e um bom comandante era o homem capaz de garantir isso.

Um exemplo ilustra uma situação normal na marinha da época. Durante os 29 meses em que Nelson esteve no Seahorse, foram aplicadas 88 punições de chicotes, sendo que 87,5% delas foram de 12 chibatadas. Somente em casos mais graves, a pena foi de 24 chibatadas. Apenas dez homens receberam 54,5% das punições, o que mostra que essas punições se concentravam num número relativamente pequeno de tripulantes, possivelmente incorrigíveis.

Há casos de comandantes que conquistaram a admiração e a simpatia de seus subordinados, mas há também os que eram recordados pela sua tirania e impiedade: o capitão William Bligh, comandante do HMS Bounty, foi imortalizado no filme *O motim de Bounty*, na interpretação notável de Charles Laughton, como péssimo homem e magistral marinheiro, enquanto Marlon Brando representou um dos cabeças do motim.

As doenças matavam três vezes mais do que o combate. Naqueles dias, as mais comuns eram o tifo, por causa da sujeira das roupas, o escorbuto, pela falta de vegetais, e a tuberculose, pela atmosfera fétida que reinava cobertas abaixo. O escorbuto, verdadeira praga que afligia os homens do mar nos séculos XVII e XVIII, foi quase eliminado por uma regulamentação de 1795, que estabeleceu a obrigatoriedade de colocar suco de limão nas provisões salgadas depois de seis semanas no mar. As piores epidemias ocorriam nas Índias Ocidentais, onde havia centenas de mortes por malária, febre amarela e disenteria, já que não se conhecia cura para essas doenças.

Notas

[1] Kemp, Oliver (ed.), *The History of Royal Navy*, London, Arthur Barker, 1969, p. 77.
[2] Apud Donald Mocintyre, *War of American Independence*, in Peter Kemp, op. cit., p. 89.
[3] Idem, p. 96.
[4] John Masefield, *Sea Life in Nelson's Time*, USA, United States Naval Institute, 1971, p. 5.
[5] Idem, p. 19.
[6] Donald Macintyre e Basil W. Baltre, *Men of War*, USA, Castle Books, 1974, p. 39.
[7] Idem, p. 42.
[8] Apud Oliver Warner, *Great Battle Fleets*, Norwich, Great Britain, Jarrold & Sons, 1974, p. 123.

OS ANOS DE FORMAÇÃO
1758 a 1779

Edmund Nelson, pai do futuro almirante, era filho do casal Edmund e Mary, que tiveram outros 7 filhos, dos quais 3 morreram jovens. Os pais de Edmund viveram até idades avançadas, ele até os 87 anos e ela até os 91, o que, na segunda metade do século XVIII, era incomum.

Clérigo filho de clérigo, Edmund Nelson não podia ter grandes aspirações, pois, mesmo após a morte de seu pai herdaria as rendas das paróquias de Hillborough e Sporle, que, em termos financeiros, não tinham expressão. Um bom casamento poderia mudar essa situação, desde que a família da noiva tivesse prestígio e boas relações, requisitos indispensáveis para uma carreira de sucesso no século XVIII.

Graças à ajuda do amigo Thomas Page, clérigo com quem trabalhou em Eccles, Suffolk, Edmund conheceu Catherine Suckling. Em 11 de maio de 1749, quando ela tinha 24 anos, casaram-se por amor, de acordo com as evidências. Pelo retrato que ficou dela, depreende-se que, embora não fosse bonita, tinha feições agradáveis, aparência austera, cabelos pretos e olhos azuis. Catherine trazia para a família o poder de uma ascendência ilustre, o que, na época, conforme já dissemos, era uma promessa de boas possibilidades. Numa sociedade em que quase todas as funções eram determinadas por indicação, boas relações familiares eram fundamentais para progredir na vida.

Catherine era filha também de um clérigo, que provinha de uma linhagem de cavaleiros, mas sua mãe, Ann, tinha uma ascendência impressionante: era filha de sir Charles Turner e Mary Walpole; a família Walpole era uma das mais importantes do reino. Os irmãos de Mary, tios-avós de Catherine, eram todos ilustres: Dorothy, casada com um poderoso político, Charles Townsend, que chegou a ser secretário de Estado; Galfridus Walpole, que fez carreira na Marinha e, em 1711, perdeu o braço direito numa ação contra os franceses, em Vado Bay; Horatio Walpole, barão, a quem Nelson deveria o nome (talvez o devesse ao filho do barão, também Horatio); sir Robert Walpole, o mais importante membro da família, que foi durante 20 anos primeiro-ministro nos reinados de George I e George II.

No século XVIII, o termo "interesse" indicava a capacidade de se ter na família ou entre os amigos pessoas influentes que pudessem melhorar as suas perspectivas, criando oportunidades que de outra forma não existiriam. A família Walpole era importante o bastante para assegurar "interesse". Assim, Charles Turner, avô de Catherine, graças a Robert Walpole, seu cunhado, ocupou importantes cargos no Gabinete, em 1707 e 1730.

Horatio Nelson também teria "interesse", pois um dos irmãos de Catherine, Maurice Suckling, fez carreira de sucesso na Marinha Real, tendo contado com a proteção de Robert Walpole e, incontestavelmente, muito ajudou seu sobrinho no início da carreira, conforme veremos. O outro tio de Horatio, William, ficou até o fim da sua vida como fiscal da Alfândega de Londres.

Pouco depois do casamento com Catherine, Edmund mudou-se com a esposa para Swaffham, onde nasceram os dois primeiros filhos, que, entretanto, morreram ainda infantes, o que não era incomum à época. Em 1753, nasceu o terceiro filho do casal, Maurice, que herdou o nome do tio. Pouco depois, o casal voltou a Eccles, onde, em 1755, nasceu Susan.

Nessa fase da vida dos Nelson, a influência da família de Catherine iria se dar de forma mais acentuada. Os Walpoles tinham muitas propriedades em Burnham Thorpe, Norfolk, nas costas do Mar do Norte. Tendo morrido o reitor do lugar, o herdeiro de lorde Walpole deu a Edmund as reitorias de Burnham Thorpe e Burnham Sutton e ainda as rendas de Burnham Ulp e Burnham Norton, de modo que Edmund renunciou às posições que tinha em Hillborough e Sporle, cujas rendas eram baixas, e mudou-se para Burnham Thorpe, onde ocupou com a família a reitoria, a menos de uma milha ao sul da vila. Ali seria o lar definitivo dos Nelson.

Em 1757 nasceria mais um filho, William, e, no ano seguinte, no dia 29 de setembro, Horatio Nelson, o futuro almirante, herói da Inglaterra. Sobre esse acontecimento assim se referiu John Sudgen, um dos melhores biógrafos do grande Nelson:

> E tudo começou enganosamente de forma quieta, na costa remota, escassamente povoada de Norfolk, onde ventos frios de nordeste ocasionalmente tornavam tempestuosas as enseadas e os estuários alterados pelas marés, ou varriam as dunas e os pântanos salgados, e onde fazendeiros e pescadores humildes trabalhavam segundo padrões sazonais, consagrados pelo tempo. Acima de tudo, um lugar adequado para o lar de um clérigo do interior, gentil e temente a Deus.[1]

Outros filhos viriam para o casal: Ann, em 1760, que herdou o nome da avó materna; Edmund, como o pai, em 1763; Suckling, em 1764, e, finalmente, Catherine, como a mãe, em 1767. Uma outra criança morreu ao nascer.

Os primeiros anos de Nelson foram em Burnham Thorpe, num ambiente onde o incessante ruído das ondas era um convite para a vida no mar. O lugar era muito tranquilo, exceto pela realização de algumas feiras ocasionais; a maior parte dos habitantes vivia da agricultura. Wells era a cidadezinha mais próxima, situada na costa oriental do estado de Holkham. Horatio e os dois irmãos mais velhos, Maurice e William, tinham suas andanças limitadas aos pequenos vilarejos nas proximidades, como Blacks, Bees e Jarvises.

Pouco se sabe sobre essa época da vida de Nelson; depois que ele ficou famoso, muitas histórias foram criadas pelos seus contemporâneos, quase todas querendo ressaltar alguma característica heroica do personagem, mas de pouca credibilidade. Nelson as estimulava, pois essas histórias demonstravam a sua extraordinária coragem e determinação, afagando o seu ego.

Devido à morte prematura da mãe em dezembro de 1767, com 42 anos –, a figura paterna foi a dominante na vida de Nelson, tendo papel importante na sua formação. Bom, modesto e generoso, Edmund Nelson era um pai que orientava os filhos para a necessidade de trabalharem duro e de forma honrada, rezarem, manterem-se limpos, valorizarem a educação e considerarem o fumo e o álcool imperfeições comuns dos mais velhos. Suas noções de disciplina eram tão rígidas que "considerava uma complacência alguém recostar-se na costa da cadeira e sustentava que ter olhos fracos não era uma desculpa para usar óculos".[2]

A vida era frugal e Edmund considerava essencial para o desenvolvimento dos filhos ar, exercício, afeto e limpeza; para ele, uma educação liberal era o único antídoto contra o egoísmo do qual poucos estão livres.

Uma outra figura importante nessa fase da vida do jovem Nelson foi seu tio Maurice Suckling. Após a Guerra dos Sete Anos, passou um período sem comissão na Marinha, no regime de meio soldo, mas era uma figura impressionante, que podia mostrar aos sobrinhos seus uniformes e sua espada, contando histórias de lugares longínquos e estranhos onde se batera contra os inimigos do seu país – em 1757, contra os franceses, nas Índias Ocidentais. Sem dúvida, o jovem Nelson optou pela vida no mar influenciado por ele. Mais tarde, conforme veremos, de volta ao serviço ativo, ele ajudou a carreira naval de Horatio.

A educação do jovem, e de seu irmão William, teve início na escola pública real Rei Eduardo VI, em Norwich, então a segunda cidade da Inglaterra, onde viviam uma tia-avó e uma prima por parte de pai, com quem os rapazes moraram – o outro irmão, Maurice, estava em Londres. Isso ocorreu provavelmente em 1768, quando o pai lutava com os problemas da morte da esposa.

Norwich deve ter parecido para os irmãos uma verdadeira cidade; na época, era a segunda cidade do reino, com 30 mil habitantes.

Nelson devia ter lido, quando ainda na sua cidade natal, a Bíblia e, certamente, algum Shakespeare, mas deve ter tido dificuldades com o currículo da escola, totalmente estranho para ele. Provavelmente, a distância do pai contribuiu para a curta permanência em Norwich, pois já em 1769 os irmãos foram para a Escola Paston, na pequena cidade de North Walsham, sob a direção do reverendo John Price Jones, que lhes ensinou os inevitáveis clássicos e um pouco de inglês e matemática. Durante as férias – o estipêndio anual da escola incluía alojamento, alimentação e o ensino –, Horatio e William iam para casa, cobrindo as 40 milhas entre esta e a escola montados num pônei.

Anos mais tarde, William lembraria um fato dessa época que, se não é verdadeiro, retrata bem como os contemporâneos do grande almirante viam o seu caráter. Após as férias, os dois irmãos tinham de voltar para a escola, mas o inverno extremamente rigoroso tinha tornado, em janeiro de 1770, as estradas intransitáveis, com muita neve bloqueando os caminhos. Após uma primeira tentativa fracassada, o pai disse-lhes que deveriam tentar de novo, só desistindo se o caminho se mostrasse realmente perigoso, ficando a decisão por conta deles. "Fica por conta da honra de vocês", teria dito o pai. Na segunda tentativa, William mostrou-se disposto a desistir de novo, mas Horatio insistiu que continuassem, pois o assunto tinha sido deixado por conta da honra deles.

Há outras histórias, todas demonstrando o apego de Nelson ao cumprimento do dever, quaisquer que fossem as dificuldades, e sem que o interesse pessoal interferisse na tomada de decisões.

Pouco depois do incidente narrado, Nelson, como veremos, interromperia os estudos formais definitivamente, com menos de 13 anos, o que não era incomum

Nelson com 23 anos de idade, um jovem e
promissor comandante da fragata Albermale.
[por John Francis Rigaud]

na época. Muitos como ele tiveram uma educação formal muito limitada e Horatio não fez como outros que, mais tarde, remediaram as suas limitações de estilo e gramática retomando os estudos. Nelson deixou muitas cartas que, embora de estilo direto e vigoroso, não tinham a distinção nem a correção da escrita de uma pessoa culta; pelo contrário, as suas cartas contêm muitas expressões vulgares e nem sempre o inglês é o melhor, mas, deve-se reconhecer, dificilmente elas não eram claras como acontecia com as cartas de muitos ilustres da época.

O fim dos estudos de Nelson foi motivado pelo início da sua carreira naval. Em 1770, as ilhas Falklands (para os argentinos, ilhas Malvinas) eram disputadas pela Grã-Bretanha e pela Espanha, sendo que a primeira mantinha um povoamento em Port Egmont. Nesse ano, a Espanha se apresentou com uma poderosa força naval na localidade, levando os ingleses à rendição. A indignação pública na Grã-Bretanha levou o governo a apresentar protestos furiosos aos espanhóis, ameaçando com a guerra. Diversos navios foram retirados da reserva e reativados, dentre eles o navio de 64 canhões Raisonnable, no passado capturado aos franceses. Oficiais da reserva foram também chamados para retornar ao serviço ativo e, entre eles, o capitão Maurice Suckling para comandar o Raisonnable.

Quando da morte da mãe de Nelson, Maurice havia dito a Edmund que gostaria de cuidar de um dos meninos. Nelson, ao saber da indicação do tio para o comando, pediu a William que escrevesse ao pai para que este apelasse a Maurice para que Nelson embarcasse no navio. Lembrado da velha promessa, Edmund fez o pedido e Maurice, embora achando que Nelson não tinha condição física para o serviço, sendo enfermiço, aceitou-o a bordo. Nelson dirigiu-se em companhia do pai para Londres – ele tinha então 12 anos – e apresentou-se a bordo sendo classificado pelo tio como guarda-marinha, a contar de 1º de janeiro de 1771 (na realidade a data de apresentação foi março ou abril, um expediente comum à época). Dessa forma, Nelson ganhou três meses de tempo de serviço no mar, essencial para contagem do tempo para a promoção.

Enquanto o navio era recondionado, a Espanha cedeu à pressão inglesa e desistiu das ilhas, pondo fim à marcha para a guerra. Muitos navios que haviam sido retirados da reserva voltaram a ela, inclusive o Raisonnable, mas o tio de Nelson continuou no serviço ativo, sendo indicado para comandar o Triumph, de 74 canhões, estacionado como navio de guarda no Tâmisa.

Nelson foi lançado no registro do Triumph como "empregado do capitão", mas, na verdade, seu tio colocou-o num mercante – o Mary Ann – avaliando que o sobrinho precisava de experiência no mar, o que ele não conseguiria num navio no Tâmisa. O navio estava de partida para as Índias Ocidentais, sob o comando de John Rathbone, um experiente marinheiro que já servira com Maurice Suckling.

Com ele, Nelson podia aprender matemática, navegação e hidrografia e, graças ao tio, manteria o registro no Triumph e não deixaria de contar tempo de serviço na marinha e nem deixaria de receber o salário correspondente. Isso também era muito comum na época e quase todos que tinham poder para arranjos desse tipo não hesitavam em fazê-los.

No dizer de Sugden:

> [...] Horatio estaria fora, em águas profundas, dando nós e cuidando de cabos, enfrentando o terror de subir no topo dos mastros em enxárcias trêmulas, caminhar nas vergas para prender e largar os panos. Pelo menos, essa experiência estabeleceria de uma vez por todas se o jovem Nelson era talhado para a vida que escolhera.[3]

Quatorze meses mais tarde, Nelson estava de volta, mais certo do que nunca que seu destino era a marinha. Tão logo chegou, apresentou-se no Triumph e teve o seu registro mudado para marinheiro comum, já que sua experiência recente o qualificava para isso. Mais para o fim do ano, ele seria reclassificado como guarda-marinha. No Triumph, dirigindo o cúter do navio, que trazia provisões de terra e transportava pessoal, aprendeu a conhecer o rio, em todo o inverno de 1772. Mahan, em sua biografia de Nelson, ressalta a importância desse aprendizado, pois a função implicava grande responsabilidade, já que ele era obrigado a tomar decisões sem consulta aos seus superiores, o que teria um papel importante no desenvolvimento de sua personalidade.[4]

Mas a vida no Triumph era calma demais para o temperamento de Nelson, sempre em busca de novos desafios. Em maio de 1773, ele teve notícia da viagem que o almirantado estava programando para o oceano Ártico, em mais uma tentativa de descobrir uma passagem para as riquezas do Leste, evitando uma longa viagem ou pelo Cabo da Boa Esperança ou para oeste, pelo Estreito de Magalhães.

Era uma aventura arriscada e, por determinação do almirantado, só marinheiros experimentados, adultos, poderiam ser voluntários. Mas apesar de estar apenas com 14 anos, Nelson, graças ao tio Maurice, conseguiu um lugar na expedição em maio de 1773, quando James Cook estava em meio de sua segunda viagem de circum-navegação, à procura do mitológico continente ao sul.

Nelson embarcou, na condição de guarda-marinha, no Carcass sob o comando do capitão Skeffington Lutwidge, que acompanharia o capitânia da expedição, o HMS Racehorse, sob o comando do comodoro John Phipps. Sua idade foi anotada como 18 anos.

O jovem marinheiro muito lucrou com a experiência que se prolongou até outubro de 1773, tendo melhorado sua qualificação em marinharia e seu preparo geral para a vida no mar, em termos de conhecimento e determinação. Ele aumentou a autoconfiança, suas habilidades e entusiasmo por novos desafios, tendo conquistado o respeito dos dois chefes da expedição.

A 14 de outubro, após receber seu pagamento – £8 2s 2d, com um desconto regulamentar de 10s 4d – voltou para bordo do Triumph, ainda comandado pelo tio, que novamente o inscreveu no registro do navio na qualidade de "empregado do capitão".

Maurice Suckling, porém, criou uma nova possibilidade para o sobrinho, colocando-o a bordo do Seahorse, um navio de 24 canhões, com destino às Índias Orientais, passando pelo Cabo da Boa Esperança, onde foi registrado como guarda-marinha, mais uma vez com a idade aumentada para 18 (na verdade, só tinha 15 anos). Thomas Surridge, amigo de Suckling, foi apontado mestre do navio, sendo Nelson recomendado a ele, que, além de excelente pessoa, era um profissional extremamente competente – chegou a vice-almirante em 1819, o que mostra sua qualificação.

O comandante do navio era o capitão George Farmer, que se revelaria na viagem um comandante incapaz de conduzir seus oficiais da maneira adequada (dois tenentes iriam à Corte Marcial durante a viagem). O comandante da expedição era o comodoro Edward Hughes, que ia assumir o comando de um esquadrão nas Índias Orientais; seu pavilhão foi içado no HMS Salisbury, de 50 canhões, sob o comando do capitão George Robinson Walters.

Nessa comissão, Nelson permaneceria até aproximadamente março de 1776, abatido pela malária, após cerca de dois anos na Índia. Durante esse período, ele aprendeu muito sobre a arte de administrar e conduzir navios, viveu muitas novas experiências, fez amigos valiosos e, pela primeira vez, viu uma ação de combate. Houve também situações difíceis a bordo, que, sem dúvida, o ensinaram muito quanto ao relacionamento entre um comandante e seus oficiais.

Thomas Surridge contribuiu significativamente para a formação de Nelson. Nessa viagem, ele tomou parte pela primeira vez na escolta de comboio, um dos menos populares, mas mais comuns deveres de um oficial de marinha: manter os mercantes em posição no dispositivo durante o translado do comboio, mantê-los juntos, trazer para o dispositivo os desgarrados e, enfim, colocar-se à frente do comboio ou nos seus flancos para interceptar inimigos.

Acometido pela doença, Nelson foi mandado de volta para a Inglaterra a bordo do HMS Dolphin, sob o comando de James Piggot, que se revelou desde o início um bom amigo: embora Nelson, rigorosamente falando, não fosse da guarnição do navio, ele o colocou como guarda-marinha, de modo que ele não deixasse de contar o tempo de serviço no mar e de receber o pagamento.

Durante a viagem de regresso, que duraria 6 meses, Nelson chegou quase à depressão, mas, felizmente para o seu país, soube reagir. Deixemos que ele mesmo conte essa experiência:

> Eu fiquei convencido de que nunca subiria na minha carreira [...]. Minha mente vacilou diante da visão das dificuldades que eu teria de superar e o pouco "interesse" de que eu dispunha. Não podia descobrir nenhuma maneira de alcançar o objeto de minha ambição. Depois de um longo e triste devaneio, no qual eu queria ser lançado ao mar, um súbito clarão de patriotismo brilhou dentro de mim e mostrou-me meu Rei e minha Pátria como meus patronos. Minha mente exultou com a ideia. Bem, então serei um herói, e acreditando na Providência enfrentarei com bravura qualquer perigo.[5]

Na verdade, o "interesse" de que ele dispunha não era tão pouco. Chegou de volta à Inglaterra em 30 de agosto de 1776; na sua ausência seu tio chegou a ser Chefe do Material da Marinha e foi apontado por Portsmouth como membro do Parlamento. A 24 de setembro, às vésperas de seus 18 anos, Nelson recebeu pouco menos de £10 (£9 17s 4d), e, apenas dois dias depois, apresentou-se a bordo do Worcester, de 64 canhões, de partida para Gibraltar, para serviço de comboio. Nesse navio, sob o comando de Mark Robinson, Nelson teve um tratamento adequado ao de sobrinho do Diretor do Material e foi comissionado como quarto-tenente, embora não tivesse a idade mínima e nem tivesse feito os exames necessários (o termo quarto-tenente indica que o bordo do navio havia três outros tenentes de promoção mais antiga, isto é, o terceiro-tenente, o segundo e o primeiro). O fato em si não tem nada de extraordinário, pois era comum que jovens ainda dependentes dos exames fossem empregados a bordo como tenentes provisórios (*acting lieutenent*).

Nesse período, segundo seu biógrafo Mahan, Nelson ganhou a reputação de competência profissional, o que, como aconteceria durante toda a vida, rapidamente lhe granjearia a confiança de seus superiores. Anos mais tarde, diria, com orgulho, referindo-se ao tempo que passou no Worcester, que, apesar de sua pouca idade, o seu comandante costumava dizer que, quando Nelson estava de serviço de quarto, ele, Mark Robinson, sentia-se tão tranquilo como quando os oficiais mais velhos estavam de serviço.

Mahan, porém, julga que é duvidoso que Nelson tenha alguma vez demonstrado ter em alto grau a difícil e delicada habilidade de manobrar um navio com a máxima destreza e precisão. Para Mahan, ele certamente não tinha essa reputação e, para corroborar isso, cita um ilustre contemporâneo de Nelson que o admirava e via-o com invulgar talento para o comando. Nelson inegavelmente, porém, possuía um conhecimento completo de sua profissão, o que, junto com seu zelo, energia e inteligência, mais do que justificam sua competência como chefe.[6]

Em abril de 1777, após um inverno completo comboiando navios em condições de tempo muito adversas – sabe-se que Nelson não era livre do enjoo, que o acompanhou por toda a vida –, ele apresentou-se para fazer seus exames para tenente. De posse dos documentos que comprovavam mais de 6 anos de serviço no mar e com os diários mantidos por ele em todos os navios em que servira, compareceu ao Conselho da Marinha (Navy Board) para os exames.

O Conselho era composto de três membros, todos capitães, e era presidido pelo de maior antiguidade, no caso o Diretor do Material, Maurice Suckling. Segundo consta, ele, entretanto, não recebeu Nelson como seu sobrinho, só o apontando como tal quando os conselheiros tinham-no aprovado. Inquirido pelos demais porque não os havia informado antes sobre a relação de parentesco, teria dito que não o fizera antes porque não queria influenciar a favor do jovem. Essa história, relatada bem mais tarde pelo irmão William, parece difícil de acreditar, sendo muito pouco provável que os outros dois capitães não soubessem dos laços entre tio e sobrinho. Certamente, Nelson passou no exame porque era bom oficial e não precisaria de ajuda nos exames, mas a história é inverossímil. Foi ignorado, porém, o fato de que Nelson não tinha ainda 20 anos – faltavam 5 meses para ele completar 19 anos.

No dia seguinte, Horatio Nelson, comissionado como 2º tenente, embarcou na fragata Lowestoffe, de 32 canhões, cujo destino era as Índias Ocidentais, sob o comando do capitão William Locker, que se tornaria seu grande amigo, e que, por suas qualidades de admirável oficial e cavalheiro, muito contribuiria para a formação do jovem oficial. Essa amizade só seria interrompida em 1800, com a morte de Locker. Sem dúvida, Suckling teve a ver com essa pronta indicação para um navio do jovem tenente. Muitos tinham de esperar bastante tempo por essa oportunidade.

Nelson, antes de partir para a Jamaica, teve um breve encontro com a família em Londres, para celebrar sua elevação à categoria dos oficiais e cavalheiros. Seu pai, seu irmão Maurice, trabalhando com o tio Suckling na marinha como funcionário civil, e sua irmã Ann, então com 16 anos, estiveram com ele na ocasião.

A nova comissão agradou plenamente o jovem tenente. A Grã-Bretanha estava, então, envolvida na Guerra da Independência dos Estados Unidos e a missão nas Índias Ocidentais prometia ação e as oportunidades pareciam boas para apresar navios.

A marinha americana era pequena e a Marinha Real dominava o mar da região e as cidades de Nova York e Filadélfia. Nelson, pois, não esperava grandes batalhas navais, mas acreditava que haveria presas a serem feitas; as capturas, uma vez consideradas legítimas pelas cortes navais, representavam um prêmio a ser distribuído entre os captores e Nelson, tanto quanto qualquer outro oficial naval; esperava, dessa forma, suplementar seu modesto salário.

Durante a travessia do Atlântico, a amizade entre o jovem tenente e o capitão só fez aumentar, e é possível que Locker tenha sido o primeiro a falar com Nelson sobre táticas navais e das suas experiências com o grande Hawke, tanto em Quiberon Bay como posteriormente. Sem dúvida, nas longas conversas que mantiveram, Locker deve ter falado a seu pupilo do gosto pela Batalha de Hawke, de sua ênfase na ação a curta distância e da disposição de deixar de lado as instruções de combate escritas para procurar, por outros meios, a decisão do combate, o que se tornaria procedimento padrão para Nelson.

Ao chegarem à Jamaica, o capitão Locker ficou seriamente doente e o primeiro-tenente do navio – Charles Sandys, uma boa pessoa, mas dado ao álcool – assumiu o comando. No período em que o comandante ficou se recuperando, algumas presas foram efetuadas por Sandys, sendo que uma delas, rebatizada como Little Lucy, foi transformada em tender (navio-auxiliar). Já com Locker mais uma vez no comando, um episódio teve importância, pois mostraria a maneira de ser de Nelson. Em novembro de 1777, o Lowestoffe capturou um brigue americano, o Resolution, um corsário pouco armado, quando as condições de tempo e mar eram as piores possíveis. Locker enviou Sandys para abordar a presa, mas, diante das condições de mar, este voltou para a bordo sem cumprir a tarefa. Locker teria então perguntado se não havia um oficial a bordo capaz de ir até a presa. Quando o mestre se dirigia para pegar a embarcação do Lowestoffe para tentar a abordagem, Nelson teria dito: "é a minha vez agora, se eu falhar será então a sua". Apesar do estado do mar, ele cumpriria a tarefa.

Noutro cruzeiro, em dezembro, Locker deu a Nelson a oportunidade de comandar o Little Lucy. Quando voltaram para a Jamaica, Nelson teve permissão de Locker para sair com seu pequeno navio. No seu primeiro cruzeiro, em fevereiro de 1778, ele apreendeu a escuna Abigail e, num segundo, em março e abril, a escuna Swan.

Essa primeira experiência de Nelson como comandante marcaria a sua carreira, pois comandar era o que ele faria melhor. Seu maior benefício nesse período foi, porém, a conquista definitiva da amizade e da admiração de Locker; até então, seu tio tinha sido seu único patrono, e a partir daí passou a contar com a proteção de Locker, que, embora não tivesse a proeminência de Maurice Suckling, era um oficial respeitado e popular, capaz de abrir muitas portas.

O novo comandante em chefe na Jamaica, contra-almirante sir Peter Parker, muito possivelmente ouviu falar de Nelson pelo capitão Locker, e é certo que ele e a senhora, lady Margareth, Nugent de solteira, tinham grande amizade por Suckling que, posteriormente, transferiram para o sobrinho, na medida em que entretinham o jovem tenente na casa que tinham montado em Kingston. Breve uso ficaria evidenciado, pois, logo que surgiu uma vaga no capitânia do almirante, o HMS Bristol, de 50 canhões, Nelson foi transferido para o navio – 1º de julho de 1778 – na condição de terceiro-tenente.

No início de setembro, os dois tenentes mais antigos de Nelson foram promovidos e deixaram o navio, de modo que Nelson ascendeu a primeiro-tenente, o tenente mais antigo a bordo.

Em julho a França declarou guerra à Inglaterra. Assim, foi formado um esquadrão, sob o comando de capitão Joseph Deane, ao qual o Bristol se juntou, sem o pavilhão do almirante, que permaneceu em terra, para patrulhar a área marítima em torno do Haiti procurando interceptar navios franceses e americanos. Quando regressaram a Port Royal, em 20 de outubro, tinham capturado 14 presas, 9 francesas e 5 americanas (5 das presas foram capturadas pelo Bristol). Nelson fez jus a uma participação em torno de £400. Num novo cruzeiro, em outubro, o Bristol fez mais 2 presas.

De volta mais uma vez a Port Royal, Nelson, no dia 8 de dezembro de 1778, foi nomeado mestre e *commander* (comandante) do brigue Badger – o posto de *commander* equivale ao de capitão de fragata na Marinha do Brasil de hoje; na atualidade há um posto intermediário entre tenente e capitão de fragata, o de capitão de corveta; na época, porém, o posto de *commander* equivalia ao de major do exército, que é hoje o equivalente a capitão de corveta. O posto de comandante capacitava para o comando de um brigue ou uma escuna, navios muito pequenos para serem comandados por um capitão ou um mestre.

Ainda em outubro, Nelson soube, por carta do pai, da morte de seu tio Maurice Suckling, em 14 de julho de 1778 (mais tarde, Nelson receberia £500 e a espada dele, que, supostamente, havia pertencido a Galfridus Walpole, herói naval). Nelson perdia, assim, o seu maior patrono até então.

O Badger não era um excelente navio e quando Nelson assumiu, a 1º de janeiro de 1779, sua condição era precária; tinha sido um mercante americano capturado, tendo sofrido extensos reparos depois de adquirido pela marinha em 1776. Sir Peter Parker deu a Nelson o comando até que um navio melhor surgisse.

O navio era insignificante, com dois mastros dotados de velas redondas e armamento consistindo de 12 canhões de 4 e 2 canhões giratórios de projéteis de meia libra. Certamente não poderia enfrentar um verdadeiro navio de guerra, apenas pequenos corsários inimigos. Sua guarnição era de 90 homens, com apenas um tenente.

Durante os 6 meses que comandou o navio, Nelson sofreu com as deserções: cerca de 21 durante esse período, o que, provavelmente, se deveu, pelo menos em parte, à inexperiência do comandante – dois terços dos desertores eram da tripulação do Badger e o restante eram extralotação, alguns simples passageiros, outros aguardando ser redistribuídos para outros navios. Pela primeira vez na vida, Nelson puniu alguém com chibatadas, duas dúzias, aplicadas num recrutado a força, por bebedeira e desobediência.

Na época, a aparência de Nelson certamente não impunha respeito. Era a de um menino, pequeno, frágil, que, conforme afirmam os seus biógrafos mais antigos, não permitia que se visse de imediato a grandeza de sua capacidade, a sua determinação, a sua ânsia pela glória. Ele possuía, entretanto, um charme pessoal que era um dom natural, refletindo o seu temperamento bondoso e generoso:

> Dificilmente Nelson era uma figura que se impunha. Era surpreendentemente adolescente, apenas ligeiramente acima da idade que lhe conferia maioridade e tinha alguma coisa de escolar. Um tufo de cabelo castanho-areia caía sobre a face magra, sensível, quase afeminada, com olhos azuis e alertas, um nariz caído e uma boca sensual, os cabelos presos atrás por uma fita ou rabicho.[7]

Sua primeira missão foi levar suprimentos para os povoados britânicos na costa de Mosquito, nas Honduras e Nicarágua espanholas – St. George's Key, perto de Belize, e Black River, ilha Rattan e Omoa, no golfo de Honduras – todos sobrevivendo graças à tolerância da Espanha e permanentemente com receio dos danos causados por corsários americanos e pelas forças navais francesas. Os povoados britânicos temiam ainda mais a possível entrada da Espanha na guerra contra a Grã-Bretanha, para tentar reconquistar Gibraltar adquirido por esta em 1704. No caso de a Espanha entrar na guerra, esses povoados seriam alvos fáceis, razão pela qual vinham reforçando suas defesas e procurando manter relações amistosas com a população indígena de Mosquito. Temia-se que o apoio britânico não pudesse ser grande, pois, desde a entrada da França na guerra, as forças navais britânicos estavam espalhadas lutando dos dois lados do Atlântico.

Nelson cumpriu com sucesso essa primeira tarefa, tendo conquistado a amizade do pessoal dos assentamentos que lhe pediu para perguntar ao governador da Jamaica, major-general John Dalling e a sir Peter Parker, qual seria a situação caso a Espanha declarasse guerra – o que acabaria por acontecer dali a cerca de um ano. Segundo Nelson: "Eles unanimemente votaram um agradecimento para mim, e expressaram a sua tristeza pela minha partida".[8]

Ao regressar a Port Royal, Nelson encontrou Locker doente e pensando em voltar para a Inglaterra. Como um favor para o antigo capitão, Nelson colocou no livro do Badger, em abril, William Locker Jr., filho mais velho do capitão Locker, à época na Inglaterra e com menos de 10 anos, idade mínima para o filho de um oficial entrar para o serviço.

Nas viagens seguintes, Nelson teve pouco sucesso em conseguir presas e teve um incidente desagradável em Porto Antonio, em maio. Com sua tripulação reduzida, ele enviou um bote com um oficial para convocar marinheiros nos navios mercantes localizados no porto que pudessem ser postos a serviço da Marinha Real: seu oficial trouxe cinco homens do barco Amity Hall. Nelson arrependeu-se, embora tivesse deixado o mercante com homens suficientes para operar, e pensou em devolvê-los. Entretanto, o comandante do mercante, a bordo do Badger, interpelou Nelson da maneira mais impertinente e, com linguagem imprópria, ameaçou levá-lo à Justiça. Irritado, Nelson devolveu apenas dois dos homens e mais um dos menos úteis de sua própria tripulação, permanecendo com os demais. Numa nova visita a Nelson, o comandante do Amity Hall desculpou-se; porém, uma versão desagradável do incidente já circulava por Kingston, pondo em risco a reputação do futuro herói.

Para tristeza de Nelson, Locker regressou para a Inglaterra em busca de recuperação, enviando a ele um certificado de bom desempenho durante seu serviço a bordo do Lowestoffe.

De volta à Jamaica, Nelson enfrentou uma situação nova para ele. Estando fundeado em Montego Bay na tarde de 1º de junho, quatro mercantes ingleses escoltados pelo HMS Glasgow, 20 canhões, sob o comando do capitão Thomas Lloyd, ancoraram próximo ao Badger. Pouco depois soou o alarme a bordo do Glasgow: alguém querendo roubar rum no porão de ré deixou cair uma lamparina e deu início a um incêndio, que logo ficou fora de controle. A situação era alarmante, pois o navio trazia um carregamento de pólvora para a Jamaica e podia explodir, pondo em risco todos os navios nas proximidades bem como os depósitos e paióis no porto. Alguns biógrafos de Nelson atribuíram a ele todo o crédito pela evacuação da tripulação do navio e pelas medidas que evitaram a explosão.

Porém, o depoimento do próprio Nelson durante a corte marcial em Port Royal mostra a real participação dele:

No dia 1º de junho, entre 5 e 6 horas da tarde, vi o alarme de fogo a bordo do Glasgow. Imediatamente ordenei todo o auxílio do Badger, que foi enviado. Eu fui para perto do navio e vi que ele estava tomado pelas chamas cerca de um quarto de hora após o primeiro alarme. Depois das 7 horas, as chamas irromperam no tombadilho e subiram pelo cordame dos mastros principal e mezena, quando foi ordenado pelo capitão Lloyd que as embarcações se dirigissem para a proa do navio para receber os homens. Eles foram então levados para bordo do Badger. Muitos estavam bem queimados, principalmente o mestre que morreu no dia seguinte. Logo que eu me aproximei do navio, ouvi o capitão Lloyd encorajando os homens a tirar a pólvora para fora dos paióis e a sacá-la dos cofres, colocando-a no tombadilho. Da mesma forma, lembrando-os para que descarregassem os canhões para evitar que fizessem dano nos navios ou à cidade. O navio estava totalmente tomado por homens, alinhados da proa até o tombadilho, para tirarem água para apagar o fogo com rapidez e em boa ordem.[9]

O próprio Nelson não se atribui nenhum papel relevante nesse incidente.

Ao término da viagem, Nelson recebeu as melhores notícias: sir Peter Parker tinha uma fragata para ele comandar e o tinha promovido ao posto de capitão. A 20 de junho passou o comando do Badger às mãos competentes de seu amigo Cuthbert Collingwood. Ele estava então com apenas 21 anos, jovem o bastante para esperar subir no quadro de capitães até atingir o almirantado.

A promoção de Nelson foi obtida quando ele ainda não tinha nenhuma experiência em uma batalha naval, o oposto do que ocorreria em fase posterior de sua carreira. A verdade é que as oportunidades para isso eram poucas nas Índias Ocidentais, onde a rapidez do acesso era mais em função das vagas abertas devido às doenças. Sem dúvida, a capacidade de Nelson transparecia mesmo no trato dos problemas comuns do dia a dia. Se é verdade que a amizade e a admiração de Locker e Parker por Nelson começaram ao patronato de seu tio, é ainda mais verdadeiro que elas foram mantidas graças ao poder de Nelson de ganhar a confiança e a admiração de seus chefes e de seus subordinados.

Quando ambos, ele e Collingwood, ainda eram capitães praticamente desconhecidos, Collingwood, reconhecidamente comedido e formal, dirigia-se a Nelson em termos que claramente demonstram o reconhecimento das qualidades deste: "Lembranças a você, meu caro Nelson, meu respeito e veneração pelo seu caráter que, espero e tenho certeza, nunca irá diminuir".[10]

Segundo Mahan, a mente de Nelson estava permanentemente voltada para a glória, ou melhor, para a honra – palavra que mais usava e que mais precisamente expressava seu desejo de fama; honra, que é para a glória o mesmo que o caráter é para a reputação. Durante a Revolução Americana, é ainda Mahan que diz, a sorte não lhe favoreceu e o jovem Horatio Nelson ainda não alcançara a glória tão ardentemente desejada.

Aqui cabe um comentário relativo a Collingwood e também ao critério de sir Peter Parker de distribuir favores àqueles oficiais que ele julgou merecedores. Sem dúvida, Nelson e Collingwood estão entre os favorecidos pelo almirante, o que demonstra que, pelo menos, ele sabia distinguir oficiais competentes e que honrariam o seu critério. Quando Nelson deixou o Lowestoffe, Collingwood, tenente a bordo de uma escuna, o substituiu por escolha de Parker. O lugar vago deixado por Nelson no Bristol foi mais uma vez ocupado por Collingwood; a promoção de Nelson a capitão levou à promoção de Collingwood a comandante, com a função de comandar o Badger, como acabamos de ver. Mais tarde, conforme ainda veremos, Nelson recebeu uma fragata melhor para comandar, deixando a Hinchinbrooke. Collingwood foi promovido a capitão e foi comandar o mesmo navio que, dessa forma, foi o primeiro navio de dois recém-promovidos capitães. Muitos anos depois, eles comandariam as duas colunas que, em Trafalgar, levariam à maior vitória da Marinha Real em sua história. Mas as coincidências não param aí: com a morte de Nelson, Collingwood herdaria dele o comando da frota do Mediterrâneo; lá, como Nelson, sucumbiria ao peso de suas responsabilidades. Parker, que sobreviveria aos dois, só deixando a cena em 1811, acompanharia aos 82 anos de idade os funerais de Nelson, quando toda a nação, embora comemorando a formidável vitória, choraria a morte do mais amado almirante britânico.

A distância da Inglaterra levava os comandantes em chefe locais a preencher os postos vagos pelas doenças e pela guerra com pessoal local, pois, levaria muito tempo para que o pessoal indicado pelo almirantado chegasse para assumir suas funções. Nas Índias Ocidentais, as doenças eram frequentes e, por isso, as vagas ocorriam a todo momento. Havia também a contribuição dos combates para as mortes, embora menos significativa. Os homens da Jamaica costumavam brindar com a sentença "uma guerra sangrenta e uma temporada pestilenta", pois as possibilidades de promoção e do recebimento de dinheiro em decorrência do apresamento de navios inimigos eram muito grandes. Aos que conseguiam sobreviver, era um lugar ideal para uma carreira rápida.

A época que estamos considerando, a promoção a capitão era a garantia de que o oficial não seria mais ultrapassado na carreira, pois a promoção a almirante era feita apenas por antiguidade, seguindo-se rigorosamente a lista dos capitães organizada pela data da promoção. Nem favor nem mérito interferiam mais; entretanto, o espírito prático britânico tinha uma saída para os problemas daí resultantes: quando queriam promover a almirante um capitão de notável habilidade, promoviam também todos os que o antecediam na lista – não havia um limite legal para o número de almirantes – deixando sem comissão os que julgavam que não deviam ser promovidos.

Porém, como se tornou capitão muito jovem, Nelson teria todas as oportunidades para chegar ao almirantado (isso, conforme veremos, só ocorreria 18 anos mais tarde, com menos de 39 anos, ainda na plenitude do vigor para se tornar o maior de todos os almirantes de seu país).

Numa de suas cartas, Nelson disse sobre sua promoção: "Consegui minha promoção graças a um tiro que matou um capitão, e muito sinceramente espero que, quando for a minha vez, eu parta deste mundo da mesma maneira".[11]

Nelson recebeu o comando da fragata Hinchinbrooke com 28 canhões de 9, uma antiga presa francesa.

O navio vazava como um balde velho e só estava em serviço pela crescente demanda de unidades navais na região, mas o importante para a carreira de Nelson é que ele serviu para promovê-lo a capitão. Como o navio estava em viagem para a Flórida, Nelson teve de aguardar ao seu regresso para tomar posse.

Enquanto aguardava o regresso do seu navio, Nelson estreitou amizade com Collingwood, dez anos mais velho do que ele, com William Cornwallis, do Lion, cinco anos mais velho que Collingwood, e com o capitão Joseph Deane, do Ruby, que logo morreria.

Para felicidade de Nelson, o tempo de espera não foi desprovido de ação. Em agosto de 1779 aumentaram as informações de que uma poderosa força naval francesa, sob o comando de D'Estaing, muito superior a qualquer força que os ingleses pudessem reunir, preparava-se para invadir a Jamaica. Para agravar a situação, a Espanha declarara guerra à Inglaterra.

John Dalling estabeleceu a lei marcial na Jamaica, Nelson recebeu uma importante função para defender a ilha: guarnecer Fort Charles, com 100 canhões em duas linhas, que seria o foco de qualquer batalha pela posse de Kingston; ele dispunha de 500 soldados para guarnecer o forte.

Logo, porém, novas informações deixavam claro que as forças francesas haviam se afastado de área e que a Jamaica não seria atacada.

A 1º de setembro, Nelson embarcou na Hinchinbrooke recém-chegado, levando um pequeno número de pessoal que o acompanhava, fato corriqueiro na época.

As ordens eram de que Nelson se juntasse ao Niger e ao Penelope no patrulhamento das Pequenas Antilhas, onde haveria boas oportunidades de se aproveitar da guerra com a Espanha, pois, esta ainda recebia navios com tesouros do Novo Mundo e, assim, verdadeiras fortunas podiam ser feitas pelos ingleses se aprisionassem esses navios. Por isso, as guerras com a Espanha sempre foram muito populares entre os homens da Marinha Real.

Em outubro de 1779, Nelson deixou Port Royal alcançando o Niger e Penelope ao largo da ilha holandesa de Curaçao. Apenas dois dias mais tarde, ele experimentou sua primeira ação de combate como comandante de navio. Cerca de meia-noite do dia 30 de outubro, o esquadrão avistou quatro velas ao nordeste e iniciou a caça. Um dos navios logo se rendeu, mas o Niger e o Hinchinbrooke tiveram dificuldades com o segundo, e às 3h30, depois de trocar bordadas com os navios ingleses e de resistir por uma hora, ele arriou seu pavilhão. Ao nascer do dia, os outros dois navios, que não possuíam armamento, haviam sido aprisionados pelo Penelope.

Os navios aprisionados eram americanos, 2 de 14 canhões e 2 desarmados; destinavam-se a Curaçao com carga de açúcar e de café. A fragata de Nelson recebeu inúmeros tiros, mas Nelson ganhou não só experiência de combate mas, como capitão, sua participação na partilha do prêmio era grande, cerca de £800.

A 6 de novembro, o navio de Nelson e o Niger apreenderam uma escuna, a leste da Jamaica. A partir daí, Nelson seguiu sozinho, enfrentando no fim do mês fortíssimo temporal que avariou seus aparelhos e seu velame, fazendo-o entrar em Porto Antonio para reparos. Lá ele foi solicitado a escoltar um mercante para Port Royal e, juntando outros pelo meio do caminho, chegou ao destino no dia 12 de dezembro, onde o navio foi aprovisionado e reparado.

Nelson estava doente e pensou voltar à Inglaterra. Muito provavelmente, voltou a sofrer ataques da malária que o acometera nas Índias Orientais. Antes de partir, porém, ele seria envolvido e mais um episódio que seria uma enorme frustração para os sonhos imperialistas da Grã-Bretanha.

Mas essa história vem depois. Nesse ponto da carreira, final de 1779, Nelson, já como capitão, era sem dúvida um marinheiro completo, pronto para enfrentar, como comandante de navio, quaisquer desafios. Sua formação estava completa, embora lhe faltasse experiência real de uma batalha no mar. Seu destino era a glória, mas, até que esta viesse, muitas dificuldades teriam ainda que ser vencidas e importantes lições aprendidas.

Notas

[1] John Sugden, *Nelson: A Dream of Glory, 1758/1797*, London, Jonathan Cape, 2004, p. 27.
[2] Carola Oman, *Nelson*, Hodder & Stoughton, London, 1954, p. 6.
[3] Sugden, op. cit., p. 57.
[4] Alfred Thayer Mahan, *The Life of Nelson*, London, Sampson Low Marston, 1897, v. 1.
[5] Sugden, op. cit., p. 105.
[6] Mahan, op. cit.
[7] Sugden, op. cit., p. 135.
[8] Apud Carola Oman, op. cit., p. 27.
[9] Apud Sugden, op. cit., p. 140.
[10] Mahan, op. cit.
[11] Apud Carola Oman, op. cit., p. 28.

Os anos difíceis
1780 a 1792

O major-general John Dalling, governador e comandante em chefe na Jamaica desde 1777, apesar de estar há algum tempo voltado para atividades administrativas, ainda ambicionava a glória militar. Com a entrada da Espanha na guerra, ele desenvolveu um plano audacioso: dominar o lago Nicarágua, penetrando a partir do mar pela enseada do rio San Juan. Do lago, navegável por embarcações de fundo chato, pensava abrir um caminho para o Pacífico, ocupando as cidades de Leon, Realejo e Granada; com uma força naval no Caribe e outra no Pacífico deixaria essa estratégica região sob domínio britânico, na prática separando as colônias espanholas do sul do continente americano das do norte.

Como a Grã-Bretanha, em razão das demandas muito mais urgentes em outras partes do mundo, assoberbada pela sua luta contra inúmeros inimigos, não podendo alocar meios para uma empreitada dessas nas Índias Ocidentais, Dalling só podia contar com efetivos muito reduzidos –

cerca de 500 homens das forças locais. Acreditava, pelas informações do superintendente geral dos pequenos assentamentos britânicos na costa de Mosquito, que milhares de índios e negros poderiam ser recrutados, como voluntários, para o empreendimento, bem como que seria possível conseguir com eles um número suficiente de pequenas embarcações para subir o rio San Juan, onde existiam muitas corredeiras cujos segredos eram dominados pelos índios locais. Essa conquista seria o passo inicial que depois permitiria à Grã-Bretanha sublevar em seu benefício as colônias espanholas do sul e talvez até as do norte da área.

Um destacamento naval deveria escoltar os navios de transportes até as praias de Mosquito, onde os homens e as embarcações prometidos iriam juntar-se às tropas vindas da Jamaica para subirem o rio San Juan. Nelson, que conhecia a costa de Mosquito, comandaria, a bordo do Hinchinbrooke, a força naval de escolta, cantando ainda com a fragata Penelope, quatro embarcações do tipo brigue ou escuna e um navio auxiliar, o Royal George. De certa forma, Nelson duvidava da possibilidade de sucesso da aventura – dúvida que era compartilhada pelo seu chefe, sir Peter Parker –, mas mesmo assim dedicou-se de corpo e alma à tarefa.

As diversas peças que seriam usadas para montar um barco de fundo chato para o deslocamento no lago Nicarágua estavam espalhadas pelos navios da força. Muitos navios de transportes destinados a conduzir os homens arregimentados pelo governador compunham também a força sob o comando de Nelson. A 3 de fevereiro de 1780, Nelson suspendeu com os navios para a costa de Mosquito.

A participação de Nelson nessa expedição deveria ser pequena, mas sua personalidade transformou isso completamente, por força de circunstâncias que não foram previstas no planejamento da operação. Os fatos são aqui descritos com algum detalhe, pois servem para mostrar uma característica marcante do herói: a sua luta incessante para superação dos obstáculos, por maiores e ameaçadores que fossem, na busca da glória.

A única tarefa prevista para a força comandada por Nelson era escoltar os transportes até a costa de Mosquito, onde seriam embarcados os homens e embarcações, arregimentados pelo superintendente, e, finalmente, desembarcar todo o contingente na boca do rio San Juan. A partir daí, a força guardaria o estuário, protegendo a retaguarda da força em terra e mantendo aberta a linha de suprimento dessas tropas. A autoridade de Nelson estava rigorosamente limitada às ações navais, estando o comando geral da expedição com o exército, na pessoa do comissionado coronel John Polson.

Infelizmente para a expedição, nem os homens nem as embarcações prometidas pelo superintendente apareceram. A força, que já deixara a Jamaica com atraso, sofreu novo retardo com Polson e Nelson, que tentavam angariar voluntários. E tempo era tudo o que não tinham, pois era fundamental que, antes da chegada das chuvas, o lago Nicarágua, parte menos suscetível de provocar doença nos homens, já estivesse sob controle britânico.

Polson, que recebera Nelson com desconfiança, começou a ver nele a solução de seus problemas: "Um garoto de cabelos claros veio para mim numa pequena fragata. Em dois ou três dias ele se revelou e depois disso ele passou a dirigir todas as ações".[1]

Diante do problema criado, Nelson decidiu que deveria seguir com as tropas, reforçadas com o máximo de homens que pudesse disponibilizar dos navios, até o primeiro importante objetivo a ser dominado, isto é, o forte San Juan, que controlava o rio, impedindo o acesso ao lago Nicarágua para quem vinha do Caribe.

Somente em 23 de março, as tropas iniciaram o desembarque na boca do rio. Acompanhado por 34 marinheiros e 13 fuzileiros da guarnição de seu navio, e carregando também o cúter e a pinaça (pequena embarcação de dois mastros) do Hinchinbrooke, Nelson juntou-se às tropas de Polson. O principal esforço – subir com os barcos rio acima, contra a corrente, entre escolhos e por tortuosos canais – foi feito pelos índios sob a supervisão de Nelson.

Em um trecho do rio, ao se depararem com um posto avançado espanhol que barrava o acesso ao forte, Nelson decidiu que um ataque frontal se impunha nas circunstâncias e, intrepidamente, espada na mão, atacou e dominou o posto.

Ao chegar ao forte, nosso herói, mais uma vez, julgou que um ataque frontal seria a solução correta, contudo foi dissuadido por Polson, que preferiu sitiá-lo. Nelson aceitou a decisão e então, com zelo incrível, empenhou-se não só em dispor os canhões na posição mais favorável, como também, em apontá-los e dispará-los pessoalmente.

Polson, no seu relatório ao governador, não poupa elogios a Nelson:

> Eu queria palavras para expressar as obrigações que devo a esse cavalheiro. Ele era o primeiro em todo o serviço, de dia ou de noite. Dificilmente um canhão foi disparado que não fosse apontado por ele ou pelo tenente Despard [...].[2]

Anos mais tarde, Nelson, com a lealdade que o caracterizava, tentará defender o valente e competente Despard de uma acusação – que se provaria verdadeira – de traição. Foi em vão, pois Despard foi executado.

Os atrasos ocorridos não permitiram que o forte fosse ocupado antes da estação das chuvas. Ao final de abril, começaram a cair quase ininterruptamente. O rio transformou-se numa torrente caudalosa e os acampamentos viraram um mar de lama, para miséria dos homens. Estes, atormentados dia e noite pelos mosquitos, mal alimentados, começaram a adoecer (presume-se que de febre amarela); primeiro os índios, depois os soldados. No forte sitiado, a situação não era melhor. Nelson não escapou e também caiu doente.

A 28 de abril chegaram finalmente alguns reforços da Jamaica – 200 soldados das forças regulares e 250 voluntários – além de suprimentos diversos, inclusive dois obuseiros. Nelson recebeu uma carta de sir Peter: ele deveria passar o comando do Hinchinbrooke para Collingwood, que viera a bordo do Victor, de 16 canhões, e embarcar de volta para a Jamaica a fim de receber o comando da fragata Janus.

Doente, Nelson desceu o rio nesse mesmo dia levando uma carta de Polson para o governador, quando, mais uma vez, destacava a atuação de Nelson e seus homens. No dia seguinte, o forte se renderia aos britânicos, e a doença dizimava a todos, inclusive as guarnições dos navios onde faltavam homens até para a mais simples operação. Mais tarde, os ingleses se retirariam e os espanhóis voltariam a ocupá-lo. A trágica operação chegaria assim ao fim, sem nenhum ganho, embora tenha custado a vida de cerca de 2.500 homens, tornando-se a mais trágica operação de toda a guerra.

A 17 de maio, a bordo do Victor, e muito doente, Nelson chegou a Port Royal, iniciando o seu tratamento, lutando pela vida. A dona de uma hospedaria – Cuba Cornwallis –, senhora negra muito estimada na ilha e que tirou seu sobrenome do homem que lhe concedeu a liberdade, cuidou do doente, mas ele não se recuperaria completamente. Nelson só pôde visitar o seu novo navio a 23 de maio.

Quando Nelson deixou o Hinchinbrooke, 17 homens da guarnição o acompanharam, dos quais pelo menos 9 já estavam com ele desde o Badger. Esse era um hábito comum na marinha da época por força dos laços que se estabeleciam entre um comandante e seus subordinados; no novo navio, esses homens davam apoio ao comandante que, em contrapartida, cuidava do bem-estar do seu grupo e defendia os seus interesses nos círculos mais altos aos quais eles não tinham acesso.

A Janus tinha uma guarnição de 280 homens, o que dava ao comandante o direito de ter 12 "empregados do capitão". A morte do comandante anterior deixou alguns de seus "empregados" desamparados, e como Nelson não era homem de mandá-los embora, aproveitou os que quiseram ficar. Eram quatro ao todo, e mais quatro dos que o acompanharam, e completando a sua cota com outros quatro indicados por seus amigos e patronos (um desses, o filho do capitão Locker estava em Londres, não tendo ainda idade para embarcar).

Nelson passaria, porém, apenas três meses no comando, durante os quais o navio não deixaria o porto. As longas permanências dos navios nos portos favoreciam as deserções e a indisciplina era frequente. Nesse período, no Janus houve 48 deserções e a pena da chibata foi aplicada 6 vezes. Na verdade, devido à doença, a

Representação do vice-almirante Cuthbert Collingwood,
grande amigo de Nelson, que foi segundo em comando
na Batalha de Trafalgar. [por Henry Howard]

participação do comandante foi pequena, cabendo aos tenentes de bordo a tarefa de administrar a rotina.

A 15 de agosto, ficou evidenciado que Nelson não tinha condições de assumir de fato o comando. Ele foi oficialmente dispensado e, não tendo melhorado, pediu permissão a sir Peter para voltar à Inglaterra. Embora vivendo um momento difícil de sua carreira, ainda assim o seu sonho de glória não tinha acabado. Numa carta da época ele dizia:

> Agora que tenho certeza que volto para a Inglaterra, a esperança revive em mim. Eu vou me recuperar, e o meu sonho de glória se cumprirá. Nelson ainda será um almirante. Foi o clima que destruiu minha saúde e esmagou meu ânimo. O lar e os amigos queridos vão me restaurar.[3]

Ele embarcou, então, no Lion, que estava sob o comando de William Cornwallis, na qualidade de extralotação, com 2 de seus "empregados", e mais 30 outros doentes vindos do hospital local. No começo de setembro, como parte de um comboio, partiram para a Inglaterra, chegando a Spithead a 25 de novembro.

Nelson, como já havia feito com relação ao capitão Pigot, quando da sua vinda doente das Índias Orientais, atribuiu aos cuidados do capitão Cornwallis a sua salvação.

Na época, Bath era famosa pelas propriedades medicinais de suas águas térmicas. Era uma cidade cheia de farmacêuticos e médicos, alguns respeitáveis, mas a grande maioria charlatães, receitando pílulas e poções capazes de curar qualquer doença. As águas, diziam esses últimos, aliviavam qualquer coisa, desde gota e icterícia até surdez e infertilidade. Era um lugar para fazer bons contatos com as pessoas importantes que frequentavam a cidade. Havia muitos cafés e casas de chá onde o ambiente era favorável à conversação; podia-se dançar em salões suntuosos, e a cidade vivia num turbilhão de fofocas. Era possível assistir Sarah Siddons no Teatro Real em Orchard Street. Embora certos jogos de azar fossem proibidos, jogava-se profusamente. As ruas fervilhavam de prostitutas, algumas crianças de apenas 14 ou 15 anos. Dizia-se com razão que o lugar era "mais famoso pelas diversões do que pelas curas".

Nelson, provavelmente por sugestão paterna – seu pai passava longos períodos de repouso em Bath – para lá se dirigiu, em janeiro de 1781, em busca da cura. Foi um período de extremo sofrimento e de tediosa recuperação. Permaneceu na cidade até meados de maio, quando voltou para Londres, onde, porém, teve uma recaída que lhe deixou o braço esquerdo paralisado e muito limitados seus movimentos com a perna e a coxa esquerdas. Diz Alfred Mahan:

Quando se avaliar o heroísmo de Nelson, deve se ter em mente a fragilidade doentia de seu corpo; não para justificar as limitações de sua vontade ou de sua capacidade empreendedora, porque essas não existiam, mas para exaltar devidamente a sua extraordinária energia mental que, mais do que vencer as dificuldades, zombava delas.[4]

Em agosto de 1781, embora não ainda totalmente curado, Nelson pediu o retorno ao serviço tendo em vista que a guerra ainda prosseguia; recebeu o comando da Albermale, uma pequena fragata de 28 canhões. Tratando-se de um navio mercante capturado, que foi depois transformado em navio de guerra, seus defeitos foram se tornando evidentes: um relatório feito um pouco antes da chegada de Nelson apontava que o sistema de velas tinha problemas e que eram más as suas qualidades de governo. Na viagem que teve início em Elsinore, Nelson percebeu que os mastros eram muito altos e, consequentemente, para não prejudicar a estabilidade do navio, mandou retirar o mastaréu superior de modo a ter mais segurança durante mau tempo. Posteriormente, indo de Portsmouth para Dover, verificou que a fragata ainda tinha muito peso alto e que sua estabilidade estava comprometida, o que foi corrigido colocando-se 15 toneladas de lastro de barras de ferro no porão do navio.

O período de comando de Nelson na Albermale cobriu praticamente os dois últimos anos da Guerra da Independência dos Estados Unidos, que, com a entrada da França e depois da Espanha, tinha passado de uma revolta colonial para uma guerra internacional. Com seu exército derrotado nas colônias, a Inglaterra via-se isolada na Europa, ameaçada pela combinação dos dois maiores poderes navais depois do dela, e antagonizada pelo resto do continente. Em 1780, a Rússia, a Suécia e a Dinamarca-Noruega tinham formado a Liga da Neutralidade Armada para se opor às pretensões inglesas de impedir que as potências do Báltico exportassem suprimentos navais essenciais para seus inimigos – madeira, cânhamo, alcatrão, material para confecção de velas e ferro. Em 1781, a Grã-Bretanha atacou a Holanda para que esta não viesse se juntar aos seus opositores.

Por outro lado, o povo britânico estava cansado da guerra e dos impostos para mantê-la e, sob uma chuva de críticas, o primeiro-ministro lorde North deixaria o governo para dar lugar a alguém que estivesse disposto a abandonar a questão da América para se concentrar nas questões mais ameaçadoras no continente. Mas isso viria depois; agora voltemos a Nelson.

A primeira missão da Albermale sob o comando de Nelson foi participar da escolta de um comboio para o Báltico, em pleno inverno, o que não era o ideal para alguém recém-saído de uma doença grave. Da escolta faziam parte as fragatas Argo e Enterprise e, quando do regresso, juntou-se também a Sampson, que assumiu o comando da escolta.

De outubro a dezembro de 1781, a tarefa da Albermale não foi outra senão escoltar comboios nessa rota, uma tarefa ingrata, principalmente pela dificuldade de impedir que os mercantes se dispersassem do grupo.

A 17 de dezembro, chegando a Yarmouth com um comboio de 110 mercantes, restantes dos 260 que iniciaram a viagem em Elsinore, Nelson recebeu ordens para seguir para Portsmouth, onde deveria se aprovisionar para oito meses, uma clara indicação de que a próxima comissão seria longa. A intenção era que o Albermale participasse de uma força que se dirigiria para as Índias Ocidentais. A fragata, porém, foi seriamente avariada quando um grande mercante desgarrou e foi jogado sobre a Albermale, que precisou de grandes reparos durante seis semanas, impedindo-a de participar da comissão.

A Albermale foi então programada para fazer um serviço de comboio, dessa vez para Quebec, onde, pela primeira vez, uma mulher aparece na vida do jovem capitão. Cabem, aqui, portanto, algumas considerações sobre a vida sexual de Nelson. Não há entre os seus biógrafos nenhuma alusão até aqui a qualquer envolvimento de Nelson com mulheres. Quando se olha para acontecimentos posteriores envolvendo damas, não é admissível que ele não tenha tido nenhum envolvimento com mulheres. Oportunidades não faltaram. Ele teve contatos com senhoras nas casas de colegas e amigos, mas, também, com mulheres de diferentes posições, tanto nos navios como nas tavernas nas áreas portuárias. Botes transportando prostitutas eram levados para os navios fundeados e a bordo elas "confraternizavam" com os homens da guarnição, da forma mais ostensiva. Os oficiais, embora mais discretos, levavam as esposas ou namoradas para o mar e muitas vezes a distinção entre casadas e solteiras não era aparente. Nos portos, muitas mulheres ofereciam seus serviços aos oficiais e aos menos graduados. É muito difícil, portanto, acreditar que Nelson, apesar de filho de um clérigo, não tinha tido, jovem normal que era, nenhuma experiência em meio a tantas oportunidades e tentações. A sua permanência em Portsmouth nesse período pode ter oferecido a ocasião. Há um fato narrado por um dentista que parece indicar isso. Segundo ele, Nelson se queixou de uma "excrecência carnosa" na bochecha que doía quando ele se barbeava, e que um cirurgião no hospital em Portsmouth lhe dissera que se tratava de uma ferida "venérea" que seria tratada à base de mercúrio. O dentista não concordou com o diagnóstico, o que fez com que Nelson desistisse do tratamento e permitisse que ele retirasse o mal com o bisturi. Poucos dias depois, conta o dentista, Nelson estava totalmente curado. A conclusão é óbvia: sem dúvida o diagnóstico estava errado, no entanto, o fato de Nelson aceitar o tratamento inicialmente proposto, indica que ele já tinha mantido relações sexuais.

Nelson receava que a viagem para Quebec pudesse afetar sua saúde em razão dos rigores do clima local, sendo cada vez mais evidente que a guerra não se prolongaria muito mais. Como era de seu feitio, não quis deixar passar a oportunidade para travar combates ou, pelo menos, apresar navios.

No dia 7 de abril de1782, a Albermale partiu de Spithead para Cork, na Irlanda, onde se juntou ao Daedalus, sob o comando do capitão Thomas Pringle, que comandaria a escolta. No dia 26 de abril, a divisão partiu para a travessia do Atlântico, comboiando 35 mercantes. A viagem, em meio a temporais e nevoeiro, foi difícil, com muitos problemas, até que, já nas proximidades do Canadá, o comboio se dividiu em dois: Nelson fundeou em St. John, Newfoundland, com cerca de seis mercantes, e Pringle, em Capelin Bay, nas proximidades, com quase todos os demais.

Ao contrário das expectativas de Nelson, sua saúde melhorou e, finalizada a missão de comboio, logo ele vislumbrou a oportunidade de se lançar imediatamente ao mar em busca de algumas presas, antes que a guerra chegasse ao fim. Tendo persuadido a maior autoridade da área, Nelson suspendeu a 4 de julho para caçar navios inimigos.

Nesse ponto, o capitão Nelson merece uma crítica. Na pressa de agir, ele esqueceu uma das regras mais importantes para se ter êxito no mar, isto é, um adequado suprimento de víveres, principalmente numa época em que o escorbuto cobrava um alto preço quando não se adotava uma dieta adequada.

A tentativa que levou cerca de dois meses não teve sucesso digno de nota, principalmente em termos de dinheiro, e Nelson regressou a Quebec, em 17 de setembro, com boa parte de sua guarnição com escorbuto. A lição, duramente aprendida, nunca mais seria esquecida por Nelson. É verdade que a situação se agravou porque durante o cruzeiro Nelson tinha a bordo 28 homens extralotação, prisioneiros ingleses resgatados durante as operações, tornando a questão alimentícia ainda pior.

Há um episódio ocorrido durante essas duas semanas que merece comentários, pois os historiadores têm apresentado versões diferentes. Em certa ocasião, a Albermale escapou por pouco de uma força francesa composta por 3 ou 4 navios de linha, com canhões de 60 e 80, e uma fragata de 32 canhões, cada um dos navios muito superior ao inglês. Era preciso fugir e Nelson o fez, mas como se deu a fuga é o ponto duvidoso. Não é surpreendente que as fragatas sejam mais velozes que os navios de linha e pelos registros oficiais do incidente, a fragata Albermale deixou para trás os navios de linha franceses, no entanto continuou sendo perseguida pela fragata francesa Iris. Nelson, apesar da inferioridade, tentou engajá-la mas ela teria optado pela "discrição e não por valor", recusando o combate. Anos mais tarde, ele diria que para se livrar dos navios de linha franceses tê-los-ia atraído para o banco St. George, onde a navegação entre escolhos era extremamente difícil, e, a partir daí, passou a ser perseguido apenas pela Iris, que, entretanto, recusara o combate. Certamente, passados muitos anos, Nelson teria misturado a história real, narrada no relatório oficial, com um incidente ocorrido com outro oficial inglês que de fato atraiu navios de linha franceses para o banco e, assim, pôde escapar.

Forçado a permanecer em Quebec, Nelson frequentou a sociedade local e subitamente ocorreu algo novo: ele, pela primeira vez na vida, apaixonou-se aos 24 anos de idade.

Pelo que se sabe, Mary Simpson, de 23 anos, deve ter sido muito bonita. Norteamericana de nascimento, era filha de um escocês, veterano da Guerra dos Sete Anos, que morreu deixando a família desamparada. A mãe de Mary, Sarah, apesar de doente de uma fístula, manteve os negócios do marido. Mary também assumiu algumas responsabilidades, ajudando a mãe, mas, apesar disso, manteve sua jovialidade, sua sociabilidade e seu senso de humor, e era tida como uma jovem empreendedora, nada tendo de provinciana.

Nelson só a conheceu nas poucas semanas entre 18 de setembro e 14 de outubro de 1782 (no dia 20 ele partiria para Nova York, uma das poucas cidades ainda em mãos dos ingleses), mas Mary pareceu-lhe uma visão gloriosa que o fez sentir melhor em todos os aspectos, inclusive de saúde.

Ao saber que partiria para Nova York, Nelson deixou o Albermale numa pequena embarcação dirigindo-se para terra. Sua intenção era procurar Mary e pedi-la em casamento. Logo ao desembarcar, porém, encontrou-se com um amigo, que, informado do que se passava, o dissuadiu argumentando que ele era ainda um jovem capitão, sem fortuna, de futuro incerto e ela, também sem fortuna, era desesperadamente necessária em casa. Após alguma relutância, Nelson desistiu, regressando para bordo.

O Albermale chegou a Nova York em 11 de novembro. A marinha britânica estava lá presente em força. Além da força sob o comando do contra-almirante Robert Digby, à qual Nelson deveria se juntar, havia ainda um esquadrão bem mais poderoso, constituída por 12 navios de linha, sob o comando do também contraalmirante Samuel, lorde Hood, que viera das Índias Ocidentais em perseguição as forças francesas sob o comando do almirante Vandreuil, que se abrigara em Boston. Acreditava-se que lá o francês embarcaria um significativo contingente de tropas e atacaria ou a Jamaica ou outras possessões britânicas na região. Caberia à força de Hood interceptá-lo e impedir o ataque.

Nelson encontrou-se com Hood quando este se apresentou a Digby no capitânia: um homem magro, queixo pontudo e nariz aquilino, mas, na visão do jovem capitão, um grande marinheiro. Mais tarde, visitando Hood a bordo de seu capitânia, o Barfleur, Nelson encontrou o príncipe William Henry, terceiro filho do rei George III, servindo como guarda-marinha desde os 13 anos (estava então com 16). Nelson pediu ao almirante que o levasse com ele para as Índias Ocidentais onde, julgava, eram melhores as possibilidades de participar de uma batalha naval. Nelson soube, então, que Hood havia conhecido seu tio Maurice e que estava disposto a atendê-lo. Apesar da oposição de Digby, a troca da Albermale da frota da América do Norte para a das Índias Ocidentais acabou sendo feita, em 20 de novembro.

Tinha início, assim, uma relação entre Nelson e Hood que seria extremamente importante para o primeiro, sendo difícil superestimar a influência do mais velho sobre o mais novo.

As ideias táticas de Hood, bem como sua visão mais ampla sobre a guerra no mar, iriam ser uma fonte de inspiração para Nelson: por exemplo, em janeiro de 1782, Hood atacou uma força naval francesa superior, ancorada na enseada de Basseterre, concentrando seus navios sobre uma parte da linha de batalha inimiga; durante esta mesma campanha, Hood fez reuniões com seus subordinados para que estes tivessem pleno conhecimento de suas ideias e de suas intenções, reduzindo, assim, a dependência ao ineficiente sistema de comunicações então existente entre os navios de uma força. A crença na vitória total sobre a força inimiga – Batalha decisiva – inspirou o instinto de agressividade de Hood; na Batalha de Les Saintes, em abril de 1782, sendo Hood o segundo em comando numa força cujo comandante supremo era Rodney, os britânicos, quebrando a prática, abandonaram a formação de batalha em linha de frente e cortaram a linha de batalha francesa, do que resultou poderem atacar os franceses dos dois lados da linha, ação decisiva para a vitória. Hood, ainda não satisfeito com o enorme sucesso obtido, veio mais tarde criticar Rodney por não ter se aproveitado da confusão criada entre os franceses e não ter declarado uma caçada geral, que levaria à destruição praticamente total da força inimiga. Como os fatos futuros da vida de Nelson irão demonstrar, essas ideias o inspirarão.

A força de Hood deixou Nova York no dia 22 de novembro, constituída por 12 navios de linha e 3 fragatas, sendo uma a Albermale.

As tentativas de localizar os franceses iam se mostrando infrutíferas, entretanto, nem isso esfriava o ardor de Nelson, feliz por estar sob o comando de um almirante que ele respeitava e admirava; ele se sentia valorizado e sabia que Hood poderia vir a ser de incalculável valor para sua carreira, um patrono muito superior a Locker, pois, além de ser almirante era extremamente bem relacionado.

Em 6 de março de 1783, quando a Albermale estava em patrulha com a Drake, foram avistadas três velas o que levou as duas fragatas a se prepararem para o combate. Logo, porém, os possíveis inimigos revelaram-se aliados: tratava-se de um velho navio de quinta classe, o Resistence, de 44 canhões, sob o comando do capitão James King, acompanhado de duas presas, sendo uma o brigue-escuna francês, La Coquette, colocada sob o comando do primeiro-tenente do Resistence, James Trevenen, e a outra uma escuna. King trazia notícias que iriam despertar o interesse de Nelson: as ilhas Turcas, um pouco a noroeste de onde os navios se encontravam – possessão britânica de pouca importância, habitada por uns poucos pescadores – haviam sido ocupadas pelos franceses. Na proximidade das ilhas, duas fragatas afugentaram o Resistance, King informou Nelson que a força francesa compunha-se de três navios de guerra e de 250 soldados regulares.

Embora as ilhas fossem insignificantes, tinham certa importância estratégica, sentinelas da aproximação à Passagem de Barlavento que dá acesso à Jamaica. Considerando que a ilha maior, Grã-Turco, não era fortificada e que os franceses não tinham tido tempo de mudar essa situação, Nelson, o mais antigo presente, decidiu recuperar as ilhas. A força inglesa foi ainda reforçada pela chegada de uma outra fragata de 28 canhões, a Tartar, sob o comando do capitão William George Fairfax. Incluindo as presas, a força inglesa ficou constituída por três fragatas, um navio de quinta classe, um brigue-escuna e uma escuna.

No dia 7 de março, sob o comando de Nelson, a força chegou à Grã-Turco, penetrou na baía na extremidade oriental da ilha, fundeando sobre um banco localizado próximo à praia. A Tartar, ao tentar fundear, perdeu um ferro e, inexplicavelmente, sem nada comunicar, afastou-se da força e desapareceu. Avistando os franceses em terra, Nelson enviou um barco com uma bandeira de trégua para pedir a sua rendição, o que foi recusado.

Na manhã do dia seguinte, sob forte chuva, foi içado no Albermale o sinal para início do bombardeio das posições onde o desembarque aconteceria. Algum tempo depois foi içado o sinal para ter início a operação de desembarque. A força de desembarque foi constituída por 167 homens, fuzileiros e marinheiros das duas fragatas e do Resistance, sob o comando do capitão Dixon. Pouco depois chegou na área um reforço inesperado: o brigue de 14 canhões, Admiral Barrington, comandado pelo tenente Charles Cunningham.

A resistência na praia mostrou-se, porém, bem maior do que se esperava e Dixon solicitou que fosse desencadeada alguma ação que pudesse desviar a atenção dos franceses da praia. Nelson determinou, então, que a Drake e a Admiral Barrington suspendessem e fossem fundear o mais próximo possível da vila, iniciando um bombardeio que só deveria ser interrompido quando Dixon içasse uma bandeira azul e branca indicando que havia ocupado a posição. Mas uma surpresa estava reservada aos britânicos: os franceses haviam conseguido montar uma bateria com três canhões, dos quais pelo menos um era de 18, e com ela responderam ao fogo dos navios com bastante precisão, causando algumas avarias, ferindo diversos homens e matando um. Os tiros partiram os cabos das âncoras (ferros) e os navios tiveram que se retirar sem que tivessem cumprido a tarefa, não aliviando a pressão sobre os homens em terra, onde a trincheira francesa era protegida por uma série de canhões de campanha e um par de canhões navais, dissuadindo qualquer ataque britânico. Os homens tiveram de ser reembarcados e, depois de se reunir com King, Nelson deu a operação como encerrada.

As críticas a Nelson vieram principalmente do tenente Trevenen e alguns historiadores tomaram essas críticas como inteiramente válidas, sem considerar que uma operação militar é sempre de alto risco, que ela não é uma ciência exata e os fracassos com frequência decorrem de circunstâncias imprevisíveis ou meramente por má sorte, nem sempre por incompetência. O que ocorreu foi que Nelson, ao tomar conhecimento da ocupação da ilha pelos franceses, testou suas defesas, constatando que elas eram mais fortes do que ele supunha – por informações trazidas por pessoa confiável –, retirando seus homens antes que as perdas fossem consideráveis. Em síntese, fez apenas aquilo que o seu dever mandava.

A reação de Trevenen decorreu do fato de que a operação determinada por Nelson atrasou a entrega das presas a tempo de se cumprirem os procedimentos legais para pagamento dos prêmios antes que a guerra terminasse, o que representou um prejuízo financeiro considerável para os que haviam feito a captura.

O fato é que as relações entre Nelson e Hood nada sofreram com o incidente, o que põe em dúvida a declaração do príncipe William Henry, muito tempo depois, de que Hood teria repreendido Nelson verbalmente. Levando-se em consideração o temperamento do jovem capitão, isso é pouco provável.

Nos últimos dias do conflito, Nelson tomou ainda algumas presas, cerca de cinco escunas francesas, uma holandesa e um brigue francês. Uma das escunas francesas apreendidas tinha a bordo muitas autoridades, inclusive Maximiliano Joseph, mais tarde rei da Bavária. O trato cavalheiresco de Nelson, mesmo desconhecendo a identidade das autoridades, mereceu o reconhecimento de Maximiliano, que mais tarde o convidaria para visitá-lo em Paris.

Em 29 de março de 1793, as ordens para cessar as hostilidades chegaram à Jamaica. As colônias americanas ganharam a sua independência, no entanto as primitivas colônias francesas no Canadá permaneceram em mãos britânicas. A França, a Espanha e a Holanda, que entraram na guerra por oportunismo, ganharam pouco, satisfazendo-se com a manutenção do *status quo ante*.

Antes de voltar com seu navio para casa, Nelson recebeu ainda uma missão de Hood: acompanhar a visita do príncipe a Havana, a convite do governador espanhol, para celebrarem a paz. É muito pouco provável que, após ter sido repreendido pelo seu comandante, Nelson fosse honrado com um convite dessa natureza. A visita teve início a 9 de maio e após dois dias de festividades, a Albermale deixou a cidade com destino à Inglaterra. A 25 de junho chegou a Spithead, fundeando em Portsmouth no dia seguinte onde o navio seria descomissionado, como estava acontecendo com muitas outras embarcações em razão do fim da guerra.

No dia 3 de julho, Nelson deixou o navio e emocionou-se quando toda a tripulação, oficiais e subalternos, ofereceu-se para acompanhá-lo, caso ele viesse a conseguir um novo comando. O fato era mais significativo porque, na ocasião, com a baixa de tantos navios, havia ameaças de motim. Sem dúvida uma clara demonstração da confiança dos subordinados em seu comandante.

Isso não quer dizer que Nelson não fosse um comandante rigoroso. Durante os dois anos que comandou o Albermale houve cerca de 50 punições com chibata, envolvendo aproximadamente 14% dos homens que passaram pelo navio durante seu comando (a maior punição foi de 36 chibatadas).

Pela primeira vez na vida, Nelson hospedou-se em Londres e durante umas três semanas esteve ocupado em atender às necessidades de seus homens, fazendo com que recebessem os pagamentos que lhes eram devidos. Nos primeiros dias de julho, sem ter um novo comando, Nelson, como era usual nesses casos, passou ao regime de meio soldo, do qual só sairia em abril do ano seguinte.

Numa prova de sua afeição por Nelson, Hood, a 11 de julho, levou-o ao palácio de St. James, apresentando-o a um atencioso monarca; a seguir, a convite do príncipe William Henry, que queria reencontrar Nelson antes de iniciar uma viagem pelo continente, esteve em Windsor.

Nos próximos meses, Nelson passou em Londres e algumas vezes esteve com seus familiares no seu rincão natal. Em outubro, conseguiu licença para viajar pelo continente com o propósito de aprender o francês. Muitas vezes, nas Índias Ocidentais, ele sentira necessidade de se comunicar com prisioneiros de guerra para obtenção de informações. Uma curta viagem, como a planejada, não daria para acabar com os preconceitos de Nelson, fruto de uma educação oriunda da antiga escola antigaulesa, em que o francês era o inimigo. De Calais a St. Omer, ele se mostrou totalmente indiferente ao charme da mulher francesa. Numa carta a Locker, ele confessa, entretanto, ter se apaixonado por uma jovem inglesa que então morava em St. Omer:

> Meu coração está absolutamente protegido das belas francesas; eu quase gostaria de dizer o mesmo de uma jovem dama inglesa, filha de um clérigo, com a qual vou logo jantar e passar o dia. Ela tem tais talentos que, se eu tivesse um milhão, tenho certeza que o ofertaria a ela agora.[5]

Seu entusiasmo levou-o a escrever para seu tio William Suckling pedindo que lhe concedesse uma renda de £100 libras anuais – na ocasião, a renda de Nelson era de £200 libras anuais – para que ele pudesse casar. Seu tio dispôs-se a fazê-lo, mas a pretendida de Nelson, Elizabeth Andrews, recusou-o. Desapontado, Nelson, em princípio de janeiro de 1784, regressou a Londres, embora mantivesse relações de amizade com a família Andrews. O que não mudou foi o seu sentimento em relação aos franceses. Numa carta escrita logo após o regresso à Inglaterra, sua indisposição era patente: "Odeio seu país e seus modos".

Na Inglaterra, a política era um turbilhão. Ao final da guerra o governo caíra e uma coalizão inesperada entre dois ex-inimigos – lorde North, aliado do rei, e o líder *whig* Charles James Fox, inimigo da coroa – assumiu a direção do país sob a liderança nominal do duque de Portland. Foi esse governo que negociou a paz em condições consideradas humilhantes pela sociedade. Foi quando William Pitt, o Novo, apareceu como um patriota independente, afastado das facções e destituído de interesse próprio, nem totalmente *whig* nem um homem do rei. Como o rei detestava Fox, apoiou Pitt. O envolvimento de Hood com a política era intenso na época, apoiando o jovem Pitt; Nelson, influenciado por Hood, engajou-se a favor de Pitt, pensando mesmo em entrar para disputar uma vaga no Parlamento, o que, felizmente para a marinha britânica, não aconteceu. Eleito, Pitt dava início a um longo período de hegemonia na política inglesa.

Desiludido da política, Nelson procurou lorde Howe, então Primeiro lorde do almirantado, declarando estar à disposição para um novo comando, o que, nas circunstâncias, era muito difícil de conseguir.

Sem dúvida houve interferência de Hood, pois, em março, Nelson foi indicado para a fragata Boreas, de 28 canhões de 9, já tripulada e preparando-se para se fazer ao mar. Suas ordens determinavam que ele fosse primeiro para Spithead e depois para Plymouth, onde embarcaria um destacamento de fuzileiros com destino às ilhas Sotavento, nas Índias Ocidentais.

Como era habitual, Nelson recebeu uma grande quantidade de pedidos para colocar a bordo protegidos de seus amigos; além disso, precisava dispor de lugares a bordo para acomodar antigos homens do Albermale que queriam continuar servindo com ele. O número de jovens a bordo era tão grande que Nelson, para se justificar, disse que seu navio era um verdadeiro berçário de bons oficiais.

Pelo fato de o navio se dirigir para as Índias Ocidentais, o número de passageiros, para desconforto de Nelson, era grande: em primeiro lugar, a esposa do contra-almirante sir Richard Hughes, oficial que estava no comando nas ilhas de Sotavento, acompanhada por sua filha, seu filho, um empregado e três outros meninos que iam se juntar a seu marido; o irmão de Nelson, o clérigo William Nelson, que, apesar de oposição de Nelson, queria se transformar em capelão naval. O transporte da família de seu chefe, além da diminuição do conforto de Nelson a bordo, representava um aumento de suas despesas. Muitos anos mais tarde, lady Hughes, após descrever a relação de Nelson com seus jovens guardas-marinha, testemunhou: "Esta bondade e atenção faziam com que os jovens o adorassem; mesmo os seus desejos, logo que identificados, eram imediatamente atendidos".[6]

Essa capacidade de Nelson de agradar aos que o cercavam era uma marca de sua personalidade, reconhecida por todos. É certo que entre ele, seus oficiais e as tripulações dos navios que ele comandou havia uma relação cordial que somente pôde resultar de uma simpatia sincera entre o comandante e seus subordinados.

A 21 de maio de 1784, o Boreas partiu para as Índias Ocidentais, chegando a Antigua, a maior das ilhas de Sotavento, em agosto, na baía Inglesa, na costa sul, bem protegida dos furacões, que, de agosto a setembro inclusive, assolam o Caribe. Antes de chegar à baía Inglesa para aí passar a temporada dos furacões, o Boreas, que chegara a Barbados em julho, ali deixara a família de Burke. Nelson constatou, então, que era o capitão de navio de maior antiguidade, sendo o segundo logo após o almirante, o que, entre outras coisas, significava que ele presidiria qualquer corte marcial que viesse a ocorrer.

Na viagem de Barbados para Antigua, ao passar pela ilha francesa da Martinica, Nelson reclamou do governador que o navio não havia sido saudado, como era praxe, pelo hasteamento da bandeira britânica no alto do forte da barra. Depois que a desonra nacional foi lavada pela troca de 15 tiros de canhão entre o navio e a fortaleza e a informação de que o responsável pela falta estava preso, Nelson aceitou confraternizar e pediu ao governador que libertasse o faltoso.

Durante a temporada dos tufões, a flotilha das ilhas de Sotavento se dividiu. Na ilha de Granada estacionaram a fragata Mediator, então comandada pelo amigo Collingwood, e duas escunas; na baía Inglesa, encontravam-se as fragatas Boreas e Adamant, esta ostentando o pavilhão do almirante, e a Latona, além de quatro navios menores (brigues e escunas) e um navio tender.

Nelson não apreciava os nativos das ilhas e a temporada forçada na baía Inglesa só não o levou ao desespero pela presença dos Moutray. John Moutray, o capitão encarregado do estaleiro na ilha, de 62 anos, e sua bela esposa Mary, de apenas 33 ou 34 anos, inteligente e encantadora, moravam numa bela casa, conhecida como Windsor, no alto de uma montanha aos pés da qual estava o estaleiro, onde recebiam os amigos. Nelson, da mesma forma que antes Collingwood, se relacionou com Mary, o que amenizava sua permanência no local. Embaixo o ar era opressivo, entretanto, em Windsor a brisa constante protegia do calor e permitia uma vista deslumbrante da baía, o que, associado à irresistível afabilidade e encanto da anfitriã, amenizavam o torpor daqueles dias. Toda a sua vida, Nelson se lembraria com ternura do tempo em que conviveu com o casal. Um de seus biógrafos descreve bem essa relação:

Nelson foi motivado mais por dependência psicológica do que por luxúria. Durante toda sua vida ele necessitou de atenção, de se sentir valorizado e importante. Ele se ressentia da indiferença ou negligência, mas elevava-se grandemente com o reconhecimento e o louvor, um impulso que influenciou tanto a sua carreira como suas relações privadas. Isso o impulsionaria a se tornar um herói público, tornou-o susceptível às lisonjas mais grosseiras e aumentou sua vulnerabilidade às mulheres. Seu interesse e atenção, embora inocentes, encorajou seu senso de autoconfiança e aumentou suas inseguranças.[7]

Terminada a temporada dos tufões, o Boreas voltou ao mar no início de outubro. Nelson logo teria em mãos uma delicada questão, de longo alcance, envolvendo seu chefe, as autoridades locais e a sociedade das ilhas. Seus princípios levaram-no num caminho difícil de percorrer, que, durante muitos anos, lhe atormentaria e ameaçaria sua já difícil situação financeira.

Quando Nelson chegou às ilhas, encontrou um sistema comercial que, embora altamente benéfico para a sociedade local, contrariava, na visão dele, os interesses da Grã-Bretanha e, mais do que isso, violava as leis do reino. Em 1783, com a independência, os Estados Unidos tornaram-se uma nação e não mais uma província britânica; pelas Leis de Navegação, estabelecidas por Cromwell, mantidas posteriormente pela monarquia (elas só seriam modificadas em 1794), o comércio com as colônias era reservado para navios registrados sob bandeira inglesa, o que exigia que eles fossem construídos na Grã-Bretanha ou suas dependências, fossem tripulados por, pelo menos, três quartos de britânicos. O objetivo da lei era não somente manter o monopólio do comércio, mas, também, o desenvolvimento de uma poderosa indústria de construção naval na Grã-Bretanha, de uma frota mercante significativa, além de criar uma importante reserva de marinheiros mercantes que, em caso de guerra, poderiam ser recrutados para guarnecer os navios de guerra. Ora, para um país que dependia do mar para a manutenção do seu império e que tinha na sua marinha a primeira linha de defesa de sua integridade territorial, as leis eram de capital importância.

Antes da independência, os Estados Unidos tinham o direito de negociar com as outras colônias britânicas, sob a bandeira comum da metrópole, e, graças à proximidade com as colônias situadas nas Índias Ocidentais, esse comércio era muito intenso, em proveito dos dois lados. As ilhas importavam gêneros em geral (milho, por exemplo) e madeira, e exportavam principalmente açúcar e rum. A Guerra da Independência interrompera esse comércio; entretanto, tão logo ela terminou, as antigas ligações foram logo restauradas, apesar de agora serem ilegais. As autoridades locais, sob pressão dos interesses comerciais dos ilhéus, permitiram que navios de bandeira americana ostensivamente participassem do comércio, sem o conhecimento das autoridades da Grã-Bretanha. Na Jamaica, o governador chegou a autorizar oficialmente o comércio livre com os Estados Unidos, contrariando a ordem de seus superiores na Grã-Bretanha. Como a lei permitia que um navio estrangeiro sinistrado vendesse parte de sua carga para pagar os reparos indispensáveis à sua segurança, as possibilidades de fraude eram grandes.

As patrulhas na área, conforme estabelecidas pelo comando naval, tinham o objetivo de inspecionar os possíveis ancoradouros daquela região, bem como identificar pontos onde se pudesse encontrar madeira e água. Nelson e Collingwood procuraram o almirante e instaram para que as leis de navegação fossem cumpridas. Confrontado com uma cópia da lei, que dissera ignorar, o fraco chefe deu então a ordem para que os navios cumprissem a lei, fazendo menção especial da nova condição dos Estados Unidos em relação à Grã-Bretanha, isto é, seus navios deviam ser considerados estrangeiros e, portanto, excluídos do comércio com as ilhas.

O Boreas, acompanhado pela escuna Rattler, sob o comando do irmão de Collingwood, Wilfred, saiu em patrulha com as novas ordens. Navios americanos que tentavam entrar foram informados de que não podiam fazê-lo e navios que já estavam fundeados foram convidados a suspender. Observou-se, porém, que, tão logo os navios de guerra se afastavam, os mercantes retornavam e passaram, com a conivência do pessoal da alfândega, a alegar sinistro para adentrar o porto, aproveitando a brecha existente na lei.

As coisas continuaram nesse pé até janeiro de 1785, quando o almirante deu novas instruções, alegando ter considerado melhor o assunto, após ouvir o advogado geral do rei nas ilhas. Pelas novas instruções, a marinha apenas deteria os navios suspeitos e encaminharia o caso para que o governador ou seus representantes decidissem se o navio podia ou não ser considerado estrangeiro, decisão que não podia ser contestada pela marinha. Era assim transferida para as autoridades civis das Ilhas – e não à marinha – a decisão sobre se a lei estava ou não sendo ferida. O almirante não resistiu às pressões civis e, fraco e irresoluto, recuou.

A reação de Nelson não tardou:

> Para julgar a avaria, ninguém melhor que um oficial da marinha. O governador pode decidir baseado em falsas declarações, nós, que estamos no local, não [...]. Enquanto eu tiver a honra de comandar um navio de guerra britânico, nunca me permitirei ser subserviente à vontade de qualquer Governador, nem colaborarei com ele na prática de atos ilegais [...]. Se eu entendi corretamente, sua carta de 29 de dezembro está fundamentada na opinião do advogado geral do rei, a saber se "É legal para o governador ou seus representantes admitir estrangeiros nos portos do seu governo, se assim acharem". Como o advogado geral do rei julga que tem direito de dar uma opinião ilegal, como eu afirmo que a acima é, ele deve responder por isso. Eu conheço as leis da navegação.[8]

Era uma recusa direta em cumprir as ordens dadas pelo almirante, que, entretanto, não tomou nenhuma ação contra seu subordinado. Para encontrar uma saída para o problema, as autoridades civis autorizaram que fosse concedido o registro britânico aos navios americanos que o solicitassem. Ora, essa medida, na verdade, não resolvia a questão, pois a lei estipulava que os navios deviam ser construídos na Grã-Bretanha e ter três quartos da tripulação de britânicos. Era apenas um subterfúgio e Nelson não seria enganado, avisou que todos os navios não construídos na Grã-Bretanha, embora com pavilhão britânico, seriam afastados.

Vendo Nelson que isso não era suficiente, avisou que a partir de 1º de maio de 1785, os navios seriam arrestados, considerados presas e tratados de acordo, o que exigia um procedimento burocrático no tribunal. Era uma decisão heroica e que também não determinou nenhuma ação do almirante.

Já no dia 2 de maio, uma escuna americana, embora ostentando registro britânico, foi capturada na ilha de St. Christopher. O advogado da Coroa foi chamado para iniciar o processo que consideraria o navio como presa, imputando a seus captores o prêmio correspondente. Apesar das dúvidas do advogado, o juiz deu ganho de causa a Nelson, estabelecendo um procedente. No dia 23, Nelson capturou quatro navios, todos registrados em Dominica como britânicos.

As autoridades civis, querendo deter Nelson, arranjaram um pretexto, alegando que os comandantes dos navios haviam sido detidos e que tinham sofrido violência, razão pela qual acionavam Nelson por "perdas e danos", numa ação de £4 mil, o que, era óbvio, arruinaria o jovem capitão.

O advogado aconselhou Nelson a evitar a prisão, pois no estado de animosidade geral contra ele, não poderia obter um julgamento justo. Para evitar a prisão, ele ficou confinado no navio por sete semanas, só saindo para o julgamento dos navios com um salvo-conduto do juiz. O juiz considerou os quatro navios como presas legítimas. Era uma vitória pessoal de Nelson, no entanto, a ação cível contra ele continuava (se arrastaria ainda por muitos anos, uma vingança dos que tiveram seus interesses contrariados). Nelson não contou com nenhuma ajuda de seu chefe, só tendo o apoio dos dois Collingwood.

Em junho, Nelson fez um memorial ao rei contando os fatos, dizendo-se doente e solicitando assistência do Estado, já que o problema decorrera do estrito cumprimento do seu dever. A resposta veio em setembro, informando-o que o rei determinara que ele fosse defendido pelos advogados da Coroa.

A tácita aprovação de sua conduta foi confirmada em novembro por uma carta do Secretário do Tesouro em que dizia que

[...] o governo era de opinião que o comandante em chefe das ilhas de Sotavento, e os oficiais sob seu comando, mostraram zelo recomendável, esforçando-se para pôr um paradeiro às práticas totalmente ilícitas que estavam ocorrendo nas ilhas, em clara violação da lei, com grande prejuízo para a navegação e o comércio do domínio de Sua Majestade.[9]

Com a aprovação do governo britânico, Nelson continuou seu trabalho obtendo resultados extraordinários, embora pessoalmente fosse responsabilizado de acusar as autoridades civis de corrupção e infidelidade à Coroa. Nelson foi incisivo quanto ao sucesso de sua iniciativa:

Nesse momento, há cerca de 50 navios empregados no tráfego entre as ilhas de St. Kilts, Nevis e a América, que são verdadeiramente construídos, de propriedade e conduzidos por britânicos. Tivesse eu sido um mero espectador, tenho certeza, nenhum único navio pertencente às ilhas estariam participando desse tráfego.[10]

Antes mesmo que esse ano se encerrasse, Nelson envolveu-se noutra questão, que, embora muito menor, foi extremamente dolorosa para ele por envolver a senhora Moutray, sua querida amiga. Em um comunicado de 29 de dezembro de 1784, Hughes informou aos comandantes de navios subordinados que Moutray, tendo uma "comissão especial" do almirantado, o autorizava, na ausência do almirante ou de um capitão mais antigo do que ele, a içar o seu pavilhão, o que implicava sua autoridade sobre os comandantes dos navios.

Para Nelson, essa determinação do almirante contrariava o regulamento, pois Moutray estava subordinado ao Departamento Civil – na época chamado Navy Board –, enquanto os comandantes respondiam ao almirantado, não podendo Moutray ter ascendência sobre os comandantes. Nelson, mais uma vez apoiado por Collingwood, protestou junto ao almirante. A carta de Collingwood teve um tom conciliador, ao contrário da de Nelson. Em sua carta, ele dizia não acreditar na "comissão especial" e que, portanto, não poderia cumprir a ordem que considerava ilegal. Mais uma vez o almirante deixou as coisas correrem até que a 5 de fevereiro de 1785, o Boreas chegou à baía inglesa, onde encontrou o Latoria arvorando o pavilhão de Moutray. O Latoria era comandando por Charles Sandys, outrora mais antigo do que Nelson, quando serviram no Lowestoffe.

No dia seguinte, mensagens nervosas foram trocadas. Nelson censurou Sandys por não ter saudado um oficial mais antigo na chegada deste ao porto, ignorando o fato de que o Latoria estava arvorando o pavilhão de Moutray. Moutray arguiu Nelson pelo Boreas não ter saudado o seu pavilhão, fazendo referência às instruções de Hughes e determinando que Nelson se colocasse às suas ordens. Nelson respondeu que não podia aceitar ordens dele, apesar da profunda estima que lhe tinha, até que ele fosse comissionado pelo almirantado, e enviou uma cópia da carta que mandara para o almirante. Apesar do problema, Nelson foi convidado, como de hábito, para jantar com o casal. Deve ter sido uma reunião tensa, mas, certamente, a habilidade de Mary ajudou a amainar os espíritos. No dia seguinte, 7 de fevereiro, Nelson convocou Sandys ao Boreas e censurou-o, embora não tenha lhe ordenado que arriasse o pavilhão.

Nelson encaminhou nova carta a Hughes pedindo-lhe que entregasse ao almirantado uma exposição das razões que o impediam de aceitar a situação. Sem saída, o almirante atendeu à solicitação, adicionando suas próprias razões. A resposta do almirantado dizia que Nelson deveria ter submetido suas dúvidas ao seu chefe, entretanto, se limitou a isso, não fazendo carga sobre Nelson.

O assunto desapareceu tão rápido como havia aparecido. Em razão da doença que o acometera, Moutray estava de regresso à Inglaterra, deixando Nelson e Collingwood desolados com a partida da amiga Mary. Certamente, Collingwood deve ter sentido bem mais do que Nelson, pois, até o fim da sua vida, manteve a amizade com ela.

Nem todos esses problemas impediram que Nelson se apaixonasse por aquela que viria a ser sua esposa. Por nascimento, ela era Frances Woodward, filha da irmã de John Richmond Herbert, presidente do Conselho de Nevis e um dos mais ricos comerciantes da colônia. Na época em que ela conheceu Nelson, início de maio de 1785, Frances era viúva do médico Nisbet e tinha um filho, Josiah, que herdara o nome do pai.

Após o julgamento que declarou legítimo o apresamento dos quatro navios americanos, Nelson passou algum tempo na casa de Herbert, onde suas relações com Fanny, como todos a chamavam, foram tomando um caráter sentimental. As viagens do Boreas à procura de novas presas levavam-no a St. Kilts, mas logo ele procurava voltar para Nevis e para Fanny.

Nada indicava que Nelson e Herbert pudessem ser amigos – a campanha de Nelson contra o comércio ilegal prejudicava os interesses comerciais de Herbert –, mas os dois se gostavam, tendo Herbert se oferecido para pagar a fiança caso Nelson fosse preso. Segundo alguns historiadores, teria sido o pequeno Josiah que forjou o laço entre sua mãe e o jovem capitão, que, sabidamente, tinha grande afeição por crianças.

Fanny nasceu na primeira metade de 1758, sendo alguns meses mais velha que Nelson. Mais do que bonita, ela tinha uma aparência agradável e era prendada: pintava aquarelas, fazia bordados e falava francês fluentemente.

Em agosto, Nelson propôs casamento e foi aceito; contudo, o casal dependia do consentimento de Herbert, que só veio em outubro. Entretanto, a questão financeira era ainda um problema, já que Fanny só teria recursos após a morte de Herbert e Nelson não tinha condições, com seu salário, de manter uma família. Mais uma vez, ele teve de apelar para o seu tio William Suckling, que, embora às voltas com os encargos para a colocação de seus filhos, mais uma vez não negou a Nelson o auxílio pretendido (£100 anuais). O casamento, porém, ainda demoraria, já que, aparentemente, Nelson aguardava o seu regresso à Inglaterra.

Terminada a temporada dos furacões de 1785, o Boreas fez-se novamente ao mar em outubro, permanecendo por diversos meses em patrulha ao largo das ilhas mais ao norte na procura de mercantes suspeitos, ocasionalmente parando em Antigua ou Barbados para suprimento e manutenção.

A 23 de outubro ele prendeu o brigue Active, no largo de Nevis, com bandeira inglesa, mas construído nos Estados Unidos e com tripulação americana. Com a volta de Nelson às atividades, os ilhéus apelaram para advogados britânicos e conseguiram um parecer do juiz William Scott dizendo que as Leis de Navegação davam o direito de reter navios somente ao pessoal da alfândega ou pessoas autorizadas, quer por um mandato do Tesouro, que por uma comissão especial do rei.

Inconformado, Nelson apelou para o Secretário de Tesouro, lorde Sydney:

> Uma dúvida surgiu agora (e muito provavelmente eu serei perseguido nesse país por isso) que se a alfândega der permissão a um estrangeiro para comerciar, eu não tenho o direito de detê-lo, mas devo olhar como um espectador passivo.[11]

O parecer de Scott não mudou a decisão do tribunal: o Active foi considerado presa legítima.

Em janeiro de 1786, no largo de Nevis, foi detida a escuna Sally, de 40 toneladas, registrada como inglesa de maneira totalmente fraudulenta, indicando claramente que os funcionários da alfândega de Antigua estavam fazendo registros sem qualquer real verificação, com o único objetivo de receber as taxas de pagamento do registro. Aliás, antes mesmo desse incidente, já havia uma investigação determinada pelo governador, mas, como esse novo caso indicava, nada havia mudado.

Nelson levou o caso para o Secretário do Tesouro pedindo punição exemplar para os faltosos e sugerindo que todos os registros concedidos nas ilhas fossem recolhidos e submetidos à severa verificação.

Na verdade, Nelson encontrava grande satisfação na sua campanha contra o comércio ilícito, afinal um excelente substituto, nesses tempos sonolentos, para a glória naval, e um meio de satisfazer sua necessidade de atenção. Para o secretário Sydney ele escreveu:

Eu estarei isento, diante do senhor e do meu país, de qualquer partidarismo em relação a esses malfeitos. Não tenho nenhum interesse em obter alguma colocação, nem espero nada além do que decorre do estrito cumprimento do meu dever.[12]

Nas ilhas a situação, em termos de apoio local a Nelson, começou a mudar. Tanto o governador, sir Thomas Shirley, como o almirante Hughes, compreenderam que o melhor era apoiar Nelson, que tinha o apoio do governo. Shirley passou a exigir reformas que acabassem com a corrupção e apoiou Nelson e Collingwood que o secundava. As capturas deram crédito ao governador, que acabou por se tornar amigo de Nelson, a ponto de este abrir lugar ao filho do governador no Boreas, como seu protegido.

Quanto ao almirante, logo compreendeu que só tinha a lucrar com as ações de seu comandado. Como comandante em chefe, ele tinha direito de participar do prêmio das capturas feitas pelos comandantes seus subordinados, o que estava longe de ser financeiramente desprezível. Um exemplo ilustra isso: numa das capturas feitas por Nelson, Hughes fez jus a £97, enquanto Nelson e sua guarnição receberam £388 para dividir entre eles. Ainda mais importante, o almirante ganhou crédito com seus superiores conforme vimos.

Já em 1785, o secretário do Tesouro informava ao almirantado que, independente do que constasse do registro de um navio, a prova de que ele tinha sido construído no estrangeiro, ou de que era tripulado por nacionais que não britânicos, era motivo suficiente para garantir sua condenação. Dizia ainda que os funcionários da alfândega teriam de responder diante dos comandantes navais e, se culpados, seriam punidos. Esse foi um passo importante para eliminar os desentendimentos entre o Departamento Civil (Navy Board) e o almirantado, que acabariam por transformar o primeiro em um setor do segundo. Nelson e o seu chefe acabaram, para surpresa de Nelson, por se tornar amigos.

A questão é que para muitos analistas a repressão não foi útil nem para os ilhéus nem para a metrópole. Um prolongado período de más colheitas nas Índias Ocidentais mostrou a dependência das colônias britânicas ao comércio com os Estados Unidos. Quando as leis da navegação foram modificadas alguns anos mais tarde, introduziu-se uma cláusula permitindo que os governadores autorizassem a importação das ilhas que não eram possessão britânica em caso de calamidade (em julho de 1787, o governador daria permissão para que comerciantes importassem mercadorias da América ou das ilhas "estrangeiras" nas Índias Ocidentais).

Em maio de 1786, o incansável Nelson chegou com o Boreas em Carliste Bay, a baía onde se situa a capital de Barbados, lá encontrando fundeadas as escunas Adamant e Latoria, sem qualquer preocupação de fiscalizar os navios mercantes que entravam a saiam. Apesar da lembrança dos dissabores enfrentados por Collingwood – que teve de arcar com os enormes encargos financeiros porque não conseguiu que o tribunal local considerasse como presa legítima o navio que ele havia apreendido –, Nelson não desistiu de fazer cumprir a lei.

A administração de Barbados era independente de Nevis, St. Kilts e Antigua. O juiz Nathaniel Weeks, da corte que julgava a legalidade das capturas, era um defensor intransigente da livre navegação, adotando o ponto de vista do juiz Scott, já aqui comentado. O advogado que tinha a incumbência de apresentar o caso em nome dos captores no tribunal também não aprovava a captura de barcos. O governador da área Kerry, que tinha boas relações com Nelson, mesmo que quisesse agir em contrário, ficava impedido de fazê-lo. A causa de Nelson parecia de antemão perdida, no entanto ele não desistia facilmente.

Em 16 de março ele capturou o brigue Jane and Elizabeth e dois dias mais tarde a escuna Brilliant. O juiz Weeks simplesmente paralisou o processo baseado em certos aspectos técnicos, e o governador Kerry, não querendo ficar contra a opinião pública, nada fez para romper o impasse.

Ocorreu, então, um incidente que levou o governador e Nelson, até aquele momento em bons termos, a romperem. Como o caso é pouco conhecido, há muitas dúvidas sobre ele, inclusive sobre o papel desempenhado por Nelson. Como Sugden é um dos poucos biógrafos de Nelson que tratam do assunto, nosso relato apoia-se na sua obra. Possivelmente, o Boreas tinha enviado para terra um "bando de recrutamento forçado", sob o comando de John Scotland, contramestre, e talvez por acidente, este atirou sobre um possível recruta, matando-o. Nelson, que estava em terra, chegou ao local do incidente logo após e mandou Scotland para bordo. Posteriormente, Nelson teria negado às autoridades civis e ao almirante que o fugitivo estivesse a bordo – as evidências são de que ele estava – e mais tarde facilitaria sua fuga do navio. Como os ânimos da população estavam exaltados com a marinha, especialmente com Nelson e os homens de sua tripulação, tudo indica que Nelson não acreditava que o seu contramestre tivesse um julgamento justo – a pena podia ser a morte – e por isso teria agido dessa maneira. Há muitas evidências de que Nelson tinha com sua tripulação uma espécie de acordo informal, pelo qual eles sempre poderiam contar com sua proteção e pôde, nas circunstâncias, ter querido reafirmar sua postura, o que, porém, não justifica ter burlado a Justiça. O governador, que não se deixou enganar pelas posições dúbias de Nelson, não o perdoaria.

O impasse sobre o julgamento dos navios continuou. Paralisados e sem tripulação, começavam a deteriorar com os cascos vazando e os seus cabos de amarração apodrecendo. Corriam o risco de afundar ou de desgarrar para fora da baía. Apesar das implicações legais, Nelson resolveu levá-los para outra jurisdição, onde seu destino seria resolvido.

A 21 de maio, Nelson partiu de Barbados com suas duas presas, rumando para Nevis, onde contava com o apoio das autoridades. De fato, a 26 de junho, os dois navios foram considerados presas legítimas.

Tanto o governador Kerry como o juiz Weeks protestaram junto a Londres. A 5 de julho de 1787, o processo legal que tratou do caso concluiu que

> [...] embora querendo acreditar que o juiz [Weeks] atuou dentro do melhor do seu julgamento, não podemos deixar de censurar a irregularidade de seu procedimento [...]. A conduta do capitão Nelson em levar os navios para outra jurisdição não foi certamente regular, mas, nas circunstâncias nas quais ele se encontrava, não julgamos que seja um caso de repreensão.[13]

Embora vitorioso em toda linha, Nelson sentia-se doente e cansado.

No dia 8 de julho de 1786, ao largo de St. Kiltts, Nelson fez sua última presa, a escuna Eagle, vinda de Trinidad, e condenada em 17 de julho em Nevis.

A 1º de agosto, o Boreas saudou sir Richard Hughes, que estava de partida para a Inglaterra. Não tendo chegado o seu substituto, Nelson assumiu de fato o comando da estação das ilhas de Sotavento. Nessa função, em dezembro, Nelson recebeu a tarefa de receber o príncipe William Henry, então no comando da fragata Pegasus, e mostrar-lhe as possessões britânicas nas Índias Ocidentais, entregando-o, em meados de maio de 1787, ao comandante da área da América do Norte, em Halifax. O que parecia uma excelente oportunidade para Nelson – de consolidar sua amizade com o príncipe, um possível excepcional patrono –, acabaria por se revelar um óbice para sua carreira.

Sem dúvida, a amizade entre os dois estreitou-se. Mas alguns problemas ficaram logo evidentes: o ambiente a bordo do Pegasus não era bom, sendo o problema mais grave o existente entre o príncipe e o seu primeiro-tenente, Isaac Schomberg, exatamente o homem de absoluta confiança de Hood, colocado a bordo por ele e por Howe para ajudar o inexperiente príncipe. O futuro rei William (Guilherme) IV era dissoluto, chegado à bebida, à jogatina, à fornicação e ao palavreado pesado. Sua pensão anual de £3 mil durava menos de seis meses. Nelson, por outro lado, levava uma vida regrada e só bebia com moderação, raramente tomando vinho, apreciando eventualmente uma taça de champanhe após o jantar, sendo chá sua bebida diária. Apesar das diferenças, Nelson apreciava o príncipe. Tanto o primeiro lorde do almirantado Howe como Hood esperavam que Nelson, a quem ambos admiravam, pudesse influenciar William Henry, cujo comportamento era fonte de preocupação para George III e para a rainha. Na verdade, foi Nelson que sucumbiu aos encantos do príncipe, não percebendo a falta de liderança deste para com a tripulação do Pegasus. Certamente isso foi uma decorrência de seu profundo respeito à monarquia – para ele, a monarquia, a Igreja da Inglaterra e a nação eram uma única coisa –, mas, também, à suscetibilidade dele à lisonja e ao fato de ele ver no príncipe um valioso patrono.

As cartas do príncipe para Hood revelavam confidências de Nelson a William Henry, que acabaram por prejudicar a visão que Hood e Howe tinham de Nelson. As queixas de Nelson de que durante a crise de repressão do tráfego ilícito ele tinha contado mais com o apoio do secretário do Tesouro do que com o do almirantado chegaram a Howe, que, obviamente, não se sentiu satisfeito. A informação dada pelo príncipe de que Nelson apoiava inteiramente a sua conduta desagradou tanto a Hood como a Howe, que a desaprovavam. O secretário do almirantado repreendeu Nelson, em março, por ter aceitado o fato de o príncipe não ter cumprido certos artigos das Instruções Gerais para o pessoal de bordo. Outras razões de queixa do almirantado ocorreram, sempre motivadas por um ato do príncipe: um homem condenado à morte foi perdoado por Nelson "a pedido de Sua Alteza Real" e libertado. O almirantado protestou que só o rei poderia comutar uma sentença de morte e que, se houvesse motivos para clemência, o homem deveria ter sido mantido preso e uma consulta, com as alegações que pudessem justificar seu perdão, enviada a Londres.

O desentendimento entre o príncipe e Schomberg foi mal conduzido por Nelson desde o princípio. Schomberg, tendo sido punido pelo príncipe por ter autorizado uma embarcação de ir a terra sem a sua permissão, pediu uma corte marcial para se justificar. O problema ficou difícil para Nelson: uma simples advertência para Schomberg desmoralizava William Henry; uma punição severa destruiria a carreira de um excelente oficial e que contava com a proteção de Hood; a saída de Schomberg do Pegasus criaria um precedente perigoso, pois qualquer oficial que quisesse sair de um navio apelaria para uma corte marcial. A não realização da corte marcial – a alegação é que não havia capitães suficientes para isso – e a manutenção de Schomberg preso em sua cabine por um tempo excessivo, não contribuíram para a imagem de Nelson junto a Hood. Mais tarde, Nelson enviou o Pegasus para Port Royal, com uma nota explicativa sobre o caso para o comodoro Gardner, onde a corte marcial poderia ocorrer. Gardner, porém, conseguiu evitá-la, substituindo Schomberg e mandando-o para a Inglaterra (poucas semanas depois de lá chegar, foi mandado como primeiro-tenente para o Barfleur, capitânia de Hood). O almirantado concluiu que Nelson errara em mandar o Pegasus para Nova Escócia via Jamaica, mais uma vez censurando-o. Mais tarde Nelson pagaria por isso.

Tão logo Nelson assumiu a função de comandante das ilhas de Sotavento, começou a examinar o modo como os negócios do governo eram conduzidos, especialmente o procedimento relacionado com compras. Convencido da existência de várias irregularidades, ele sugeriu ao departamento civil da Marinha (Navy Board), sob cuja direção esses assuntos eram tratados, algumas mudanças nos procedimentos, de modo que o oficial naval mais antigo pudesse ter controle sobre as compras. Evidentemente, todos os funcionários civis ressentiram-se do que consideravam uma interferência indevida nos seus assuntos, e contaram de início com o apoio do departamento. Pouco antes de deixar o posto, dois negociantes locais procuraram o príncipe e o colocaram a par de grandes fraudes existentes desde muitos anos, e que implicavam tanto funcionários civis da marinha como agentes privados. O príncipe deixou o assunto com Nelson. Para este, era bem provável que os denunciantes tivessem participado das fraudes, mas, dizia Nelson, o problema não estava no caráter desses homens, mas em como parar o roubo. Nelson enviou as informações para Londres, entretanto a existência de um quase estado de guerra na ocasião impediu que o assunto tivesse prosseguimento.

Então, no dia 11 de março de 1787, Nelson casou-se na presença de William Henry, que fez a entrega da noiva. Para um jovem capitão, o casamento era visto como um fim de carreira. No dia seguinte ao casamento, o capitão Pringle, por quem Nelson tinha um grande afeto, dizia:

> A marinha perdeu ontem um dos seus maiores ornamentos, com o casamento de Nelson. É uma perda nacional que um oficial desse padrão tenha casado; se não fosse por essa circunstância, eu acredito que Nelson se tornaria o maior homem no Serviço.[14]

Três meses mais tarde, o Boreas partiu para a Inglaterra, e tudo indica que a senhora Nelson estava a bordo. Alguns biógrafos de Nelson dizem que a senhora do jovem capitão não teria ido no Boreas e sim em um navio mercante. Não vejo nenhuma razão para isso, embora os referidos biógrafos aleguem que Nelson estava tão mal que temia não chegar vivo à Inglaterra (ele teria mesmo preparado um barril de rum para que, em caso de falecimento, seu corpo fosse nele conservado). No dia 4 de julho, o navio chegou em Spithead.

A situação política no continente era complicada na ocasião. Na Holanda, dois partidos políticos disputavam a primazia: um, estreitamente ligado à França – o partido Patriota que, após a morte de William IV, se opôs à regência de sua mulher, levantando milícias para se defenderem dos orangistas, em 1780 – e o outro, compreendendo os orangistas, partidários de William V de Orange, que contava com o apoio da Grã-Bretanha. Em 1785, o Patriota assumiu a primazia, de modo que a França passou a dominar os conselhos regionais. Em 1787, porém, um incidente envolvendo a mulher do líder orangista, Wilhelmina, irmã do rei da Prússia, levou à intervenção desta. Luís XVI preparou-se para apoiar seus partidários e alertou à

Grã-Bretanha que o faria. Esta respondeu que apoiaria seus aliados orangistas. A guerra parecia iminente. Nas palavras de Nelson:

> O negócio holandês está se tornando cada dia mais sério e penso que dificilmente poderemos escapar de uma guerra sem dar definitivamente para os franceses o poder sobre a Holanda e permitindo que o sistema atual [em que cada província indica o seu principal executivo] seja abolido [...].[15]

Nelson não levou em conta a debilidade da situação da França, às vésperas de uma revolução. A situação fez com que o Boreas fosse mantido em serviço, como, aliás, muitos outros. O recrutamento forçado foi restabelecido e o Boreas foi mandado para o Tâmisa, de modo a abordar os navios mercantes e retirar de bordo todos os marinheiros que pudessem ser convocados sem impedir a movimentação do navio. A senhora Nelson foi para Londres, deixando o marido com sua inglória tarefa.

Em outubro, as tropas prussianas ocuparam Amsterdã, reinstalando o *stadholder* com todos os seus poderes. Com os orangistas firmemente no poder e a França paralisada pelos distúrbios internos, as nuvens da guerra logo se dissiparam. Em 30 de novembro de 1787, o Boreas teve baixa e Nelson, sem outro comando, entrou no regime de meio-soldo.

Tinha início um longo período de cinco anos, com o casal inicialmente residindo no oeste da Inglaterra, especialmente em Bath, para cuidar da saúde de Fanny e também de Nelson. Do final de 1788 até Nelson ser novamente chamado para o serviço ativo em 1793, a maior parte do tempo foi passado na placidez de Burnham Thorpe.

A respeito desse período disse Mahan:

> Com espírito mortificado e deprimido, ele [Nelson] antevia a continuação da inatividade e do desprezo [...]. Durante esse período de desapontamentos e mortificações, sua ambição latente de vez em quando se projetava, sobrepondo-se ao seu autocontrole. Noutros momentos, uma melancolia súbita parecia sombrear suas nobres feições e afetar sem temperamento; nesses momentos, somente os protestos de sua esposa e de seu venerável pai podiam acalmar a tempestade de suas paixões.[16]

No início desse longo calvário, os fantasmas do passado ainda exigiam sua atenção.

No fim do ano de 1787, Nelson recebeu notícia das ações movidas contra ele no caso da detenção dos quatro navios americanos. Ele não escondia sua revolta por se sentir abandonado pela Marinha. Informado disso, lorde Howe, ainda primeiro lorde do almirantado, escreveu para Nelson pedindo que fosse vê-lo. Apesar de sua desilusão com Nelson, Howe queria fazer justiça com ele, dar-lhe ânimo. Uma curta entrevista entre os dois serviu para dar ao almirante uma ideia mais clara sobre a extensão, o valor e o caráter totalmente voluntário dos serviços por ele prestados nas Índias Ocidentais. Uma visita ao rei, que foi bastante cortês com Nelson, serviu para derreter todo o ressentimento de Nelson.

Novamente animado, Nelson procurou o secretário do Tesouro, a quem tinham sido enviados os relatórios sobre as irregularidades praticadas nas Índias Ocidentais. O entusiasmo de Nelson e a precisão de suas opiniões fizeram com que o Secretário ficasse seu amigo.

A próxima visita de Nelson foi ao Diretor Geral do Material, lorde Barham, quando Nelson, tomando conhecimento das normas existentes para compra de material, considerou-as adequadas, mas, infelizmente, como o oficial naval mais antigo não tinha delas conhecimento, não podia exigir o seu cumprimento. Sem dúvida uma consequência do permanente desentendimento entre o departamento civil (Navy Board) e o almirantado.

A meio-soldo, com uma pensão anual de £100 de seu tio, e sem nada receber de Herbert — para Sugden, o casal recebia uma anuidade de Herbert de £100 a £200 —, a situação econômica dos Nelson era difícil. A mudança do casal para Burnham Thorpe, cuja placidez contrastava com o temperamento de Nelson, tornou-se inevitável. A falta de um filho do casal deve ter sido uma decepção para Nelson, que adorava crianças e, certamente, criou um vácuo que o filho de sua mulher não podia preencher. Para quem almejava a glória, a vida monótona, sem acontecimentos, de Burnham Thorpe devia ser um tormento. Apesar da dificuldade de receber um comando, numa época em que, por não existir uma clara ameaça de conflito, o número de navios de guerra era reduzido ao mínimo indispensável à manutenção das comunicações com as colônias, o fato de Nelson não ter sido chamado deveu-se, inegavelmente, à desilusão de Howe e Hood com ele durante sua convivência com William Henry nas Índias Ocidentais, no período em que Nelson assumiu o comando da estação das ilhas de Sotavento. O príncipe não foi nunca o patrono que Nelson imaginou que seria e, pelo contrário, nessa ocasião prejudicou-o.

Sua carreia naval, até aquele momento, não tinha tido o brilho que ele almejava, embora já tivesse sido possível discernir nele as qualidades que no futuro o tornariam o herói nacional. Diz Sugden:

Ele era mais do que bravo, consciencioso e competente, as marcas registradas de todo bom oficial. Ele era "obstinado". Uma qualidade que todo professor reconhece como decisiva. A necessidade de ter sucesso importa tanto senão mais, que a mera habilidade, porque ela galvaniza e faz com que a habilidade se volte para objetivos específicos. Ela dá à habilidade energia específica e objetividade. Isso transbordava em Nelson. Ele desejava desesperadamente a admiração, o aplauso e a afeição das pessoas, e sua sede por essas coisas estimulava sua agressividade, energia e iniciativa. Com isso ele ficava alerta para oportunidades que oficiais sem essas qualidades não viam e elas o levavam para além de onde outros queriam ou pensavam ir.[17]

Aqui, para nos referirmos à associação da Inglaterra, País de Gales e Escócia, usamos o termo Grã-Bretanha. Nelson referia-se à Inglaterra quando queria dizer Grã-Bretanha, já que desde o início do século a união tinha sido firmada. Para ele, como para muitos, a referência à Inglaterra refere-se à ilha inteira. A visão que os britânicos tinham de seu país era o de uma terra de homens e mulheres livres, protegidos por uma constituição avançada, dirigida por um monarca relativamente benigno, e defendidos por sua Marinha dos déspotas do continente. É dentro desse contexto que a Revolução Francesa deve ser considerada aqui.

A 14 de julho de 1789, uma multidão parisiense tomou a Bastilha, para que a monarquia francesa não interrompesse as reformas que estavam em curso no país.

Nelson, como a maioria dos britânicos de sua classe, não ficou no início nem muito surpreso nem muito preocupado com a revolução, julgando que as reformas eram necessárias e que elas seriam implantadas de uma forma constitucional. No começo, parecia que a revolução simplesmente acabaria com o absolutismo real, evoluindo para um modelo semelhante ao inglês de uma monarquia limitada e preocupada em melhorar a condição do povo. Mas as coisas mudaram rapidamente, com os radicais tomando as rédeas do movimento. Em outubro de 1789, o rei e a família foram impedidos de deixar Paris por uma multidão hostil. A Igreja teve seus bens confiscados pelos revolucionários e a violência aumentou. Entretanto, foi o início da guerra europeia de 1792 que selou a sorte da nobreza. As cabeças coroadas da Europa, dispostas a lutar para a restauração da monarquia na França, passaram a ser o inimigo, a principal ameaça à república, e a Assembleia Legislativa, para se antecipar à intervenção estrangeira, declarou guerra à Áustria e à Prússia. A guerra, como geralmente acontece, ajudou a unir o povo, dividido por diversas questões, inclusive a religiosa, legitimando a eliminação dos aristocratas e dos monarquistas apontados como a ameaça interna à França. A guilhotina passou a ser o destino deles e de todos os que eram ou se supunha que fossem contrários aos rumos da revolução. Em setembro foi proclamada a República e quatro meses depois o rei foi guilhotinado, Maria Antonieta o acompanhando pouco depois.

O terror fez com que os ingleses, cujo ideal era uma sociedade estável, baseada na parceria da Igreja, aristocracia e povo, se opusessem ardorosamente à revolução. Nelson não gostava dos franceses, mas foram as guerras revolucionárias que transformaram esse preconceito em ódio. O ano de 1792 se encerra com a iminência da guerra.

Notas

[1] Apud Carola Oman, *Nelson*, London, Hodder and Stoughton, 1954, p. 32.
[2] Apud John Sugden, *Nelson: A Dream of Glory, 1758/1797*, London, Jonathan Cape, 2004, p. 166.
[3] Idem, p. 181.
[4]   Admiral Alfred Thayer Mahan, *The Life of Nelson*, London Sampson Low Marston, 1897.
[5] Idem.
[6] Idem.
[7] Sugden, op. cit., p. 262.
[8] Idem, p. 271.
[9] Apud Mahan, op. cit.
[10] Idem.
[11] Apud Sugden, op. cit., p. 301.
[12] Idem, p. 302.
[13]   Idem, p. 303.
[14] Idem, p. 332.
[15] Apud Carola, op. cit., p. 93.
[16] Mahan, op. cit.
[17] Sugden, op. cit., p. 391.

No Mediterrâneo

1793 a agosto de 1794

Para essa nova guerra, a estratégia britânica pouco diferia da usada no passado pelo pai do jovem William Pitt. Não querendo envolver a Grã-Bretanha na campanha austro-prussiana para restaurar a monarquia francesa, o primeiro-ministro contentou-se, então, em fazer uma guerra de objetivos limitados, que priorizava a segurança de seu país. Alguns poucos batalhões foram enviados para a Holanda para ajudar a expulsar os franceses dos Países Baixos austríacos, mas o restante dos embates em território continental europeu seria deixado para os países aliados, contribuindo a Grã-Bretanha apenas com recursos financeiros. A principal contribuição britânica seria no mar, com sua esquadra atacando as colônias francesas de ultramar.

Essa estratégia justificava-se, pois o Exército estava mal preparado, diferentemente da Marinha, que estava em boa forma e podia rapidamente se mobilizar. As ruas de Chatham, Portsmouth e Plymouth estavam atravancadas com carros transportando mantimentos e suprimentos, artífices experientes e excitados marinheiros. Uma força naval foi preparada para o Caribe, sob o comando do contra-almirante Alan Gardner, outra para o Mediterrâneo com Hood, e uma terceira para o Canal, com Howe.

O ano de 1793 começou mal para os Nelson, pois, no dia 18 de janeiro, morreu John Richardson Herbert em Nevis, deixando Fanny muito só, num país tão afastado do seu berço natal. O testamento foi uma desagradável surpresa: as £20 mil que haviam sido prometidas encolheram para apenas £4 mil e, mesmo assim, ficariam retidas por 6 anos, contra um pagamento de juros de 5% ao ano (o que significava uma renda anual de £200). Josiah receberia £500 quando completasse 21 anos e até lá teria apenas os juros dessa importância para sua manutenção e educação. Como em vida de Herbert o casal recebia uma pensão de £200 anuais, a herança não melhorou a situação financeira do casal.

O Agamemnon de Nelson estava destinado à força de Hood, que iria ao Mediterrâneo. O primeiro navio de linha comandado por Horatio Nelson desempenharia um papel na sua carreira só inferior ao que, muitos anos mais tarde, seria desempenhado pelo Victory. Seu comando, que duraria pouco mais de três anos, só terminaria quando o navio já não tinha condições para prosseguir sem grandes reparos. Mesmo quando navios maiores lhe foram oferecidos, Nelson, não querendo abandonar sua tripulação, recusou-os.

O Agamemnon era armado com 12 canhões de 9 e 52 de 18 e 24, sendo dos menos armados navios de linha. Na verdade, os navios de 64 canhões estavam sendo retirados da linha de batalha, sendo os navios de 74 canhões os menores a compor essa linha. O Agamemnon, embora não navegasse bem com mar de proa, era de fácil manobra e com vento de popa chegava a desenvolver 10 nós.

A 16 de março de 1793, o Agamemnon deixou o estaleiro indo para Sheerness, onde, durante quatro semanas, completaria sua preparação material. Ao fim desse período, porém, ainda faltavam mais de cem homens para completar a sua tripulação. A dificuldade para recrutar homens no início de uma guerra era grande em todos os países, mas na Grã-Bretanha eram ainda maiores, não só porque suas necessidades eram superiores, mas porque os navios mercantes, a principal fonte de mão de obra para a Marinha de guerra, estavam espalhados por todo o mundo. O recrutamento forçado, apesar de arbitrário e violento, era indispensável, e prática comum em situação de guerra. Aparentemente, nesse momento isso não foi necessário para o Agamemnon, devido ao fato de que Nelson era bastante conhecido na região, não sendo difícil encontrar voluntários. Em consequência, como quase todo o pessoal da guarnição era da mesma região, a equipe era homogênea de caráter, havendo possibilidade de apelar para o orgulho local, um poderoso incentivo em momentos de dificuldade. O fato de Nelson ser da região também ajudava, assim como sua especial capacidade de angariar a afeição e o respeito de seus subordinados.

O enteado de Nelson, Josiah, então com 13 anos, foi colocado a bordo como "empregado do capitão". O estado de guerra fazia aflorar o impulso para o mar que ainda existia no sangue de todos os jovens ingleses. Usando seus privilégios como capitão, Nelson colocou como guardas-marinha filhos de vizinhos e amigos, tornando assim ainda mais homogênea sua tripulação. Para um deles, filho de um *whig*, partido que nos últimos anos tinha mostrado simpatia pela tendência liberal da Revolução Francesa, ele deu a seguinte orientação para sua vida profissional:

> Primeiro, você deve automaticamente obedecer ordens, sem tentar formar qualquer opinião sua a respeito da adequação dessas ordens; segundo, você deve considerar como seu inimigo qualquer homem que fale mal de seu rei; e terceiro, você deve odiar qualquer francês como você odeia o diabo.[1]

A primeira recomendação é algo surpreendente, já que Nelson não a praticava; as outras duas, correspondem à sua profunda convicção. Com relação à primeira, seria mais razoável e vantajoso que Nelson tivesse passado a seu discípulo a recomendação de lorde Howe: olhe atentamente o que se passa e chegue às suas próprias conclusões, mas mantenha-as para você mesmo.

No final de abril, o Agamemnon deixou o Tâmisa, fundeando no dia 28 em Spithead; o restante da frota de Hood ainda não estava pronta.

A 10 de maio, Fanny chegou a Portsmouth para se despedir de Nelson e de seu filho. Nenhum deles esperava que a separação fosse muito longa, afinal, toda a Europa estava envolvida na guerra contra a França, o que fazia crer que a guerra seria breve. Eles estavam, porém, enganados e a separação iria durar quatro anos.

Aqui cabe um comentário sobre a relação do casal. Apesar de o casamento ter se revelado estéril, Nelson tratava Fanny com carinho e bondade e ela retribuía com um amor profundo que manteria por toda vida. Ela, entretanto, nunca seria capaz de entender o fogo interior que consumia o marido, mas, por outro lado, tinha a mesma noção de cumprimento de dever que ele tinha e, sem qualquer hesitação, ocupou o lugar de Nelson como apoio e conforto de seu velho pai.

No período em que o navio estava sendo preparado, Nelson escreveu cartas para Fanny, que, embora carinhosas, nunca expressavam a paixão que transpareceria nas cartas que mais tarde escreveria para Emma. É verdade que nessa época, após anos sem um comando, Nelson estava totalmente envolvido com os problemas do navio, o que, pelo menos em parte, pode explicar a aparente indiferença que transparece numa dessas cartas: "Se você e minha irmã [Kitty] quiserem vir [para Portsmouth] ficaria contente em vê-la, mas faça o que você preferir".[2]

Mais tarde, durante a longa separação, Nelson seria capaz de mostrar que sentia falta da esposa:

> Como sinto falta de uma carta sua. Próximo ao prazer de estar com você, esse é o maior prazer que posso ter. Vou me alegrar de estar de novo com você. Na verdade, eu vejo em retrospecto que o período mais feliz da minha vida foi o que me uniu a uma mulher tão boa [...].[3]

Enquanto o Agamemnon esperava pela prontificação do restante da força de Hood, ele foi incorporado a uma divisão de 3 navios – 3 de 74 canhões, o Colossus, Courageus e o Fortitude, e 2 fragatas, entre as quais a velha Lowestoffe – comandada pelo almirante William Hotham, do Britannia. A divisão foi mandada ocupar uma posição de 50 a 100 milhas a oeste das ilhas do Canal, tendo partido em 11 de maio.

Em 25 de maio, a força de Hood juntou-se à divisão ao largo de Lizard, ficando formada uma força combinada de 11 navios de linha e mais os usuais navios menores. Para desespero de Nelson, que julgava que naquela área não seriam encontrados navios inimigos, lá permaneceram até 6 de junho, quando um enorme comboio de mercantes britânicos aproximou-se vindo das Índias Ocidentais. Tão logo os mercantes passaram a salvo, a força de Hood dirigiu-se para Gibraltar. A presença da força no local deveu-se à necessidade de proteger o comboio.

No dia 14 de junho, um grupo de navios, entre os quais estava o Agamemnon, separou-se do grupo principal e dirigiu-se para Cádis para reabastecimento, a fim de não sobrecarregarem Gibraltar, onde os recursos eram limitados. Deixaram o local no dia 23, chegando a Gibraltar no mesmo dia. O espetáculo de uma tourada em Cádis horrorizou os ingleses que o assistiram, inclusive Nelson.

Reforçados por alguns navios que estavam em Gibraltar, a força de Hood, agora com 15 navios de linha, partiu no dia 27 junho para Toulon, porto que abrigava a maior parte da esquadra francesa do Mediterrâneo.

As relações entre Hood e Nelson, que haviam sido tão boas nas Índias Ocidentais e se deterioraram, como vimos, quando dos incidentes que envolveram o príncipe William Henry – a ponto de Hood ter se desinteressado, três anos antes, em dar um bom comando a Nelson – teriam de ser revigoradas, pois Hood necessitava para cumprimento de sua missão de bons capitães e ele não ignorava as excepcionais qualidades do comandante do Agamemnon.

Quando a guerra foi declarada, a Grã-Bretanha não dispunha de nenhum navio no Mediterrâneo e a missão de Hood era estabelecer agora a superioridade naval, e até mesmo a supremacia, preferencialmente destruindo a força francesa de Toulon ou, se isso não fosse possível, bloqueando-a no porto, a fim de interromper o comércio inimigo e impedir que chegassem suprimentos aos portos por ele dominados. Paralelamente, cabia à força de Hood proteger o comércio britânico na área, bem como as importantes comunicações com a Índia e as Índias Ocidentais, além de apoiar e ajudar as potências aliadas contra as agressões da França. Na ocasião, a Sardenha já tinha perdido Villefranche, Nice, Mônaco e Menton.

O governo britânico, porém, acreditava que a guerra seria curta, pois, apesar das vitórias iniciais da França, o país estava muito dividido e com muitos inimigos à sua volta querendo restaurar a monarquia. A coalizão contra a Revolução não parava de crescer: Áustria, Rússia, Grã-Bretanha, Holanda, Espanha, Portugal, Sardenha e Nápoles logo estavam unidas contra o inimigo comum. Assim, o esforço de guerra de Pitt foi mínimo, contribuindo com dinheiro e conselho para os aliados, não vendo razão – a única exceção foram os Países Baixos – para mandar tropas britânicas lutarem no continente. A Grã-Bretanha, usando sua Marinha e boa parte do seu Exército, atacaria o comércio marítimo inimigo e suas ilhas caribenhas. Usando a pilhagem para financiar os exércitos aliados, a Grã-Bretanha faria a França pagar para ser derrotada.

A visão de Pitt mostrar-se-ia completamente equivocada. Ele subestimou os franceses e superestimou seus aliados. A guerra não seria curta e as finanças britânicas, que dependiam do apresamento dos navios e riquezas inimigos, não suportariam o esforço, obrigando o governo a fazer vultosos empréstimos que arruinaram a economia. A estratégia comercial e colonial britânica não funcionou; de 1793 a 1796, a flor do Exército britânico se perdeu, sem que tivessem aplicado um golpe significativo nos franceses: nas Índias Ocidentais, 80 mil homens morreram ou ficaram incapacitados por doenças.

Como os britânicos não tinham bases no Mediterrâneo a leste de Gibraltar, tinham de se apoiar ou nos neutros – cuja neutralidade dependia essencialmente do curso da guerra, que seria crescentemente favorável aos franceses – ou nos aliados, principalmente a Espanha, de expressivo poder naval. Mas apesar dos magníficos navios – em 1790 eram 26 navios de linha, o que correspondia à terceira maior Marinha do mundo, com o maior navio em atividade, o Santissima Trinidad –, não contava com tripulações competentes e adestradas além de cultivar o péssimo hábito de levar em seus navios mais soldados do que marinheiros; além disso, como passavam a maior parte do tempo nos portos, recrutando pessoal apenas na última hora, seus homens não tinham experiência no mar, de modo que, mesmo quando valentes, tendiam à indisciplina e à incompetência.

No início de julho, Nelson teve oportunidade de notar a incapacidade marinheira dos espanhóis. A esquadra espanhola que se dirigia a Cartagena tentou formar uma linha de batalha por quatro horas, sem êxito. Ele foi informado que os espanhóis, por estarem 60 dias no mar, estavam em péssimas condições, com cerca de 1.900 doentes a bordo, o que, para Nelson, era uma alegação ridícula:

> [...] pelas circunstâncias de estarmos muito mais tempo no mar, nós atribuímos as nossas boas condições de saúde. Isso [a justificativa para o mau estado das tripulações espanholas] me mostrou a extensão de suas habilidades marítimas.[4]

Nelson compreendia que a aliança entre a Grã-Bretanha e a Espanha não era natural e que, portanto, quando surgissem as dificuldades, ela poderia se tornar inimiga. Os fatos futuros mostrariam que ele estava certo.

Quanto aos franceses, Nelson não os considerava temíveis no mar. Ao saber que eles estavam instalando forjas em seus navios, para aquecerem seus projetis ao rubro (tiros incendiários), Nelson comentou que os britânicos deveriam engajar com os franceses à distância mais curta possível, fazendo com que os tiros franceses, que visavam sempre aos mastros e às velas dos navios, passassem sobre o navio e caíssem ao mar.

Os britânicos aproximaram-se de Toulon e Marselha com três divisões, uma capitaneada pelo Victory, outra pela Colossus e a última pelo Agamemnon, o que demonstra a apreciação de Hood do ímpeto combativo do capitão Nelson. Hood declarou o bloqueio total da costa francesa, esperando que a fome levasse os franceses a abandonar os portos e a enfrentar os britânicos no mar.

A situação em Toulon e Marselha não era tranquila, com a população dividida e envolta em conflitos. Nesses portos, como noutros da França, as forças da contrarrevolução, impulsionadas pelo extremismo da Convenção Nacional, revoltaram-se. A oeste, na Vendeia, homens que apoiavam a monarquia e a igreja tinham se rebelado. Em Toulon e Marselha, uma coalizão de realistas e republicanos moderados expulsaram os jacobinos. A esquadra estava dividida, com seu chefe procurando mantê-la afastada das facções locais, o que acabou sendo do conhecimento das forças britânicas. A manutenção de toda esquadra no bloqueio de Toulon pareceu a Hood um exagero e, assim, determinou que parcela da força, da qual fazia parte o Agamemnon, continuasse a manutenção do bloqueio, enquanto ele, com o restante, dirigir-se-ia para Gênova, um dos vacilantes neutros da área, de onde os franceses conseguiam suprimentos. Sabendo que navios sob bandeira neutra levavam grãos de Gênova para o sul da França, trazendo de volta produtos franceses, Hood tinha a intenção de, por meios diplomáticos, interromper esse comércio. Esse fluxo era vital para os franceses, pois a região só produzia os grãos suficientes para três meses, dependendo da importação do restante por mar já que as comunicações terrestres com o interior da França eram péssimas.

O sentimento dominante na esquadra era que toda a região da Provence acabaria por se declarar independente da França, sob a proteção da Grã-Bretanha. Isso não ocorreria, mas um fato surpreendente logo iria acontecer.

Em 20 de agosto, Hood estava de volta e, diferentemente de Nelson, que julgava que um ataque às duas cidades seria oportuno, Hood estabeleceu negociações com seus representantes, que se sentiam ameaçados pelas forças da revolução. As condições de Hood para receber as cidades sob sua proteção incluíam a declaração dos representantes de que apoiavam a monarquia, como definida pela reforma constitucional de 1791, e a entrega dos arsenais, navios e fortes de Toulon aos britânicos.

Enquanto prosseguiam as negociações, Hood, preocupado com a necessidade de mais homens para ocupar os fortes e outros pontos-chave da cidade, enviou Nelson para Sardenha e Nápoles, informando os aliados da iminência da queda de Toulon, e pedindo-lhes que enviassem imediatamente de 5 a 6 mil homens para a ocupação da cidade, o que abreviaria o fim da guerra.

Quando Nelson já se encontrava em viagem, as negociações foram concluídas e, assim, sem o disparo de um único tiro, a segunda maior base naval francesa passou às mãos britânicas, pondo fim ao domínio francês no Mediterrâneo. Por outro lado, Marselha foi ocupada pelo exército revolucionário, e o partido que queria entregar a cidade a Hood, esmagado, fugindo os refugiados para Toulon. Hood começou a ocupar os pontos-chave da cidade. Ninguém poderia ter imaginado um desfecho tão rápido para a supremacia francesa no Mediterrâneo: a esquadra francesa estava sob custódia britânica e, mesmo que a cidade viesse a ser recuperada pelos revolucionários, a esquadra poderia ser destruída pelos retirantes.

Nos últimos dias de agosto, Nelson chegou à Sardenha, que, na época, compreendia o Piemonte, a Lombardia e uma fatia da Riviera. Conforme já comentado, a Sardenha havia perdido para França uma série de províncias e com o desenrolar do conflito pretendia recuperar esses territórios. Nelson entregou os despachos de Hood para o ministro inglês da Sardenha e partiu para o Reino das Duas Sicílias, cuja capital era Nápoles, onde a corte era das mais famosas da Europa. Lá ele deveria entregar o despacho de Hood ao Enviado Extraordinário de Sua Majestade Britânica, o ministro plenipotenciário sir William Hamilton.

A baía de Nápoles era ampla, aberta e impressionante, com suas águas de uma bela cor azul, riscada por barcos de pesca, contrastando com o verde e amarelo das montanhas em volta, com suas plantações de oliveiras e campos de trigo. A cidade, uma metrópole barulhenta, estridente mesmo, indulgente, somente um pouco menor do que Paris, parecia, para quem olhasse do mar, dominada pelo castelo de Sant'Elmo, flanqueado poucas milhas à direita pelo monte Possillipo e, à esquerda, pelos dois picos do Vesúvio. Em ambas as extremidades da baía, os montes desintegravam-se nas belas ilhas rochosas, Ísquia e Prócida, ao norte, e Capri, ao sul.

Nesse cenário de rara beleza, em 10 de setembro, Nelson fundeou o Agamemnon, nas proximidades de quatro navios napolitanos – um navio de linha e três fragatas. Logo um oficial de uma das fragatas veio a bordo, apresentando os cumprimentos do almirante e autorizando, como de praxe, a permanência do navio britânico na baía. Nelson foi, então, convidado a ir a bordo do capitânia local, onde teria oportunidade de cumprimentar o rei de Nápoles, que estava presente. Nelson para lá se dirigiu para o primeiro encontro dos muitos que teria com o famoso Fernando IV, irmão de Carlos, rei da Espanha. Sua rainha, Maria Carolina, era filha de Maria Tereza, que mais tarde se tornaria imperatriz da Áustria, e era irmã do então imperador austríaco Leopoldo II e da desafortunada Maria Antonieta, rainha da França, presa e aguardando execução. A família real napolitana estava, portanto, ligada por laços de sangue a dois importantes aliados da Grã-Bretanha – Áustria e Espanha – e a uma das vítimas dos republicanos franceses – a rainha da França – sendo, pois um aliado natural da Grã-Bretanha.

À época, o Reino das Duas Sicílias era o maior dos estados italianos, abrangendo a Sicília e a metade sul da península italiana. Quem de fato governava o reino era a rainha, com a colaboração do primeiro-ministro John Acton.

O reino havia reconhecido a nova república francesa em 1792 quando, em dezembro, as autoridades haviam sido pressionadas por um esquadrão francês presente na baía de Nápoles. Entretanto, em julho de 1793, quando a guerra parecia ir contra os jacobinos, o rei fez uma aliança com a Grã-Bretanha. Dessa forma, o pedido de Hood para o fornecimento de 6 mil homens e de 12 navios foi bem recebido. O reino colocava-se decididamente do lado que parecia o mais forte e punha sua segurança nas mãos da Marinha Real.

Após a inesperada visita ao rei, Nelson dirigiu-se ao palácio Sessa, uma magnífica residência de três andares, na colina abaixo do castelo de Sant'Elmo. O palácio era a residência de sir William Hamilton, que acabaria por ter um papel importante na vida de Horatio Nelson.

O ministro era um homem de 63 anos, muito magro, frágil, curvo, com olhos que pareciam solidamente encravados no seu rosto, brilhando sob sobrancelhas bem marcadas; seu nariz, muito curvo, parecia o bico de uma ave, dando-lhe a aparência de uma emaciada ave de rapina. Sua fala, porém, era fluente e precisa.

Para ele não seria difícil, como de fato não foi, fazer atender aos pedidos de Hood.

Hamilton levou Nelson a Acton, decididamente pró-britânico. Após a leitura das cartas de Hood, Acton disse que não haveria dificuldades de enviar imediatamente os homens solicitados – dois mil seguiriam dentro de três a quatro dias e os demais tão logo possível.

Em apenas um dia tudo parecia resolvido e Nelson ficou exultante. Ele se sentia valorizado e emulado. Convidado por Hamilton, alojou-se no palácio Sessa levando com ele o enteado. Nos dias que se seguiram foi convidado para jantar com Acton e com o próprio rei.

O palácio Sessa, onde Nelson ocupou o quarto superior, era uma residência fora do comum: a extraordinária coleção de arte do locatário, as antiguidades e peças raras estavam por toda parte. O quarto superior ficava situado no canto sudoeste da casa, era circular e a janela com balcão oferecia um belo panorama da baía de Nápoles.

Devido à importância futura que os Hamilton terão na vida de Nelson, devemos falar aqui com mais detalhes sobre eles.

Sir William era um aristocrata escocês completo, neto do terceiro duque de Hamilton, e era o sexto conde de Abercon. Seu pai, lorde Archibald Hamilton, foi lorde do almirantado, diretor do hospital de Greenwich e governador da Jamaica. Sua mãe, uma favorita do príncipe de Gales. O próprio sir William foi camarista de George III, além de ter servido no Exército e ter sido membro do Parlamento. Serviu na corte de Nápoles por cerca de 30 anos, com eficiência, embora sem muito entusiasmo. Acima de tudo era um *connaisseur* e antiquário. Virtuoso no violino, membro da Sociedade de Artes, era homem de ciência e colecionador de artes e antiguidades. Em Nápoles, tinha muito tempo livre para dedicar aos remanescentes do mundo antigo que tanto admirava. Bem próximos estavam as ruínas de Herculano e Pompeia, e o próprio vulcão. Sua primeira mulher, Catherine Barlow, muitas vezes quis fazê-lo interessar-se pela religião, mas a sua mente respondia mais para a lógica e a razão do que para a fé. Foi ela quem trouxe os recursos que o ajudariam a formar a invejável coleção.

Em algum momento, sir William apresentou a Nelson sua segunda esposa, de quem ele se mostrava extremamente orgulhoso: Emma, a nova lady Hamilton. Dezenas de livros foram escritos sobre ela e eles divergem muito sobre a mulher que desempenharia um papel tão importante na vida de Nelson – poucas pessoas foram tão condenadas ou santificadas como ela. É difícil ver a mulher verdadeira por trás desses retratos tendenciosos. É impossível, porém, ignorar o imenso impacto que ela causava em tantos indivíduos – pintores, escultores, diplomatas, oficiais de marinha – ou não reconhecer que ela era uma mulher notável sob muitos aspectos. Mais talentosa do que inteligente, ridiculamente teatral, temperamental, fútil, sempre procurando atenção e capaz de tudo para obtê-la, era uma mulher de sociedade trivial e perdulária. Mas ela era também bondosa de coração, humana, generosa, leal, cheia de vitalidade e bravura. Alta e forte, era famosa pela beleza, com uma aparência voluptuosa que roupa nenhuma podia esconder. Quando Nelson a conheceu, ela devia estar na sua melhor forma física, mas, bem mais tarde, ela engordaria de forma desastrosa. Moldada em linhas clássicas, sua aparência expressiva e dominante era iluminada por olhos azuis, e emoldurada por uma imensa cabeleira castanha. Alguns diziam que ela era a criatura mais bonita que já tinham visto, embora essa não fosse a opinião geral. Certamente os pintores, que fizeram dela a maior modelo da época, achavam-na linda, assim como escultores.

Emma adorava representar, emocionar e inspirar. Confiante na sua figura e nos seus poderes, ela dançava com volúpia e graça, sendo capaz de incendiar o homem mais insensível. Cantava como um anjo e com suas "atitudes" encantava a todos. As "atitudes" consistiam na apresentação de uma séria de poses, muitas tiradas da mitologia grega, do tipo que os pintores gostam, mas com movimentos e expressão. A descrição que Goethe, que assistiu uma "atitude" de Emma, em 1787, com uma roupagem grega, dá uma boa ideia do espetáculo:

> [Ela] solta seu cabelo, e com uns poucos xales varia tanto as suas poses, gestos, expressões etc., que o espectador dificilmente pode acreditar nos seus olhos. Ele vê o que os melhores artistas gostariam de expressar, realizado diante deles em movimentos e transformações surpreendentes – de pé, ajoelhada, sentada, reclinada, séria, triste, brincalhona, extasiada, contrita, sedutora, ameaçadora, ansiosa – uma pose segue a outra sem intervalo. Ela sabe como arrumar as dobras do seu véu para casar com cada atitude, e tem uma centena de maneiras de transformá-lo em pano para a cabeça. Isso é uma certeza: como espetáculo é algo que você nunca viu na sua vida.[5]

Sir William, casado com uma mulher 33 anos mais jovem do que ele, orgulhosamente gostava de exibir os talentos da esposa. A habilidade de Emma de cativar e a sua fome de atenção tornavam-na uma formidável figura em qualquer acontecimento social, no qual era uma caçadora incansável dos corações de homens e mulheres igualmente.

Lady Emma Hamilton, esposa de sir William Hamilton, representante inglês no Reino das Duas Sicílias. Bela e temperamental, tornou-se amante de Nelson e teve grande influência nas decisões e ações dele. [*Lady Emma Hamilton* (c. 1800), por Johann Heinrich Schmidt]

O passado de Emma ajuda a entender a sua personalidade. Sua insegurança decorria da necessidade de provar-se digna da posição alta que havia alcançado. Os Hamilton não relutavam em admitir as baixas origens de Emma e viam o seu progresso com certo grau de orgulho. Ela nasceu dia 26 de abril de 1765, filha de um iletrado ferreiro, Henry Lyon, sendo batizada como Amy Lyon. Até o fim de sua vida, as cartas de Emma trairiam a sua falta de educação formal. Como muitas jovens da época, ela entrou para o serviço doméstico, mas, depois de algum tempo, sua vida tomou um rumo diferente. De alguma forma, ela foi para Londres, onde terminou na casa de uma cafetina conhecida. Com menos de 16 anos, possivelmente estava destinada à prostituição, mas logo depois, em 1781, foi mandada para a casa de sir Harry Featherstonhaugh, um jovem baronete libertino. Na primavera do ano seguinte, ela teve um filho, sendo então mandada para a residência do honorável Charles Greville, segundo conde de Warwick. Ele colocou Emma com a mãe em sua casa em Edgware Road, em Londres, e procurou protegê-la e educá-la, começando a levá-la a reuniões sociais. Ela o amou profundamente, mas quando Greville decidiu casar-se com uma moça de sociedade, enviou Emma para seu tio viúvo, sir William Hamilton. No começo, Emma mostrou-se perturbada por deixar Londres e ir viver em Nápoles, mas, em 1786, aceitou o seu destino. Por muito tempo, porém, suas cartas deixavam transparecer a sua amargura e o seu sentimento de ter sido traída. Mas sir William era bom e, por fim, ela aprendeu se não a amá-lo, ao menos a respeitá-lo. Em 1791, após anos de convivência, eles se casaram, sendo ela aceita na corte napolitana. Sua crescente amizade com a rainha transformou-a numa força política local.

Tudo indica que nos quatro dias que Nelson passou em Nápoles, ele não se impressionou mais do que a maioria dos homens com a jovem e encantadora lady Hamilton. Sua mente estava totalmente ocupada pelo que ele tinha de fazer e, incontestavelmente, seu ego estava reconfortado com as atenções de que tinha sido alvo. Suas palavras sobre Emma, então com menos de 30 anos, numa carta dirigida à Fanny, parecem absolutamente normais: "lady Hamilton foi maravilhosamente boa para o Josiah. Ela é uma jovem senhora de modos amáveis e que honra a posição para a qual foi elevada".[6]

O fato de Nelson, nas cartas que escreveu para os Hamilton após esse primeiro encontro, dirigir-se a sir William e não à sua esposa, parece confirmar essa suposição.

O sucesso da missão de Nelson não poderia ter sido maior: horas após sua saída do porto, 2 mil soldados, 2 navios de 74 canhões, 4 fragatas e corvetas e 1 navio-transporte estavam a caminho de Toulon.

A notícia de que tinha sido avistado um navio de guerra francês escoltando um comboio fundeado nas costas da Sardenha, levou Nelson a suspender com sua cansada tripulação atrás do inimigo. Apesar de estarem na baía de Nápoles alguns navios de guerra napolitanos e uma fragata espanhola, nenhum deles fez menção de perseguir o inimigo. Após uma procura inútil, nada tendo encontrado após nove dias de busca, em 25 de setembro Nelson decidiu ir para Leghorn (hoje Livorno) devido ao estado de sua guarnição causado pelas doenças – numa semana três homens morreram.

Livorno pertencia ao Grão-ducado da Toscana, um dos pequenos estados italianos neutros, que tornavam a diplomacia um importante instrumento da guerra no Mediterrâneo. O cônsul britânico foi a bordo e explicou a Nelson a delicadeza da situação local, com a Toscana sofrendo pressões dos dois lados envolvidos no conflito. Em Livorno, Nelson recolheu algumas tripulações britânicas que para lá tinham conduzido presas feitas pela Marinha Real.

Em 5 de outubro, Nelson estava de volta a Toulon, onde a situação de Hood havia se deteriorado bastante. As elevações que circundavam a cidade tinham sido ocupadas pelo exército francês, superior em muitos aspectos aos defensores locais. Nesse sítio, um jovem artilheiro corso, chamado Napoleão Bonaparte, procurava distinguir-se. O perímetro defensivo de Hood tinha 15 milhas de extensão e era muito vulnerável. Os defensores, inferiorizados em número, eram uma mistura de nacionalidades, a maioria sem treinamento adequado. Parecia urgente que os britânicos preparassem a sua retirada, que parecia inevitável, de modo a garantir a destruição dos navios e arsenais franceses na cidade.

Após um encontro com Hood no dia seguinte ao da sua chegada, Nelson partiu no dia 9 de outubro para Cagliari, na extremidade sul da Sardenha, para se juntar ao esquadrão do comodoro Robert Lunzee, a bordo do Alcide, que tinha a missão de convencer o rei de Túnis a deixar que a força britânica pudesse capturar um certo número de mercantes franceses que haviam entrado no porto daquela cidade, sob a proteção de um navio de linha e quatro fragatas.

A caminho de Cagliari, Nelson teve o seu primeiro combate naval real. Às 2h do dia 22 de outubro de 1793, ao largo de Monte Santo, na costa leste da Sardenha, o Agamemnon, no rumo sul, avistou cinco velas pela proa. Cerca de 30 minutos mais tarde ele foi por sua vez avistado: os navios inimigos se comunicavam por meio de foguetes, visíveis de longe.

Embora fosse um navio de linha, o Agamemnon tinha velocidade de fragata e às 4h Nelson estava à distância de fala do navio mais próximo. Tratava-se de uma grande fragata, sem indicação de nacionalidade. Na dúvida, Nelson não abriu fogo, confuso pela falta de qualquer iniciativa do outro. Interpelado em francês, o navio desconhecido só reagiu aumentando o número de velas numa tentativa clara de fuga. O Agamemnon deu uma salva de advertência na proa do navio, com um canhão 18, mas a reação foi, mais uma vez, aumentar o número de velas. Nelson usou também todas as suas velas na perseguição, sem deixar, porém, de observar os outros navios mais afastados. Durante a noite, eles se comunicavam por meio de foguetes. Ao clarear do dia, o Agamemnon chegou à distância de tiro do navio mais próximo que, acompanhado pelos demais, içou a bandeira francesa. A fragata mais próxima abriu, então, fogo com seus canhões de ré. Tratava-se de uma das melhores fragatas já construídas na França, a Melpomene, comandada na ocasião por um oficial com fama de destemido. Estando à frente de Nelson, ele, para poder usar todo o seu poder de fogo, tinha, de tempos em tempos, de atravessar o seu navio em relação ao rumo de avanço para poder usar todos os canhões de um dos bordos. Logo regressando ao rumo anterior. Nelson, em perseguição, só podia usar os seus canhões de vante. Como a tática francesa era tentar destruir mastros e velas do inimigo no combate, muitos tiros se perdiam mas, ainda assim, o mastaréu mais alto do Agamemnon foi derrubado e a verga de vante e os mastros principal e mezena seriamente avariados. Apenas um homem morreu e seis foram feridos.

Apesar das avarias, o Agamemnon continuou se aproximando da fragata, e com a aproximação, o navio pôde também manobrar como o francês para usar toda sua a bordada. Os artilheiros britânicos, porém, com muito mais perícia, e usando a tática habitual de atirar contra o casco do navio inimigo, tiveram resultados muito melhores, causando avarias graves na fragata e, pelas farpas arrancadas pelos tiros na estrutura do navio, matando e ferindo muitos homens.

Pelo óculo de alcance, Nelson avaliou que os demais eram um navio de linha, duas fragatas e um brigue – na verdade eram três fragatas e um corveta, sendo uma das fragatas La Minerve. Juntos, esses navios tinham mais poder de fogo que o Agamemnon.

Depois de algum tempo de combate, Nelson decidiu deixar os franceses se afastarem para efetuar alguns reparos e dar repouso aos seus homens para depois voltar a engajar o inimigo, apesar da superioridade deste. Como a tripulação de Nelson estava reduzida – alguns homens tinham levado presas para o porto – somente lá pelo meio-dia os carpinteiros terminaram os reparos emergenciais. Os franceses aproveitaram-se da oportunidade e ganharam distância. Frustrado, Nelson dirigiu os seus navios para Cagliari, lá chegando em 24 de outubro, pondo-se sob as ordens de Lunzee.

Para surpresa de Nelson, Lunzee, que era cunhado de Hood, recusou-se a emprestar a Nelson carpinteiros e consertadores de velas para os reparos necessários no Agamemnon, apesar de ter planejado suspender com a força na manhã do dia seguinte. A guarnição de Nelson teve de trabalhar toda a noite para que seu navio estivesse pronto.

Há um aspecto da ação do Agamemnon que merece comentários, pois realça uma característica de Nelson, que seria importante na sua vida. Por duas vezes durante o incidente, ele convocaria seus oficiais para aconselhamento. Outro procedimento que se tornaria habitual foi enviar carta a seu irmão na Inglaterra dando a sua versão do combate; este procuraria os jornais e logo a imprensa divulgaria o feito do valoroso capitão (de fato, o *Times* publicaria em 13 de dezembro um breve, mas muito laudatório, comentário sobre o encontro).

Na verdade, as consequências do combate seriam muito maiores do que, no momento, se podia supor. A fragata inimiga foi seriamente danificada, além de ter sofrido muitas baixas (24 mortos e 50 feridos) e por isso a força da qual fazia parte teve que se refugiar na Córsega. Quando, mais tarde, em 1794, os britânicos ocuparam a ilha, o esquadrão ainda se encontrava lá, sendo aprisionado.

Às 7h horas do dia 26 de outubro, a força britânica deixou Cagliari, com quatro navios de linha e duas fragatas, chegando a Túnis, na costa da Barbária, cinco dias mais tarde.

Túnis nominalmente fazia parte do império otomano, mas ninguém ignorava que era uma cidade-estado que vivia da pirataria, muito ativa no Mediterrâneo. Até mesmo os franceses pagavam ao paxá um tributo para não sofrerem a ação dos piratas.

Fundeados na baía de Túnis estavam um esquadrão espanhol e 2 navios de guerra franceses – o Duquesa de 80 canhões e 1 corveta – que protegiam um grande comboio de navios mercantes. A missão de Lunzee era convencer o paxá a permitir que os britânicos atacassem os franceses, apesar da neutralidade de Túnis. No conselho de guerra feito no capitânia, Lunzee, de acordo com as instruções recebidas de Hood, defendeu a negociação prévia com o paxá, contra o ponto de vista de Nelson que defendia a ataque aos franceses antes de qualquer negociação para, depois de aprisionados os navios inimigos, então negociar. Ele foi voto vencido.

Na audiência com o paxá, Lunzee pediu permissão para atacar os franceses, mas sua pretensão foi recusada. O paxá não era tão mercenário nem tão tolo como os britânicos pensavam, recusando-se a ser subornado ou a ser enganado. À declaração de que os franceses não mereciam a proteção de um neutro, pois haviam assassinado o seu rei, o paxá respondeu que os britânicos já haviam feito o mesmo – uma alusão a Carlos I – e que não seria ele a pessoa indicada para intervir numa briga entre dois povos cristãos.

Diante do impasse criado, Lunzee enviou uma de suas fragatas a Hood pedindo novas instruções e, certamente para se livrar de Nelson, mandou o Agamemnon patrulhar as águas próximas, na busca de navios franceses. A missão deveria durar 10 dias ao fim dos quais Nelson deveria regressar. Em 16 de novembro, Nelson estava de volta sem que tivesse visto qualquer inimigo. No dia 19, chegou a fragata enviada a Hood. Lunzee deveria regressar, mas havia ordens especiais para Nelson.

No comando de um pequeno esquadrão, Nelson deveria bloquear as guarnições francesas estabelecidas em alguns pontos da Córsega. Hood procurava, assim, distinguir Nelson − muitos capitães mais antigos do que ele certamente ambicionavam um comando independente −, pois acreditava realmente na sua competência e determinação. Em outubro, quando o mesmo esquadrão de Lunzee tentara submeter os corsos, eles se recusaram e causaram 50 baixas nos britânicos, entre mortos e feridos. Hood esperava que a guarnição francesa, privada pelo bloqueio de suprimentos, seria forçada a se render. Ele contava também com a ação de patriotas corsos que na ilha procuravam expulsar os franceses. As ordens de Nelson referiam-se também ao esquadrão que ele havia enfrentado e que, desde então, se refugiara em San Fiorenzo, na Córsega: Nelson deveria estar atento à possibilidade de eles tentarem vencer o bloqueio e irem para o continente.

A força comandada por Nelson foi constituída por 3 fragatas − a Lowestoffe, a Meleager e a Leda − e a escuna Amphitrite, de 24 canhões.

Os navios iniciaram a patrulha entre San Fiorenzo e Calvi, castigados pelos temporais de dezembro. Alguns navios de suprimento, indo para ou vindo da Córsega foram aprisionados, mas os navios franceses que lá se haviam refugiado permaneceram imobilizados em San Fiorenzo.

O ano não terminaria, porém, sem um terrível desastre para a supremacia britânica no Mediterrâneo. Nos últimos dias de 1793, Toulon caiu e, infelizmente para os britânicos, Hood não fizera planos para uma retirada, que, nas circunstâncias, seria inevitável. Uma falha que mancha sua folha. Com os jacobinos entrando na cidade, ele tinha a obrigação de destruir as docas, o arsenal e, principalmente, os navios de guerra sob sua custódia. Por falta de um planejamento adequado, apenas 13 navios de linha foram destruídos ou levados pelos britânicos, restando 9 para os franceses, o que deixou uma sombra sobre a competência de Hood, que já vinha se incompatibilizando com o exército e até mesmo, por sua conduta tirânica, com 9 entre 10 comandantes de navios de sua frota.

Para os realistas locais, bem como para todos os simpatizantes de sua causa, a queda de Toulon foi um desastre completo. Os que foram presos acabaram mortos ou roubados; os que conseguiram fugir fizeram-no em botes, deixando para trás parentes, amigos e todos os seus bens.

A queda de Toulon lançou uma onda de choque que varreu o Mediterrâneo, alarmando os frágeis aliados – a Toscana, que só recentemente aderira à causa aliada, chegou a cogitar reconsiderar a sua decisão – e fazendo com que os medrosos neutros se tornassem mais susceptíveis às pressões francesas – os refugiados de Toulon foram mal recebidos em Livorno, havendo necessidade de muita negociação para que tivessem abrigo na ilha de Elba.

A posição britânica no Mediterrâneo ficou abalada com a perda de sua última base no Mediterrâneo a leste de Gibraltar: Nápoles estava muito distante da costa francesa e Gênova, mais hostil do que amiga, não era totalmente confiáveis; os portos da Toscana – Livorno e Porto Ferraio na ilha de Elba – não podiam ser considerados seguros devido, como vimos, à adesão titubeante à causa aliada.

A Córsega parecia ser a solução. O bloqueio em curso pelo esquadrão de Nelson passou a ter mais importância. As forças comandadas por Nelson foram então reforçadas por Hood com mais 4 fragatas – a Juno, a Romulus, a Aigle e a Tartar – 1 escuna, La Biletle, de 24 canhões, e 1 canhoneira, a Fortitude (logo, porém, a Lowestoffe seria retirada).

Durante a Idade Média e até 1773, a Córsega era uma dependência de Gênova quando foi cedida à França, contra o desejo expresso de seus habitantes, cuja resistência só foi esmagada após intensa luta. Nessa ocasião, os patriotas corsos estavam em plena revolta contra o governo da revolução, que, entretanto, ainda detinha o controle dos três principais portos da ilha: San Fiorenzo, Calvi e Bastia.

Os corsos eram tidos como um povo valente e que amava a liberdade. Seu herói nacional, Pasquale di Paoli, que gastou 40 de seus 70 anos lutando pela liberdade da Córsega, estava exilado na Grã-Bretanha quando a Revolução Francesa teve início. Julgando que seria mais fácil lidar com um governo liberal, voltou para ilha, sendo nomeado, em 1791, governador. Logo, porém, desiludiu-se, voltando a ser um rebelde, lutando contra os franceses.

As forças que ele comandava eram indisciplinadas e mal equipadas, parecendo mais um bando de bandidos. Embora mais numerosos que os franceses, eram totalmente incapazes de expulsá-los das posições dominadas por eles, como San Fiorenzo, Calvi e Bastia, inexpugnáveis para forças irregulares.

Para avaliar a possibilidade de uma invasão da ilha, Hood colocou, no início de janeiro de 1794, dois observadores em terra que julgaram a situação favorável para um ataque britânico. O bloqueio havia reduzido as provisões e doenças se espalharam pelas guarnições e pela população, reduzindo o moral do inimigo. No dia 14, um outro grupo de observadores, constituído por um diplomata, Sir Gilbert Elliot, um tenente-coronel e um major do exército, desembarcou para preparar a invasão. O diplomata fazia parte do grupo para negociar o apoio dos guerrilheiros corsos à operação. Di Paoli aceitou que a Córsega passaria à condição provisória de protetorado britânico. Os dois oficiais do exército fizeram uma análise da situação militar, aprendendo que a guarnição francesa na ilha totalizava cerca de 2.600 homens (na verdade, conforme veremos, ela era bem mais numerosa). Calvi seria o ponto que ofereceria a maior resistência, mas esses oficiais acreditavam que não havia razão para os britânicos duvidarem da vitória. Nelson, por sua vez, colocou um homem em terra para identificar pontos adequados para o desembarque.

As forças sob o comando de Nelson apertaram o bloqueio. O competente capitão determinou que apenas um navio de cada vez deixasse a área sob bloqueio para se aprovisionar em Leghorn (Livorno), e exigiu o máximo de seus navios. Paulatinamente, o Agamemnon foi se tornando, sob a direção segura de seu comandante, o melhor navio de guerra do Mediterrâneo, tanto por sua competência marinheira como pela precisão de sua artilharia. O Agamemnon ia se tornando uma extraordinária máquina de guerra, com uma guarnição altamente treinada e cada vez mais confiante no seu comandante. A permanência do navio no mar por prolongados períodos de tempo permitiu um grau de adestramento excepcional de seus homens, o que na ocasião era importante, pois o mau tempo tornava as condições do bloqueio extremamente difíceis, exigindo muito dos navios e suas guarnições. A respeito disso, Nelson escreveu no seu diário: "A noite inteira soprou um vento como raramente se vê. Nenhuma lona ou cabo resistiu. Todas as nossas velas se romperam. O navio fez muita água. O mar surpreendentemente agitado. O navio está sob mastros nus".[7]

Quando essa particular tempestade amainou, só dois navios mantinham a sua posição no bloqueio: uma fragata e o Agamemnon. Após breves reparos em Livorno, o bloqueio foi retomado com máximo rigor. Apesar do rígido controle britânico, houve alguns reveses, como, por exemplo, a saída de San Fiorenzo de dois navios de guerra franceses que, após duelaram com as fragatas Leda e Meleager, conseguiram se abrigar em Calvi. Sem dúvida, uma decepção para Nelson, embora de poucas consequências, pois eles trocaram apenas um ponto da ilha por outro, continuando bloqueados.

Nelson não se limitou, porém, apenas ao bloqueio. Ele realizou uma série de incursões anfíbias contra posições francesas, todas de pequena escala, mas úteis para obter informações sobre o inimigo e, eventualmente, reduzir seus recursos. Um exemplo típico foi o assalto ao único moinho existente nas proximidades de San Fiorenzo, onde estavam armazenadas 400 sacas de farinha; o moinho foi incendiado e a farinha lançada ao mar.

Aproximando-se o momento da invasão, o restante da esquadra, sob o comando de Hood, chegou à Córsega em 25 de janeiro. Mas, devido às péssimas condições de tempo, somente no dia 7 de fevereiro foram desembarcados os primeiros 1.400 soldados britânicos, na baía de Mortella, em San Fiorenzo. Esses soldados, reforçados por alguns marinheiros, colocaram em posição a artilharia para atacar os fortes da cidade.

A presença do comandante em chefe e de diversos capitães da frota mais antigos do que Nelson iria limitar sua liberdade de ação. Porém, como Hood queria usar toda a iniciativa de Nelson, determinou que a força por ele comandada fosse bloquear Bastia, próximo objetivo militar na ilha. Dessa forma, para felicidade de Nelson, ele continuou com muita liberdade de ação.

Bastia ficava situada na costa leste da Córsega, ao pé da montanhosa península de Cap Corse. Na época, era a maior cidade da ilha, com mais de 8 mil habitantes. Ao ter início o bloqueio mais rigoroso, a cidade estava bem provida de comida e de carvão para aquecimento, pois, devido à proximidade dos pontos de suprimento na Itália, era relativamente fácil para barcos pequenos chegarem à Bastia vindos das ilhas em mãos de neutros, como Elba e Capraia. Sendo a cidade fortemente defendida e bem situada em relação ao terreno em termos de defesa, sua captura deveria ser um enorme desafio.

Nelson, lançando mão de toda experiência de sua guarnição, continuou realizando incursões em terra. A tomada da pequena Ragliano, situada na extremidade de Cap Corse − lugar estratégico de onde se podia monitorar o movimento de navios em torno da extremidade norte da ilha − e onde os franceses haviam colocado uma pequena guarnição num velho castelo lá existente, repercutiu por toda a ilha, especialmente entre os guerrilheiros, despertando uma onda de entusiasmo, embora a ocupação fosse apenas temporária. Lá, pela primeira vez, Nelson teve oportunidade de lutar lado a lado com o homem que, mais tarde, se tornaria um dos seus grandes capitães − o capitão Thomas Francis Fremantle, então no comando do Tartar.

San Fiorenzo caiu em poder dos britânicos em 18 de fevereiro. Do encontro com Nelson, duas fragatas restaram, porém, uma foi incendiada e a outra aprisionada.

Bastia seria o próximo objetivo e Nelson passou a procurar pontos favoráveis para operações de desembarque e a testar as fortificações que defendiam a cidade. Com os canhões da época, navios não eram páreo para fortalezas − por quase cem anos essa situação persistiria, como se pode constatar pelas dificuldades da esquadra brasileira em Curuzu, Curupaiti e Humaitá na Guerra do Paraguai (1864-1870) −, tendo os navios da força de Nelson sofrido diversas avarias. Um ataque direto dos navios aos fortes era, pois, irrealizável. A solução seria uma combinação de um ataque por terra, com as tropas vindo de San Fiorenzo, com o bloqueio efetuado pelos navios, impedindo a chegada de reforços e de mantimentos. Os franceses e simpatizantes que fugiram de San Fiorenzo para Bastia se, por um lado, aumentaram o número de pessoal disponível para defesa da cidade, por outro lado, agravaram o problema de abastecimento, pelo aumento do número de bocas para alimentar.

A 23 de fevereiro, os primeiros soldados britânicos vindos de San Fiorenzo surgiram no alto das colinas por trás de Bastia, sob o comando do tenente-general David Dundas. O assalto à Bastia parecia iminente, mas nada aconteceu. Logo os soldados desapareceram da posição estratégica que tinham ocupado.

Uma enorme controvérsia se estabelecera entre o Exército e a Marinha, tendo como pano de fundo, sem dúvida, os desentendimentos havidos em Toulon. Os temperamentos dos dois comandantes contribuíram sobremaneira para agravar as naturais divergências.

Dundas era um escocês alto, magro e ranzinza, sendo os seus maneirismos motivo de diversão para os seus subordinados. Além de indeciso, era extremamente pessimista, esta última característica compartilhada pelo seu principal assessor, o então tenente-coronel John Moore (embora nessa ocasião seu comportamento não tenha sido isento de crítica, mais tarde se cobriria de glória em Corunna). As operações combinadas em San Fiorenzo exarcebaram a crise, pois os marinheiros conseguiram deslocar canhões por vias que o exército considerara absolutamente impossíveis. O ressentimento cresceu quando o Exército acusou a Marinha de se haver apossado de tudo que no porto havia de melhor para ser pilhado.

Hood, apesar de todas as suas inegáveis qualidades, tinha sérias falhas profissionais, como a arrogância e a deliberada desconsideração com a opinião dos outros. O tratamento que dava aos oficiais do exército não era bom, não tendo dado nenhuma atenção às sugestões deles para preparar a evacuação de Toulon, com as péssimas consequências já apontadas. Na Córsega, ele começou a dar ordens aos oficiais de Dundas diretamente, assumindo a posição de comandante supremo e não a de um dos comandantes de uma operação conjunta envolvendo duas forças distintas.

Considerando a admiração acrítica de Nelson por Hood, preferimos citar aqui o depoimento mais insuspeito de outro oficial de marinha, respeitável sob o ponto de vista profissional, Fremantle:

> [...] a conduta arrogante e autoritária de lorde Hood para com Dundas e todo o exército foi de tal ordem que não pode ser aceita por nenhum corpo [de tropa], qualquer que ele seja, principalmente pelo exército que é independente de nós.[8]

O espírito de cooperação, essencial num empreendimento conjunto, desapareceu, comprometendo qualquer possibilidade de êxito. Os oficiais do exército, aprontados e desconsiderados, passaram a resistir ao almirante, não só por acharem que ele estava errado, mas até por simples espírito de corpo. A atitude de John Moore pode ser assim compreendida.

Com a retirada dos britânicos das posições estratégicas dos salientes por trás de Bastia, os franceses logo as ocuparam sem qualquer oposição.

Dundas decididamente recusava-se a atacar Bastia enquanto seus efetivos não fossem substancialmente aumentados. Tendo sido consultado por Hood sobre a viabilidade de um ataque usando somente os meios navais, Nelson – afinal, a consulta se justificava tendo em vista a experiência adquirida após três meses do bloqueio – opinou que a cidade poderia ser facilmente ocupada, levando Hood, "a seu próprio risco", a decidir pelo ataque, ignorando Dundas, que, em represália, renunciou ao comando, viajando para Civita Vecchia. O seu substituto eventual, o brigadeiro-general Abraham D'Aubant, já tinha opinião formada sobre a questão; era do quadro de engenheiros e, portanto, sob o ponto de vista militar, era menos preparado que o seu antecessor e, sob sua liderança, mesmo oficiais que antes apoiavam a operação, agora se opunham a ela. O ressentimento entre o Exército e a Marinha aumentou.

Nelson nunca compreendeu as diferenças entre a guerra no mar e a guerra em terra. A arte refinada do sítio, o uso combinado da infantaria e da cavalaria, a importância da natureza do terreno, eram aspectos do combate terrestre que fugiam da sua percepção. Sem dúvida, tanto em terra como no mar, o conhecimento da força e do dispositivo do inimigo são essenciais, mas Nelson não entendia que em terra é mais fácil mascarar o efetivo e o dispositivo adotado por uma força, escondendo-se por trás de construções ou acidentes do terreno. O otimismo de Nelson baseava-se em algumas suposições: os efetivos em Bastia eram reduzidos (na verdade eles eram muito superiores aos por ele estimados), a população da cidade estava em pânico e pronta para pressionar as autoridades à rendição (suposição que não se revelaria verdadeira) e, finalmente, na competência do seu pessoal (nesse particular, ele estava correto).

O conselho de guerra convocado por Hood a bordo do capitânia, incluindo os oficiais mais graduados das duas forças, terminou em impasse, tendo Hood declarado que, como o exército considerava a tarefa impossível, a marinha agiria só. Determinou ainda que os homens do Exército que haviam sido cedidos à Marinha para atuarem como fuzileiros em Toulon (que ele havia emprestado a Dundas para o ataque a San Fiorenzo), voltariam a ficar sob seu comando direto – praticamente a metade do efetivo do exército na Córsega –, sendo que dois desses oficiais – o tenente-coronel Villettes e o major Robert Brereton – comandariam a força desembarque.

O único auxílio que Hood solicitou foi a cessão de alguns artilheiros e de alguns canhões e suprimentos e, o que pareceu inacreditável para o almirante, esse auxílio foi recusado por D'Aubant. Pressionado, acabou por ceder o mínimo do que foi pedido.

Nelson pediu e obteve permissão para liderar a força de desembarque, tendo a seu lado Villettes, a quem considerava o melhor oficial do exército que conhecera à frente de seus 700 soldados.

As forças de Hood vieram para reforçar o bloqueio. Foi feita inicialmente uma tentativa para a rendição da cidade, sob a garantia de que ela seria poupada da destruição. Sendo a proposta recusada, o ataque teve início no dia 3 de abril. Já na véspera, os guerrilheiros haviam ocupado a torre de Torga, adjacente à área que Nelson e Villettes haviam escolhido para colocar seus canhões, uma elevação a 2.500 jardas da cidadela que dominava o porto – a original "bastilha" que deu origem ao nome da cidade.

No dia 4, ao meio-dia, 8 canhões de 24 e 8 morteiros de 13 polegadas foram retirados do Agamemnon sem problemas, sob a proteção de canhoneiras, e desembarcados na posição escolhida, onde já estavam Nelson e Villettes e sua tropa. Os marinheiros e fuzileiros abriram caminho até as elevações próximas e içaram os canhões para as posições determinadas, cortando os arbustos para fazer plataformas para os canhões e abrigo para os homens. No dizer de Gilbert Elliot:

> Eles passaram grandes correias em torno dos rochedos de frente para o forte, e então prenderam a elas as maiores polias e talhas que puderem encontrar num navio de guerra. Os canhões eram colocados num berço, em forma de trenó, preso a uma das extremidades da talha; a outra extremidade era puxada pelos homens descendo a colina. Para surpresa tanto dos amigos corsos como dos inimigos franceses.[9]

Apenas oito dias mais tarde, as baterias estavam prontas para ação. Essa demora aconteceu devido ao campo ter ficado sob pesado fogo inimigo por dois dias. O fogo foi iniciado à noite, prosseguindo durante todo o dia seguinte. À tarde, o homem que havia sido enviado à Nápoles atrás de morteiros acompanhou Nelson e um guia corso numa expedição para examinar a conveniência de colocar os morteiros numa elevação cerca de mil jardas mais próxima da cidadela. O grupo foi alvo de intenso tiro de metralha, tendo o guia sido morto, o major seriamente ferido e Nelson sofrido "um corte profundo nas costas".

A 19 de maio, 45 dias após o início do bombardeio, Bastia rendeu-se. Não foi tão fácil como Hood e Nelson haviam pensado – no máximo 10 dias – mas foi uma vitória que o exército dizia ser impossível mesmo com os efetivos unidos do Exército e da Marinha. Mesmo sem um ataque pela retaguarda, a cidade foi ocupada, formalizando sua rendição a 22 de maio.

No dia 24, Nelson fez uma entrada no seu diário:

> À luz do dia desta manhã, a visão mais gloriosa que um inglês, e eu acredito que ninguém a não ser um inglês, poderia experimentar. Quatro mil e quinhentos homens abaixando suas armas para menos que mil soldados ingleses. Nossas baixas para tomarmos esta cidade com mais de quatorze mil habitantes, e que quando totalmente habitada poderia conter vinte e cinco mil habitantes, foi a menor que se pode conceber.[10]

É bastante comum Nelson usar o termo "ingleses" ou "Inglaterra" quando o mais correto teria sido "britânicos" ou "Grã-Bretanha". À época, a união da Inglaterra, Escócia e País de Gales já era uma realidade.

Durante o cerco, os britânicos atiraram cerca de 20 mil projéteis, tendo gasto mil barris de pólvora; em termos, foi uma operação "barata", havendo apenas 60 baixas britânicas, entre mortos e feridos. Sete dessas baixas se deram no Agamemnon. Por outro lado, o inimigo sofreu 743 baixas, a maioria por morte, e cedeu 4.500 prisioneiros.

Tentando salvar a face, quando as evidências indicavam a iminência da rendição inimiga, o exército avançou a partir de San Fiorenzo, ocupando as posições elevadas estratégicas que antes havia desprezado, procurando participar de uma vitória para a qual não contribuíra.

No seu relatório para o almirantado, Hood não fez justiça a Nelson. Querendo apoiar um seu protegido – o capitão Hunt –, Hood não só fantasiou sua participação nos combates em terra, mas o enviou com o relatório para a Inglaterra. Nelson provavelmente não reclamou porque pretendia que lhe fosse atribuído um papel relevante no restante da campanha.

O próximo objetivo seria Calvi e, dessa vez, o Exército desempenharia o seu papel. O tenente-general, o honorável Charles Stuart, era o novo comandante. Ele chegou disposto a melhorar as relações com a Marinha, mas logo Hood o antagonizaria, pois, como a maioria dos militares brilhantes – talvez fosse melhor dizer, dos homens brilhantes –, Stuart era temperamental, obstinado e teimoso. Nelson, que teve muito contato com ele, gostava dele e o admirava.

Antes do início da campanha contra Calvi, um fato exigiu a atenção de Hood. O remanescente da esquadra francesa em Toulon, com 9 navios de linha, enganou a divisão naval britânica que, sob o comando do vice-almirante Hotham, havia sido deixada bloqueando o porto, escapando para o Mediterrâneo com destino ignorado.

A suposição lógica era que os franceses finalmente viriam na tentativa de salvar a Córsega. A força de Hood suspendeu a 7 de junho, dia seguinte ao da chegada das notícias, com todos os navios disponíveis, para tentar localizar a força francesa, Nelson, apesar de o Agamemnon já estar carregado com homens e material para o ataque a Calvi, vislumbrando a possibilidade de participar de um combate naval importante, livrou-se dos excessos a bordo – cerca de 200 toneladas de munição – e juntou-se à frota.

A falta de vento não permitiu, porém, que Hood interceptasse os franceses antes que eles se refugiassem no golfo de Jovan, a oeste de Nice, um ancoradouro perto da costa numa forte posição defensiva, protegido por bancos de areia e baterias de terra. Quando chegou à área, em 10 de junho, já acompanhado pelos sete navios de linha de Hotham, Hood imaginou interpor seus navios entre a costa e os navios franceses fundeados, mas teve de reconsiderar devido aos enormes riscos envolvidos. Deixando alguns poucos navios para observar os franceses, Hood regressou à Córsega para o bloqueio de Calvi, com base em San Fiorenzo.

Nelson foi direto para Bastia para recolher o material que havia deixado lá, partindo depois para San Fiorenzo, escoltando um comboio de navios de abastecimento e de transporte, num total de 22 navios, com 1.450 oficiais e praças do exército, lá chegando a 15 de junho, ainda antes da chegada de Hood. Apresentou-se ao novo general e, para alegria deste, que ansiava por ação, declarou-se pronto para iniciar as operações contra Calvi, antes mesmo da chegada de Hood. O Agamemnon, juntamente com o Dolphin e o Lutine, escoltando os transportes com as tropas, partiu para Calvi, onde chegou no dia 16.

A posição de Calvi intimidava a quem chegava. A oeste da cidade ficava o cabo Revellata, ao passo que para o norte e leste a cidade se confrontava com uma grande baía, embora de águas rasas. Do lado do mar, as defesas de Calvi eram formidáveis, com uma grande muralha de concreto e uma poderosa cidadela, que tornavam impossível qualquer ataque vindo do mar.

Ao fundo, a cidade estava envolvida por montanhas, com picos agudos e íngremes, supostamente inacessíveis; uma rede de fortes e baterias se espalhava na sua retaguarda, para oeste e sudoeste, cobrindo a aproximação da cidade pela retaguarda.

O forte mais ao norte dessa rede de fortificações era o San Francesco, onde 3 canhões de 18 (ou 24) reluziam ameaçadoramente de uma rocha batida incessantemente pelo mar. O principal elemento do sistema defensivo era o forte Mozello, um pouco mais ao sul; cerca de 650 jardas a oeste de Calvi, o forte tinha a forma de um pentágono, com suas cinco faces de pedra, muito reforçadas, com 10 canhões, envolvendo uma bateria elevada de 4 canhões, à prova de bomba, dominando qualquer aproximação tanto por terra como por mar. À direita, um pouco ao norte, o forte era apoiado por uma velha torre armada com obuseiros e por uma bateria Fountain, com 6 canhões de 18 colocados no cavado da montanha.

Num rochedo íngreme, a leste do forte Mozzollo, a cerca de 2.200 jardas a sudoeste de Calvi, ficava o forte Mollinochesco, com um canhão de 18 e outros menores, que protegia as comunicações da cidade com o interior.

A baía estava guarnecida com 1 canhoneira e as 2 fragatas remanescentes do esquadrão que Nelson havia enfrentado.

A guarnição de Calvi era, porém, inferior à de Bastia: um batalhão de infantaria ligeira, diversas companhias de granadeiros provençais, as guarnições das duas fragatas, totalizando 1.200 homens. A cidade dispunha de pouca munição e gêneros, mas a moral era elevada entre os habitantes que consideravam as defesas da cidade inexpugnáveis.

A primeira preocupação de Nelson foi a procura de um local adequado para o desembarque. Enfim, foi selecionado Porto Agro, 3 a 4 milhas a sudoeste da cidade. Embora perigoso para os navios, sem lugar adequado para o fundeio, com rochas quase a flor d'água, foi o ponto escolhido. Era um lugar traiçoeiro, com fortes ventos que levantavam grandes ondas que estouravam sobre os rochedos. Os navios tinham que ficar longe, cerca de 1 milha e os escaleres, carregados com soldados, artilharia e equipamentos, tinham de ser rebocados por barcos a remo. Apesar de todas as dificuldades, já na manhã do dia 19 de junho, apenas três dias após a chegada à Calvi, todos os 1.600 homens estavam em terra, bem como a artilharia, as tendas e equipamentos.

O fator surpresa era a chave do plano desenvolvido por Stuart e por Nelson. O desembarque em Porto Agro permitiria o ataque à cidade pela retaguarda, desde que a montanha fosse escalada, levando-se os canhões. Os franceses haviam eliminado a possibilidade de um ataque vindo dessa direção – num conselho de guerra realizado na cidade um oficial engenheiro convenceu a todos os presentes que nenhum canhão podia ser transportado por esse caminho – e nenhum sentinela foi colocado em Porto Agro.

A inacreditável façanha foi, porém, realizada pelos marinheiros do Agamemnon, só que dessa vez com auxílio dos soldados e, mais tarde, de marinheiros de outros navios. Os canhões foram empurrados ladeira acima pela força dos homens, já que as polias e roldanas não funcionaram. Por sugestão de Stuart, cerca de 100 homens, guarneceram a cada um dos 4 cabos presos a cada canhão, os puxaram ladeira acima com pleno êxito. Numa luta inclemente, dia e noite, os canhões de 26, 24 e 18, os morteiros e obuseiros foram puxados até o novo acampamento básico, situado a mil pés acima do nível do mar até a Madonna, um relicário entre os rochedos de La Macarona, logo ao sudoeste do perímetro defensivo da cidade. O mau tempo constante, tornando os caminhos escorregadios, fazia a tarefa ainda mais difícil. Stuart e Nelson dirigiram pessoalmente o trabalho e ambos foram incansáveis. A má vontade de Moore com Hood, associada às dificuldades da campanha, fez os ânimos mais uma vez se exaltarem e Nelson, como intermediário entre os dois chefes, tudo fez para reconciliar o almirante e o general.

Até o fim de junho, Nelson havia disposto 2 baterias – cada bateria consistia de um conjunto de canhões; uma das baterias, conhecida como bateria da montanha, foi colocada a 1.500 jardas ao sudoeste do forte Mozzello e a 1.000 jardas a noroeste do forte Mollinochesco, ameaçando a ambos. A segunda bateria estava nas proximidades do cabo Ravellata, aos cuidados do jovem Moutray, agora protegido de Hood.

Em 3 de julho foi terminada a montagem de uma terceira bateria, que, já no dia seguinte, atirava contra o Mollinochesco. A principal função dessa bateria era dar cobertura aos homens que iam estabelecer a quarta bateria – com quatro canhões de 26 e 2 e 24 – a mais importante de todas, situada estrategicamente para atacar o Mozzello. A primeira tentativa de instalar a quarta bateria fracassou, mas a segunda, na tarde do dia 6, teve êxito, ficando a 750 jardas do forte. A sua instalação levou, porém, mais tempo do que se esperava, de modo que, ao nascer do dia, apenas um dos canhões estava instalado. Surpreendidos com uma bateria tão próxima, o forte abriu fogo contra ela ferindo alguns homens e matando um oficial. Logo que ficou pronta a bateria engajou simultaneamente com o Mozzello, a bateria Fountain e o forte San Francesco.

No dia 7 de julho, os franceses abandonaram e queimaram o forte Mollinochesco. A posição privilegiada dessa quarta bateria atraiu sobre ela o fogo do Mozzello.

No dia 12 de julho, Nelson foi ferido. Um tiro fortuito atingiu um saco de areia da bateria onde Nelson se encontrava, voando pedra e areia em todas as direções. Um dos fragmentos atingiu Nelson próximo ao olho direito, deixando seu rosto ensanguentado. Retirado da bateria, já no dia seguinte estava de volta, com uma bandagem cobrindo a vista ferida. Não se sabe ao certo o que ocorreu; a oftalmologia ainda engatinhava, mas acredita-se que ele tenha sofrido um deslocamento de retina que não teria sido tratado convenientemente. Breve se constataria que a perda da visão do olho direito seria total e definitiva, sem no entanto deixá-lo desfigurado.

Apesar dos esforços de Nelson de fazer o almirante e o general colaborarem para a obra comum, os desentendimentos entre eles continuavam. O general mostrava-se insaciável nas suas exigências – mais homens, mais canhões, mais munição – e achava que a Marinha não estava dando o apoio que ele julgava indispensável. As más condições atmosféricas e as difíceis condições do fundeadouro em Porto

Agro tornavam o trabalho da marinha quase impossível, com os navios tendo que se afastar para não serem jogados contra a praia. O general, que nada entendia dos problemas navais, via má vontade no atendimento de seus pleitos. Ele também não percebia que a força de Hood, desfalcada de homens por efeito dos combates e das doenças, tinha enormes deficiências nesse terreno – poucos dos navios de 74 canhões tinham mais de 400 homens na tripulação. Faltavam velas, cabos e material para a manutenção dos navios, e a condição de navegabilidade da maioria deixava a desejar.

Em meados de julho, o bombardeio britânico já havia posto fora de ação muitos canhões do forte Mozzello e da bateria Fountain. O fogo quase que só era respondido pelo forte de San Francesco e pelas baterias da cidade. Nelson montou um obuseiro na bateria britânica com a missão de atirar a cada três minutos contra os franceses, durante toda a noite, para impedir que pudessem consertar os seus canhões.

Chegara a hora de atacar Mozzello, a partir da bateria avançada.

Na escura noite de 18 para 19 julho, os britânicos ocuparam a bateria. Fountain, que já havia sido abandonada pelos franceses. Desse ponto, passaram a bombardear San Francesco.

A coluna comandada por Nelson, conduzindo dois canhões de 26 e um morteiro, estabeleceu uma nova bateria, no local escolhido por Stuart, para proteger as tropas que avançariam contra o forte. A nova bateria estava em posição às 1h30 do dia 19. Essa coluna avançou então contra o forte que logo se rendeu, com poucas baixas de ambos os lados. No dia seguinte, porém, as tropas na bateria Fountain sofreram em ataque que deixou muitos feridos e um oficial morto. Os franceses, porém, abandonaram o forte de San Francesco.

Os britânicos agora ocupavam todas as principais posições defensivas a oeste e sudoeste de Calvi. No dia seguinte à queda de Mozzello, Stuart propôs a rendição da cidade, o que foi recusado pelos seus defensores.

Face à recusa, os britânicos reagruparam sua artilharia – 32 canhões – para o ataque à cidade. A 28 de julho o reposicionamento estava pronto, mas, devido a pouca munição disponível, Stuart ofereceu mais uma vez negociar. Os franceses pediram 25 dias de tolerância, mas os britânicos propuseram 11 dias. No dia 29, entretanto, alguns barcos com suprimentos conseguiram vencer o bloqueio e os franceses sentiram-se com condições de resistir, recusando a nova proposta. A 30 de julho recomeçou o bombardeio da cidade, contra alvos militares, mas também civis.

No dia 1° de agosto foi içada a bandeira branca em Calvi sendo a rendição oficializada no dia 10. Renderam-se aos britânicos 300 soldados franceses, 247 corsos e mais de 300 marinheiros dos navios fundeados na baía; no hospital da cidade havia 317 doentes ou feridos em combate. Mais tarde, cerca de 400 civis se juntaram aos soldados para serem repatriados ou se refugiaram na França.

Os britânicos capturaram 106 peças de artilharia, mais de 8 mil tiros, as 2 fragatas, 1 canhoneira, 2 navios mercantes e diversos barcos de pequeno porte.

Para os padrões da época, e levando-se em conta o vigor dos combates, as baixas não foram exageradas de nenhum dos lados. Os britânicos sofreram 91 baixas, sendo 30 mortos e os demais feridos, e os franceses tiveram ao todo 80 baixas, entre mortos e feridos.

Como era comum na época, a maior parte das baixas foi devido às doenças. Nelson, como usual, não espaçou, mas, uma vez mais, pôde se reerguer. Nas suas próprias palavras:

> Todas as existentes doenças me atacaram, mas eu não sou resistente o bastante para elas permanecerem comigo. Eu sou aqui o choupo entre os carvalhos: eu me inclino diante do temporal; mas o vigoroso carvalho é derrubado.[11]

No final de outubro, Nelson tinha perdido 50 homens de seu navio por doença.

Na pequena capela de San Fiorenzo, existe ainda hoje uma placa deixada por Nelson em memória da James Moutray, morto na Córsega de febre, o filho de Mary, a mulher que nas Índias Ocidentais havia impressionado tanto Nelson como o amigo Collingwood.

A vitória britânica na Córsega deveu-se à determinação de Hood, principalmente nos estágios iniciais, à extraordinária capacidade de liderança de Stuart em Calvi, mas, sem sombra de dúvida, durante toda a operação, a atuação de Nelson foi o fator determinante. Curiosamente, até aquele momento de sua vida, as maiores proezas de Nelson, apesar de ser marinheiro, tinham sido em operações em terra, na Nicarágua e na Córsega. Apesar disso, nem Hood nem Stuart lhe fizeram inteira justiça e, talvez por essa razão, ele se dava com empenho à autopromoção.

Notas

[1]   Citado por Admiral Alfred Thayer Mahan, *The Life of Nelson*, London, Sampson Low Marston, 1897.
[2]   John Sugden, *Nelson: A Dream of Glory, 1758/1797*, London, Jonathan Cape, 2004, p. 421.
[3]   Idem, p. 422.
[4]   Idem, p. 425.
[5]   Idem, p. 439.
[6]   Apud Mahan, op. cit.
[7]   Apud Sugden, op. cit., p. 461.
[8]   Idem, p. 471.
[9]   Carola Oman, *Nelson*, London, Hodder and Stoughton, 1954, p. 144.
[10] Sugden, op. cit., p. 494.
[11] Idem, p. 517.

EXPULSOS DO MEDITERRÂNEO
setembro de 1794 a janeiro de 1797

A vitória britânica na Córsega não mudou o quadro geral da guerra, cada vez mais favorável à França. Nos últimos meses de 1794, a situação da coligação antirrevolucionária estava bastante precária. No norte, as forças combinadas da Grã-Bretanha, Áustria e Holanda tinham sido expulsas da França e da Bélgica, e as Províncias Unidas estavam na iminência de se render. A leste, a Áustria e a Prússia tinham se retirado para a margem afastada do Reno e a Prússia estava prestes a abandonar a coligação, o que ocorreria nos primeiros meses do ano seguinte, seguida pela Holanda. Ao sul, os exércitos franceses tinham alcançado sucesso ainda maior, atravessando os Pirineus e invadindo a Espanha, que, com seus exércitos derrotados, logo entraria em negociação com a França, pouco após a retirada da Prússia e da Holanda da coligação.

Diante desse quadro, era inevitável que as operações contra a Itália crescessem, já que grande número de soldados ficaria liberado das demais frentes, ainda mais porque os austríacos, embora mantivessem a luta na Alemanha, tinham desistido de suas pretensões noutros lugares com exceção da Itália.

A situação político-militar na península italiana passava, assim, a ser matéria do máximo interesse. Na região dos Alpes Marítimos e no vale do Pó, a guerra estava presente, pois o Piemonte, como parte do reino da Sardenha, fazia parte da coalizão, bem como os ducados de Milão e Mântua, pertencentes à Áustria. Os pequenos estados nos quais a Itália central e norte estavam divididas – Veneza, Gênova, Toscana, os Estados Papais etc. – procuravam manter uma neutralidade formal diante das grandes potências em conflito, posição difícil pela contínua pressão da França e dos países da coalizão.

A posição de Gênova era a mais delicada porque tinha fronteiras diretas tanto com a França como com a Áustria, mas, na situação prevalecente, com a França levando vantagem no conflito, a tendência era que ela se inclinasse para os franceses, ainda mais em virtude dos empréstimos que havia feito com a França e os estreitos laços comerciais entre os dois países. As relações com a Grã-Bretanha eram bem menos estreitas, tendo ficado abaladas quando Hood, irritado pelo fracasso genovês em impedir que os franceses atacassem os navios mercantes britânicos nas águas territoriais de Gênova, tinha enviado uma força naval para o mar da Ligúria e, desprezando a neutralidade genovesa, determinado a captura de uma fragata francesa fundeada na baía de Gênova e o bloqueio do porto.

O território genovês ao longo da Riviera incluía Ventimiglia, na fronteira com Nice e Vado Bay, o melhor ancoradouro entre Nice e Gênova e para oeste, o golfo de Spezia.

A ocupação da Riviera era de particular importância para os franceses por ser o caminho para Itália, que apesar de ruim, era melhor do que o pelos Alpes Superiores. O domínio da Riviera representaria para os franceses o domínio de uma dupla via de comunicação, podendo suprir o seu exército, disposto ao longo dessa via à beira-mar, tanto por terra como por mar, nesse caso usando pequenas embarcações costeiras partindo de portos neutros. A ocupação da Riviera e o controle dos Alpes Marítimos e dos Apeninos abria a possibilidade de os franceses, lançando-se pelos passos dessas cadeias de montanha, atacarem as tropas do Piemonte (o que, aliás, Napoleão poria em prática mais tarde).

Esse raciocínio levou os franceses a ocuparem Nice, então de posse da Sardenha e, portanto, em guerra com a França, mas também Vado Bay, ferindo a neutralidade de Gênova que protestou apenas para salvar as aparências, pois seu comércio saía beneficiado, já que seus navios, saindo dos portos da Toscana, imediatamente a sudoeste, abasteciam tanto o sul da França como o Exército francês ao longo da Riviera.

Esse abastecimento era essencial para a França. Ele tinha origem na Sicília e na costa da Barbária. Para burlar o bloqueio inglês, os suprimentos saíam dos portos de origem em grandes navios com bandeira de países neutros que se dirigiam para

Livorno (Leghorn) ou Gênova, portos também neutros, passando então para embarcações pequenas que, navegando coladas a costa, iludiam a vigilância britânica. Como o sul da França dependia também do recebimento de grãos, pois o sul da França não tinha grãos suficientes para abastecer o Exército, a via de suprimento marítima era essencial.

A falha de Hood em destruir todos os navios franceses quando teve de abandonar Toulon, no ano anterior, obrigava os britânicos a bloquear tanto esse porto como o golfo Jouan (que abrigavam os navios franceses), deixando um efetivo bem menor para fiscalizar a Riviera.

Gestões junto à Gênova eram, portanto, indispensáveis para garantir pelo menos um ponto de apoio próximo à área que deveria ser fiscalizada.

A movimentação dos exércitos franceses para leste, ao longo da Riviera, já em território genovês, parecia indicar que o general Bonaparte, logo após o inverno, se lançaria contra Gênova e os demais estados italianos. A ideia britânica era, com ajuda dos seus aliados austríacos e sardo-piemonteses, interpor-se entre os franceses e Gênova. Antes que os franceses ocupassem Savona para lá passarem o inverno, os austríacos se anteciparam a eles. A hora parecia correta para refazer as pontes entre a Grã-Bretanha e Gênova e, como Nelson já havia revelado suas qualidades diplomáticas na missão em Nápoles, Hood o enviou à Gênova, com carta para o ministro plenipotenciário britânico, sir Francis Drake.

A 19 de setembro, Nelson chegou a Gênova. Como Drake não se encontrasse lá, o cônsul britânico levou-o, no dia seguinte, ao doge. Bem recebido, Nelson assegurou ao genovês que respeitaria a neutralidade da cidade. No dia 24, Hood chegou com o restante dos navios, mas Drake só chegou no dia 25. Foi quando os genoveses receberam a notícia de que os franceses haviam ocupado os seus fortes em Vado Bay, 40 milhas a sudoeste de Gênova. Assustados com as novas, os genoveses não se comprometeram com os britânicos, e, conforme vimos, protestaram sem veemência contra os franceses, já que o arranjo lhes convinha financeiramente.

Nelson foi informado de que Hood regressaria para a Inglaterra e que não o acompanharia, pois nenhum navio podia ser dispensado do Mediterrâneo, em razão do crescente poderio da força francesa. Embora Nelson acreditasse não ter recebido de Hood o tratamento que julgava merecer, sentiu a sua partida, pois continuava a respeitá-lo. Por seu lado, Hood admirava o jovem capitão, um oficial de excepcional habilidade, cujas opiniões ele aprendera a levar em consideração. Ambos compartilhavam da crença na "Batalha decisiva", aquela em que o inimigo é completamente derrotado, tendo seus navios destruídos ou capturados, além de acreditarem que os franceses, mesmo com superioridade numérica, eram inferiores aos britânicos tanto nas táticas como na competência na manobra.

Em 30 de setembro, o Agamemnon partiu para o golfo Jouan para se juntar à esquadra que, já sob o comando do vice-almirante Hotham, a bordo do Britannia bloqueava os navios franceses que lá se encontravam.

Pouco depois, em 18 de novembro, o desgastado navio comandado por Nelson abandonou o bloqueio, dirigindo-se para Livorno (Leghorn) para realizar alguns reparos indispensáveis, e para repouso da guarnição, ainda com muitos doentes a bordo. Para Nelson, porém, era um período de inação, totalmente contrária ao seu temperamento. Ele temia que os franceses deixassem os seus abrigos durante a sua ausência para enfrentar a esquadra britânica.

Nesse momento, apareceu em cena Adelaide Correglia. Possivelmente, Nelson a encontrou por meio de Fremantle, de quem já falamos, sete anos mais jovem que Nelson e que, mais tarde, desempenharia um papel importante na vida de Horatio. Embora acusado de ser um disciplinador muito severo, Fremantle era um profissional de primeira classe. Muito mulherengo, deixou notas sobre seu relacionamento com mulheres e também de seus pares, inclusive Nelson.

Pouco se sabe sobre Adelaide. Provavelmente era liguriana, o que, se verdadeiro, leva a acreditar que era do tipo pequeno, cabelos e olhos negros, muito comum na região. Sua mãe morava em Gênova e ela em Livorno, provavelmente para onde foi depois de casada, tendo lá enviuvado ou sido abandonada pelo marido. Alguns autores, entre eles Sugden, acreditam que ela era uma espécie de "garota de programa", que entretinha cavalheiros e oficiais, abundantes na cidade. Ela manteve uma casa para Nelson em Livorno, onde ele recebia amigos oficiais, por 18 meses ou um pouco mais. A esposa Fanny nunca soube desse caso em toda sua vida.

Quando o Agamemnon ficou pronto, em dezembro de 1794, chegou a Livorno a esquadra comandada por Hotham, lá permanecendo até 21 de dezembro quando do todos partiram para San Fiorenzo, aonde chegaram em 9 de janeiro de 1795, permanecendo até 7 de fevereiro. De lá voltaram para Livorno, em patrulha que se prolongou até 24 de fevereiro.

O número de doentes nos navios era enorme. No Agamemnon, cerca de 40 estavam no hospital, havendo a bordo outros 100, sem força ou ânimo para qualquer coisa. Com as guarnições reduzidas – o navio de Nelson tinha menos 100 homens do que a guarnição normal – o trabalho era excessivo e extremamente penoso.

No dia 8 de março chegaram as notícias que Nelson esperava: a esquadra francesa, constituída por 15 navios de linha e diversos navios menores, estava no mar e, muito provavelmente, com a missão de reconquistar a Córsega. De fato, a frota inimiga, sob o comando do contra-almirante Pierre Martin, incluía o Sans-Culotte, um gigante de 120 canhões, e mais 3 navios de 80 canhões, transportando 7 mil soldados e equipamento de sítio para a invasão da ilha. Pelo planejamento francês, mais 1.800 homens deveriam seguir o mesmo destino, embarcados em 130 navios de transporte, tão logo fosse conquistada uma cabeça de praia.

Já no dia 9, os britânicos suspenderam de Livorno (Leghorn), com 14 navios de linha, para interceptar os franceses antes que chegassem à Córsega. Diversos oficiais da força britânica teriam papel relevante na vida de Nelson mais tarde, inclusive Fremantle, no Inconstant. No futuro, ele faria parte do "bando de irmãos" de Nelson.

Apercebendo-se da presença britânica, no dia 10, os franceses, para evitar um encontro que temiam, decidiram regressar para Toulon. Hotham içou o sinal de caça geral, às 12h, liberando os navios para perseguiram o inimigo, da maneira que pudessem.

Mesmo durante a perseguição, Nelson pode redigir uma nota para a esposa:

> As vidas de todos estão nas mãos d'Ele, que sabe melhor se as preserva ou não, e eu me submeto à vontade d'Ele. Meu caráter e meu bom nome só dependem de mim. Deve-se temer viver em desgraça. Deve-se invejar uma morte gloriosa e se algo me acontecer, lembre que a morte é uma conta que todos têm de pagar e, ocorra agora ou dentro de alguns anos, é pouco importante.[1]

Após a perseguição, que durou cerca de cinco horas e meia, a caçada foi interrompida, pois os franceses ganharam terreno, se afastando da força britânica. Voltando ao seu dispositivo normal, a força britânica retornou a perseguição. Na manhã do dia 12, os navios de Hotham, divididos em dois grupos, estavam a cerca de 10 milhas a leste da força inimiga. O grupo mais próximo dos franceses, com apenas seis navios, incluía o Agamemnon. Era uma excelente oportunidade para os franceses se interporem entre os dois grupos e então se voltarem contra o mais fraco. Como a destruição da força britânica era indispensável para o almirante francês cumprir sua missão – o desembarque e reocupação da Córsega –, essa oportunidade não poderia ser perdida. Aparentemente eles tentaram; contudo, por falta de competência marinheira, fracassaram. Isso se explica, pois com a revolução, os melhores homens deixaram a Marinha, abrindo caminho para a ascensão de pessoal menos qualificado. O almirante Martin, por exemplo, apenas há dois anos era um simples tenente, havendo ascendido, em parte pelo menos, por seu jacobinismo. Os poucos profissionais existentes não conseguiam formar equipes eficientes, faltando aos homens da Marinha francesa habilidade, experiência, disciplina e confiança.

Não tendo sido aproveitada a excelente oportunidade para um ataque francês, Hotham pôde reorganizar sua força, no entanto o vento não ajudou a aproximação, e mais um dia se passou sem combate.

A 13 de março, a situação mudou. Às primeiras luzes do dia foi içado mais uma vez, pelo capitânia britânico, o sinal de caça geral. Lá pelas 8h da manhã, um incidente favoreceu os britânicos: dois navios franceses de 80 canhões, o Ça Ira e o La Victoire, colidiram. O Ça Ira era o terceiro navio de trás para diante na linha francesa e atingiu a popa do La Victoire, perdendo os mastros de vante e principal, que caíram a sotavento, a bombordo, os mastros e as velas atuando como um freio ao avanço do navio, apesar dos esforços de toda a tripulação para se livrar dos destroços. O navio, adernado para bombordo, foi ficando para trás e, em razão do adernamento, os canhões do convés inferior ficaram impossibilitados de atirar.

O Ça Ira era o maior navio de dois conveses do mundo, tão grande que poderia levar o Agamemnon no seu porão. Com 84 canhões − os canhões do convés inferior eram de 36, equivalentes ao 39 britânicos − era um formidável oponente. Nelson só dispunha de 64 canhões, o maior de 24. O uso pelos franceses do tiro incendiário (*hot shot*) era outra vantagem. A proximidade do Sans-Culotte e do Jean Bart, de 74 canhões, dava uma proteção aparentemente considerável para o navio avariado.

A pequena fragata Inconstant, de Fremantle, estava à frente e, ignorando todas as vantagens do francês, com arrojo aproximou-se do Ça Ira por bombordo, aproveitando-se do adernamento do barco inimigo, e atirou com todos os canhões de seu bordo. Adiante, inverteu o rumo e atirou com todos os canhões de seu outro bordo. Para que não houvesse dificuldades com o armamento, Fremantle lançou ao mar todos os animais que transportava para alimento de seus homens. A resposta do Ça Ira, apenas com os canhões do convés superior e apenas uns poucos do inferior, foi, ainda assim, terrível, destruindo os mastros e velas da fragata.

Nesse meio-tempo, a guarnição do francês conseguiu se desvencilhar dos destroços, voltando o navio à posição normal, sem banda, podendo fazer uso de toda sua bordada. Apesar disso, Fremantle, com extraordinária coragem, avançou para uma terceira bordada. Atingido, porém, pelo inimigo e pela fragata Vestale, que se preparava para rebocar o Ça Ira, a Inconstant, com sério rombo no costado e 17 baixas a bordo, abandonou a luta. Nesse momento, o Agamemnon tinha encurtado a distância e avançou para o ataque, com o restante da força britânica ainda muito distante. A tripulação de Nelson guarneceu postos de combate com eficiência e presteza, jogando ao mar os novilhos que, aos berros, demonstravam todo o seu desespero. Na ocasião, o Sans-Culotte e o Jean Bart procuravam se aproximar para ajudar o Ça Ira, a reboque pela Vestale.

Às 10h20, o Agamemnon já estava à distância de tiro do Ça Ira, mas Nelson sustou o fogo, querendo chegar o mais próximo possível do adversário. Este só podia atirar contra seu perseguidor com os seus seis canhões de popa, conseguindo mesmo assim abrir buracos nas velas do Agamemnon e avariar seus mastros e velas.

Como sempre, os tiros do navio francês procuravam atingir as velas e mastros do inimigo, como forma de diminuir sua velocidade e interromper a perseguição. O número de tiros que errava o alvo, passando por sobre o navio e caindo n'água, porém, era grande. Essa luta unilateral continuou por mais 25 minutos, quando Nelson manobrou de modo a deixar o Agamemnon perpendicular à direção do avanço, podendo usar, portanto, todos os canhões de seu bordo contra a popa do francês. Possivelmente, os artilheiros britânicos do navio de Nelson eram os melhores da frota do Mediterrâneo, já que vinham se exercitando intensamente, tanto em terra como no mar, de modo que seu tiro era rápido e preciso. Além do mais, Nelson, para aumentar o efeito de seus tiros, determinou o uso de carga dupla – dois projéteis em cada tiro do canhão –, só possível em razão de o tiro ser praticamente à queima-roupa e a imprecisão decorrente da carga dupla, nessa circunstância, não importar. Os tiros contra a popa e a alheta do navio – parte entre o espelho de popa e o costado – destruíram tudo nas cabines de ré, atirando farpas de madeira e estilhaço de vidro por toda parte, bem como, com enorme força, varreram os conveses, arrancando os canhões de seus berços, matando e ferindo homens. Após o primeiro disparo, Nelson manobrou de modo a oferecer o outro bordo para o Ça Ira, e dar outra bordada, no mesmo lugar, com efeitos devastadores. Preso ao reboque, o Ça Ira não podia usar a sua bordada contra o Agamemnon, de modo que Nelson ficou repetindo a mesma manobra. Os tiros de popa do Ça Ira foram ficando cada vez mais erráticos. Semidestruído, com mortos e feridos espalhados por toda parte, o navio parecia perdido.

Às 13h, a fragata que rebocava o Ça Ira finalmente manobrou com o rebocado, fazendo-o apresentar o bordo para o Agamemnon e usar a sua bordada. A curta distância, os dois navios trocaram tiros furiosamente. O fato de os franceses atirarem alto salvou Nelson. Apesar de ter seus mastros, velas e aparelhos seriamente danificados, o Agamemnon praticamente não teve seu casco atingido, no entanto, teve de desengajar momentaneamente para logo voltar ao ataque. Durante a manobra, o Agamemnon continuou a atirar com os canhões de ré, mantendo o inimigo sob fogo quase contínuo graças à competência de seus artilheiros. O Sans-Culotte e o Jean Bart finalmente se aproximaram e Hotham sinalizou para Nelson desengajar, já que os demais navios britânicos ainda estavam longe para intervir.

Nelson teve sete baixas (três vieram a morrer) e o Ça Ira, 110. No dia seguinte, o Ça Ira, ainda muito avariado, continuou a reboque e o Agamemnon, tendo passado a noite inteira reparando as suas avarias, já voltara à formatura. Nesse dia, a batalha recomeçou.

O Ça Ira, agora sendo rebocado pelo Censeur, também com mil homens a bordo, foi ficando para trás e a força britânica pôde se aproximar dos dois navios, na esperança de capturá-los e de, talvez, atrair o resto da força francesa na tentativa de salvá-los.

A atitude francesa correta seria manobrar para interpor a sua força principal entre os seus dois navios em dificuldade e a força britânica. Como não o fizeram, a vanguarda britânica alcançou os navios avariados, atirando com os canhões de boreste contra eles e com os de bombordo, à distância bem maior, contra o restante da força francesa.

O Bedford e o Captain, ambos de 74 canhões, os dois navios mais da vanguarda britânica, logo, porém, ficaram fora de combate, dando margem para que outros três britânicos de 74 – o Illustrious, o Courageous e o Princess Royal – acompanhados do Agamemnon se aproximassem para o ataque. Às 11h, os dois navios franceses se renderam após cerca de três horas de punição. O almirante Goodall, a bordo do Princess Royal deu ordem a Nelson para tomar posse dos navios apresados, içando o pavilhão britânico.

Os navios franceses lutaram bravamente, vendendo caro a derrota. O Illustrious teve seus mastros, vergas, velas e aparelhos avariados; seu mastro principal caiu, carregando na queda o mastro de mezena, e teve 90 baixas. O Courageous perdeu também dois de seus mastros e teve o outro avariado, com 48 baixas, tendo de ser rebocado pelo Inconstant.

O restante da força francesa, após trocar alguns tiros com o Illustrious e o Courageous e, a maior distância, com o Princess Royal afastou-se definitivamente.

Os franceses tiveram cerca de 800 baixas, entre os dois mil homens a bordo dos dois navios, sendo que 450 foram do Ça Ira, nos dois dias de combate.

Apesar das avarias, o Agamemnon pode rebocar em triunfo o Censeur. Nesse segundo combate, o Agamemnon teve mais sete homens feridos, mas não sofreu avarias consideráveis como outros navios britânicos.

Nelson reclamou de Hotham não ter determinado a perseguição da frota francesa, no entanto tudo indica que o vento fraco não permitiu a caçada. Apesar dos reforços recebidos por Martin, que haviam elevado o efetivo de sua força para 20 navios de linha, Nelson tinha a convicção de que os 14 de Hotham, que incluíam dois genoveses, eram suficientes para derrotar os franceses.

Os franceses retiraram-se para as ilhas Hyères e Toulon e os britânicos para San Fiorenzo e Livorno (Leghorn).

Em 15 de junho de 1795, chegou ao Mediterrâneo uma força britânica, comandada pelo contra-almirante Robert Man, a bordo do Victory, constituída por sete navios de linha. Lorde Hood estava pronto para regressar ao Mediterrâneo e reassumir seu comando, mas pediu demissão devido a um desentendido com o almirantado por discordar do enfraquecimento da frota naquela região. Ele nunca mais embarcaria.

Nessa ocasião os austríacos e os piemonteses obtiveram algumas vitórias na Riviera, tendo os austríacos, entre outras coisas, retomado Vado Bay. Entretanto, logo a Espanha faria a paz com a França, o que liberaria mais soldados franceses para a frente da Riviera, o caminho natural para a Itália. A esperança austríaca era que, ou os sardos por terra ou os britânicos por mar, interrompessem o abastecimento dos franceses, obrigando-os a se retirar.

No início de julho, Nelson recebeu a missão de dar apoio naval ao exército austríaco na costa da Riviera e tentar impedir que os franceses fossem reabastecidos pelo mar. A 4 de julho de 1795, o Agamemnon, acompanhado das fragatas Ariadne e Meleager, da escuna Moselle e do cúter Motine, partiu para Gênova. A indicação de Nelson para essa nova missão foi feita pelo almirante Goodall a Hotham. Em Gênova, o Inconstant, do admirável Fremantle, e o Southampton reforçariam a força comandada por Nelson.

Não seria dessa vez, entretanto, que Nelson chegaria a Gênova. No dia 6, a Ariadne avistou velas, se deslocando de oeste para o norte. Logo apareceram duas fragatas, possivelmente reconhecendo a força britânica. Com a aproximação, 15 velas foram avistadas por Nelson. A esquadra de Martin, com 17 navios de linha e 6 fragatas, estava no mar.

Na manhã seguinte, quatro navios grandes, arvorando a bandeira da Espanha, apareceram com rumo para os navios de Nelson. Este, porém, não se deixou enganar, reconhecendo-os como franceses. Ordenou, então, a fuga dos navios que o acompanhavam, enquanto rumou com o Agamemnon, com os franceses em seu encalço, para San Fiorenzo, com o propósito de alertar Hotham da presença do inimigo. Foi perseguido durante 24 horas, até a sua chegada em San Fiorenzo, com os seus canhões disparando para alertar Hotham da aproximação francesa. Enquanto os britânicos freneticamente suspendiam, os franceses desapareciam. À noite, a força comandada por Hotham, a bordo do seu capitânia o Britannia, acompanhado de mais 22 navios de linha, entre os quais o Victory, com o almirante Man, e o Princess Royal, com Goodall, perseguia a força do almirante Martin.

Em 12 de julho, os franceses foram avistados ao sul das ilhas Hyères e a perseguição teve início. Na manhã seguinte, os navios franceses, procurando evitar o confronto, buscavam proteger-se em Fréjus Bay, bem próximo de terra. Às 8h da manhã, Hotham deu a ordem de caça geral, determinando que cada navio procurasse engajar o inimigo mais próximo.

A vanguarda britânica – o Victory, o Captain, o Agamemnon, o Cumberland, o Defence e o Culloden – constituída pelos seis navios mais rápidos e mais bem comandados, chegou ao meio-dia à distância de tiro da retaguarda francesa. A ação teve início, e logo a falta de vento impediu que tivesse continuidade, não antes que o Alcide, um 74 francês, por volta das 14h, arriasse a bandeira. Antes que qualquer guarnição de presa fosse enviada, o navio explodiu com a perda de 400 homens.

Os franceses chegaram a Fréjus Bay, onde se colocaram bem próximo a terra, protegidos por baterias, de modo que a aproximação dos britânicos seria uma operação de alto risco. Mesmo assim, o Cumberland e o Agamemnon investiram contra o antigo navio britânico Berwick, anteriormente capturado pelos franceses. A ordem de Hotham para que desengajassem fez com que ação fosse interrompida.

Hotham foi muito censurado, especialmente pela oficialidade dos navios mais avançados, pela sua falta de iniciativa. Os britânicos, entre mortes e feridos, perderam 88 homens.

A força britânica regressou a San Fiorenzo de onde, em 15 de julho, Nelson, comandando um grupo constituído pelas fragatas Ariadne e Meleager, o brigue Torleton e o cúter Revolution, partiu de novo para a Riviera.

Antes de deixar San Fiorenzo, chegou a Nelson a notícia de que havia, desde 6 de junho, recebido o posto de Coronel dos Fuzileiros da Divisão Chatham, uma distinção eventualmente conferida a alguns capitães, e muito bem-vinda, pois representava um aumento de salário. Deve-se recordar que a bordo dos navios de linha havia sempre um contingente de fuzileiros de modo que a distinção não é tão sem sentido como pode parecer.

Antes, porém, da iniciar suas atividades ao longo da Riviera, Nelson deveria se encontrar com o ministro britânico em Gênova para tentar criar um clima de maior confiança entre genoveses e britânicos, pelas razões discutidas anteriormente. Somente depois, ele deveria se dirigir ao quartel-general austríaco em Vado Bay para acertar com o comandante austríaco sua forma de atuação.

Tendo em vista a delicadeza da situação, o almirantado havia dado ordens, retransmitidas pelo comandante em chefe do Mediterrâneo, determinando especial atenção:

> [...] para [a marinha] não dar motivo para as potências estrangeiras amigas de Sua Majestade se sentirem ofendidas; sempre que quaisquer navios pertencentes a nacionais desses países forem detidos ou trazidos para o porto, a secretaria de almirantado deverá receber a especificação completa de seus documentos, não devendo ser estabelecido nenhum processo legal contra tais navios até que os lordes do almirantado expressem sua decisão a respeito.[2]

Sob tais ordens, a tarefa de Nelson era extremamente difícil, senão impossível. Seguindo tais instruções, o tempo decorrido entre a apreensão de uma carga e a decisão da legalidade de tal ato era grande demais e, em consequência, como a maioria das cargas, era perecível, e, se a detenção não fosse julgada legal, os capitães que as haviam apreendido teriam de pagar, com seus próprios recursos, os prejuízos havidos. Nem Nelson nem seus capitães podiam trabalhar sob tais regras.

As necessidades do sul da França bem como dos exércitos em operação na Riviera tinham gerado um comércio intenso, cujo principal elemento eram os navios dos países ditos neutros, suprindo todos os partidos envolvidos na guerra, bem como os habitantes da parte da Riviera genovesa sob ocupação francesa. Apesar de a França e a Áustria não terem respeitando a neutralidade de Gênova, a Grã-Bretanha, como a ordem do almirantado deixava claro, queria evitar atritos diplomáticos, sem no entanto ignorar que o tráfego neutro estivesse beneficiando o exército francês. Por outro lado, os estados mais fracos, como inegavelmente era o caso de Gênova e da Toscana – esta última já tinha feito a paz com a França – em meio às incertezas reinantes, procuravam manter a aparência de uma neutralidade imparcial, temendo a retaliação dos países em guerra.

Outro tipo de problemas complicava a situação militar. Os austríacos receavam que a Sardenha fizesse um acordo com a França para recuperar Nice e Saboia, que havia perdido para ela, às custas da Áustria. Os sardos, por outro lado, ressentiam-se do fato de que o comando geral tivesse sido dado ao austríaco De Vins, altamente impopular entre os piemonteses. Outro ponto importante era o novo espírito e o novo estilo do exército francês. Fruto da conscrição, o exército francês era o primeiro exército verdadeiramente nacional, e o que lhe faltava em disciplina era compensado pelo número, pela coragem inigualável e pela experiência que crescia de batalha a batalha. Enfraqueciam o exército inimigo com o fogo concentrado de sua artilharia – se a tinham, se não apenas com os mosquetes – e depois o sufocavam com poderosas colunas de infantaria. Avançavam muito rapidamente, pois não carregavam nem bagagens nem trens de suprimento. Como uma imensa horda de gafanhotos pilhavam os alimentos do terreno conquistado. Na Riviera estavam sob o comando do general François-Chirstophe Kellerman, o herói de Valmy, a batalha que foi o ponto de inflexão nas Guerras da Revolução. Os soldados da coalizão pareciam paralisados pela indecisão, indiferença e indolência.

No dia 17 de julho, Nelson chegou a Gênova para se encontrar com sir Francis Drake, ministro plenipotenciário britânico que, além de ajudá-lo com as autoridades genovesas, faria a sua ligação com o exército austríaco.

No dia 21, Nelson teve o primeiro encontro com o comandante austríaco Joseph Nikolaus, barão De Vins – ansioso pela garantia de Nelson de deter o recebimento de suprimentos e víveres pelos franceses.

O material que chegava pelo mar a Kellerman era contrabandeado ao longo da costa, à noite, por embarcações de pequeno calado capazes de navegar por entre os rasos canais interiores, onde navios maiores, como os de Nelson, não podiam ir. Esse comércio estava em grande parte em mãos de genoveses e de algerianos, todos neutros, que tinham inúmeras maneiras para proteger seu modo de vida: bandeiras falsas e papéis forjados que impediam a identificação do dono da carga. Os captores eram atormentados por uma série de processos judiciais intermináveis.

Nelson decidiu agir contra as ordens recebidas e capturar todas as embarcações, neutras ou não, que fossem encontradas transportando suprimentos para o inimigo, na França ou no território por ela ocupado. As capturas seriam levadas para Vado Bay, onde Nelson as inspecionaria. As embarcações pertencentes a países neutros seriam liberadas, entretanto, qualquer carga suspeita seria levada para Livorno (Leghorn) e, se possível, imediatamente vendida, enquanto se aguardava o resultado do procedimento determinado pelo almirantado. No que diz respeito aos navios genoveses transportando suprimentos para a população nativa da região ocupada pelos franceses, eles só passariam se mostrassem um passe assinado por De Vins, por Drake ou pelo secretário de Estado de Gênova.

> Estou agindo não somente sem ordens de meu comandante em chefe, mas em alguma medida contrariando-as. Entretanto, tenho não somente o apoio dos ministros de Sua Majestade, tanto em Turim [capital do Piemonte] como em Gênova, mas também a convicção de que estou fazendo o que é certo e adequado para o serviço do rei e da Pátria. A coragem política de um oficial no exterior é tão necessária como a coragem militar.[3]

Hotham aprovou a decisão de Nelson e, ainda, expediu ordens similares para todos os navios diretamente subordinados, mostrando discernimento e coragem apesar de seu precário estado de saúde na ocasião.

Nápoles mais uma vez não faltou aos britânicos. Nelson recebeu duas galeotas e oito falucas – ou faluas, pequena embarcação a vela com um ou dois mastros, com capacidade de levar vinte ou mais remadores – para atuarem nas águas rasas, perto da costa.

No período que vai de 28 de julho de 1795 até 24 de setembro de 1795, Nelson manteve a bordo Adelaide, ocasionalmente a deixando em terra somente quando o Agamemnon saia em missões de maior risco.

Enquanto durou, a campanha da Riviera teve altos e baixos. Aqui comentaremos alguns poucos incidentes que ajudam a compreender o caráter de nosso personagem.

Alassio e Oneglia, situadas próximo à retaguarda do exército francês, eram especial objeto das preocupações de Nelson. Embora nas duas cidades a bandeira de Gênova ainda tremulasse nos mastros, elas estavam efetivamente ocupadas por tropas francesas que impediam a entrada de navios britânicos. Diante dessa situação, Nelson julgou que esses locais tinham deixado de ser neutros e deviam ser alvo das forças britânicas. A 12 de agosto, nove botes do Agamemnon, remando silenciosamente (os remos envoltos em pano), rumaram em direção a Alassio. Ao cair da noite, atacaram oito navios franceses que lá estavam fundeados, ocupando-os. O alarme soou em terra e quatro canhoneiras francesas suspenderam e abriram fogo contra os homens do Agamemnon que, para escapar, tiveram de abandonar sete das oito presas. Foram salvos pelo cúter Mutine que acompanhava o Agamemnon e afastou as canhoneiras. No dia 26, o persistente Nelson estava de volta, com uma força maior. Chegando em plena luz do dia, enviou o Inconstant e o Tartar para atacar a cidade de Languelia, no lado oeste da baía, enquanto o seu navio, acompanhado de três fragatas – Meleaguer, Southampton e Ariadne – e do brigue Speedy, atacava Alassio. Sob a proteção das baterias de terra, e de uma polacra francesa – espécie de corveta, em geral com três mastros, e armado de diversos canhões – bem como de duas galeotas armadas com cinco canhões, estavam seis embarcações genovesas, costeiras, carregadas de suprimentos para os franceses.

Para que a posterior reação diplomática genovesa não fosse muito forte, Nelson recomendou por escrito aos seus comandantes que não disparassem contra a população genovesa, só atacando as baterias de terra se fossem primeiro por elas atacados. Vendo desfraldada, além da bandeira genovesa, uma bandeira francesa, Nelson considerou que a costa era agora uma "costa inimiga", passando a exigir a rendição francesa e advertindo o comandante genovês para não intervir. A polacra foi logo abordada, teve o cabo de sua âncora cortado e foi tomada. Quando os botes dos navios britânicos dirigiam-se para abordar os mercantes, a fragata Ariadne encalhou e os botes foram chamados para ajudá-la; sua âncora de proa foi levada pelos botes para águas profundas de modo a unhar a sua pata no fundo – a âncora ou ferro tem patas que, quando jogada pela embarcação com algum segmento, cravam no fundo, isto é, "unham". Com a outra extremidade do cabo da âncora no cabrestante – guincho existente na proa do navio para arriar ou recolher o ferro – foi possível desencalhar a fragata. Aproveitando-se da confusão, os mercantes retiraram-se ainda mais para dentro da baía e reorganizaram a resistência. Cerca de dois mil soldados franceses, a cavalo e a pé, logo estavam na praia, em ambos os lados do forte. Quando os botes britânicos tentaram voltar, os franceses atiraram contra eles com seus mosquetes. Nelson, usando a artilharia de bordo, os fez fugir. Um dos mercantes franceses acidentou-se na praia, no entanto todos os outros foram capturados e levados. Fremantle também se saiu bem na sua empreitada: uma canhoneira francesa, La République, de seis canhões e uma tripulação de cinquenta homens, estava protegendo outros dois mercantes, e todos foram aprisionados.

Como os genoveses haviam deixado que os franceses usassem Alassio em proveito próprio, as queixas feitas a Londres pela ação de Nelson foram brandas, aumentando o prestígio de Nelson nos círculos britânicos.

Poucos dias mais tarde, a 29 de agosto, um fracasso. A bordo das duas galeotas capturadas em Alassio, 54 homens dos navios de Nelson deixaram Vado Bay em direção a Oneglia, onde esperavam encontrar um navio carregado de suprimentos. Para surpresa deles, em Oneglia encontraram três grandes embarcações, amarradas uma às outras, e não o mercante procurado. O tenente Andrews, que comandava o grupo, determinou que fosse dado um tiro de advertência na proa dos navios fundeados e içou a bandeira britânica. Não obtendo nenhuma resposta, atracou com sua galeota em um dos misteriosos navios para investigar, no entanto foi recebido por intensa fuzilaria. Mesmo assim, os britânicos abordaram o navio, armados de facão e de lança, atirando seus adversários n'água e cortaram os cabos que ligavam sua presa aos outros navios. Inferiorizados em número, os britânicos retiraram-se com sua presa; os outros dois navios fugiram, chegando a salvo a Gênova. Na ação, os britânicos, entre mortos e feridos, tiveram 17 baixas.

Felizmente para Nelson, houve mais sucessos do que fracassos, elevando a sua fama e confiança, muito embora não se conformasse com a recusa de Hotham para que, no comando de uma força há tanto tempo, não tivesse tido permissão para arvorar no seu navio o pavilhão de comandante de força.

Nessa altura da guerra − setembro de 1795 − dois homens, muito diferentes em muitos aspectos, porém muito semelhantes noutros, estavam descontentes com a maneira como a guerra na Riviera estava sendo conduzida. No lado francês, um jovem general de 26 anos, baixo, magro, dotado de uma energia sem limite e de rara inteligência, corso de nascimento, mas francês por adoção, Napoleão Bonaparte, estava preocupado com a falta de brilho no desempenho do exército da Itália e queria mais empreendimento e agressividade. Vado Bay teria que ser retomada e as forças francesas reforçadas deveriam atacar e ocupar Ceva, na fronteira de Sardenha-Piemonte com Gênova, introduzindo uma cunha entre as forças austríacas e piemontesas. O general Barthélemy Louis-Joseph Scherer logo assumiria o comando do exército da Itália para agir conforme o plano de Napoleão. No lado britânico, Nelson acreditava que apenas o bloqueio não resolveria a campanha na Riviera. Era preciso realizar operações anfíbias. Se fossem realizadas operações de desembarque na retaguarda dos franceses, cortando suas comunicações terrestres, a situação mudaria a favor dos aliados. Não querendo envolver o exército austríaco nesse tipo de aventura, De Vins, doente, verdadeiramente desinteressado da campanha, propunha que a força de desembarque fosse composta por três mil soldados vindos da Córsega.

Para Nelson, San Remo era um ponto ótimo para uma operação anfíbia, pois a estrada usada pelos franceses para irem ao front e para receberem reabastecimento, em razão das montanhas, infletia em direção ao mar, podendo, portanto, ser interrompida pela operação imaginada por Nelson.

No dia 12 de setembro, Nelson voltou a insistir com De Vins para que lhe cedesse oito mil soldados, algumas peças de artilharia e provisões suficientes para alguns dias para o ataque a San Remo, cidade genovesa em mãos dos franceses. A cidade não só comandava a estrada, permanentemente atravancada com mulas carregadas de provisões para o exército francês, como também dispunha de um fundeadouro, onde navios mercantes do tipo costeiro, inclusive de países neutros, encontravam abrigo quando abastecendo posições ao longo da costa. Um ataque a San Remo, portanto, bloquearia os suprimentos vindos por terra e por mar. Uma vez ocupada a cidade, as tropas assaltantes seriam reabastecidas por navios de Nelson e, caso tudo desse errado, e elas tivessem de ser retiradas em razão de um contra-ataque irresistível do inimigo, seriam reembarcadas.

Não convenceu De Vins. Seus problemas não eram apenas com os austríacos, mas também com o seu próprio chefe. Hotham sistematicamente lhe recusava navios-transporte e, ainda pior, nos primeiros dias de setembro, tirou da força de Nelson três fragatas, deixando com ele apenas a Ariadne, apoiada pela escuna Moselle, sob a alegação de que uma flotilha de navios de pequeno calado cedidos por Nápoles seria suficiente para as necessidades de Nelson. O esvaziamento da força de bloqueio continuou: a Ariadne foi, pouco depois, retirada para um "serviço secreto" e a Meleager, foi enviada para renovar o calafeto do seu casco. Embora alguns reforços tivessem sido recebidos, era claro que a força naval da Riviera não tinha prioridade.

Não se pode ignorar, porém, que as demandas feitas a Hotham eram grandes; por exemplo, os corsários expulsos por Nelson da Riviera passaram a atacar os comboios britânicos ao largo da Córsega, quase interrompendo o comércio local. Mais do que tudo, o bloqueio dos portos onde se refugiava a esquadra francesa retinha o grosso das forças britânicas, o que mostra o enorme efeito de uma "esquadra em potência", em termos de impedir que a esquadra inimiga fique livre para cumprir tarefas em outros lugares.

No dia 1º de novembro, Hotham, desiludido e doente, arriou a sua flâmula de comando do seu capitânia e foi para casa, deixando o vice-almirante, sir Hyde Parker, interinamente no comando. Goodall, que esperava substituir Hotham, não aceitou a nova situação e foi para a Inglaterra, tendo se despedido de Nelson com palavras generosas sobre o seu desempenho. Em 8 de novembro, o novo comandante reforçou as forças de Nelson com a Dido e a Meleager, além de dois cúteres.

Em 23 de novembro, os franceses iniciaram uma grande ofensiva em terra, ao mesmo tempo que surgia uma ameaça à retaguarda austríaca em Gênova, onde o sentimento jacobino se fortalecia à medida que os franceses ganhavam terreno.

Nelson para lá se dirigiu. Em Gênova, a fragata francesa La Brune, auxiliada por diversos corsários e transportes, embarcou 300 homens para atacar Voltri, onde havia uma pequena guarnição de soldados austríacos, defendendo uma via que poderia servir para a retirada do exército da Áustria, caso ele não resistisse ao avanço francês. Os franceses e seus aliados locais foram logo repelidos, e prontamente prepararam um novo ataque, agora com 700 homens. Esse grupo reunir-se-ia com um grupo do exército francês em Bocchetta e atacariam juntos a estrada entre Gênova e Vado.

Diante da ameaça, Nelson agiu. Levou o Agamemnon para o porto onde desarmou a fragata e bloqueou-a e a seus associados de forma que não pudessem pôr o seu plano em execução. Envolvido nessa missão e tendo os demais navios de sua força sido dispersados por uma enorme tempestade, Nelson não pôde cumprir a palavra que dera a De Vins de manter as canhoneiras francesas longe do flanco austríaco em Pietra.

Os austríacos não resistiram ao ataque francês, recuando em toda frente, abandonando suas armas pelo caminho. De Vins, velho e doente, largou o comando nas mãos de um substituto e fugiu. Em 26 de novembro caiu Vado Bay e, 3 dias depois, Savona. Cerca de 18 canhoneiras francesas fustigaram o flanco esquerdo do exército austríaco.

Os aliados perderam mais de 3 mil homens, dezenas de canhões e grande quantidade de munições. Os exércitos aliados se reagruparam em Acqui, Ceva e Mondovi, mas o avanço francês punha em risco Gênova. Conforme avaliou Nelson, nenhum porto na Riviera estava mais disponível para navios britânicos.

A derrota foi atribuída pelos austríacos à falta de apoio naval britânico, mas, sem dúvida, ela se deveu principalmente à incompetência e desinteresse dos próprios austríacos.

Essa foi uma fase da guerra que deixou Nelson deprimido, pensando mais uma vez em abandonar tudo e voltar para a Inglaterra. Mas, como no passado, uma pequena mudança que representasse um estímulo ao seu ego, à sua incessante sede de glória, bastaria para reanimá-lo. A chegada do novo comandante em chefe, almirante sir John Jervis, logo mudaria o ânimo e a disposição de Nelson.

Jervis era um homem duro, destemido, disciplinador severo, às vezes tirânico, homem de muitos preconceitos, intolerante com tudo que lembrasse indolência ou incompetência. Sua sinceridade com seus oficiais chegava a ser brutal. Como Hood, totalmente devotado ao serviço, mas era melhor do que ele, reconhecendo os bons oficiais e os apoiando. Mostrava para com eles sinceridade, bondade, simpatia e bom humor. Conquistou o seu título de sir da maneira mais árdua: no final da Guerra da Independência dos Estados Unidos apresou um navio de linha francês, de 74 canhões. Em síntese, era o chefe a que Nelson aspirava se subordinar.

Totalmente devotado ao serviço naval, o almirante John Jervis foi duro e disciplinador. Como chefe de Nelson, o inspirou e estimulou. [por sir William Beechey]

Em 19 de janeiro de 1796, Nelson juntou-se à esquadra em San Fiorenzo, encontrando-se com Jervis a bordo do Victory ouvindo do chefe que gostaria de mantê-lo sob seu comando mesmo com a promoção a almirante, que deveria estar próxima devido à antiguidade de Nelson. De imediato, ele renovou o comando independente de Nelson à frente do esquadrão que bloqueava a Riviera.

No dia 22, Nelson, já com outro espírito, partiu para o golfo de Gênova de onde coordenaria as ações do seu grupo. No caminho, apreendeu dois navios carregados de grãos. Ao largo de Gênova, encontrou a Meleager e a Blanche mandando-as em patrulha, com o intuito de impedir que os franceses enviassem tropas para Itália.

Depois de algum tempo, Nelson foi para Livorno (Leghorn), onde se encontrou com Jervis que se preparava para bloquear os franceses em Toulon. O comandante em chefe mandou que o Agamemnon fosse na frente da força principal para se informar dos efetivos franceses lá abrigados. Quando Jervis chegou, no dia 23 de fevereiro, Nelson informou que havia no porto 13 navios de linha e 5 fragatas.

Em abril, Jervis reforçou o esquadrão de Nelson com o Diadem, de 64 canhões, e a escuna Peterel, dando a entender a Nelson que, caso fossem planejadas operações anfíbias, ele providenciaria os transportes necessários.

Em 8 de abril, Nelson finalmente recebeu autorização de Jervis para içar o pavilhão de comodoro atuante, o que fez sob vivas de sua tripulação. O título de comodoro, nesse caso, correspondia a uma situação temporária, não sendo ainda um novo posto, conferido a capitães antigos no comando de uma força; dava ao seu titular dez *shillings* mensais a mais no pagamento.

A guerra continuava mal para os aliados. Após um inverno excepcionalmente severo, toda a costa da Riviera estava sob estreito controle francês. Embora a França considerasse o teatro alemão sua principal preocupação, o Exército da Itália ainda assim contava com 63 mil homens e duas unidades de reserva. As cidades costeiras capturadas no ano anterior, inclusive Alassio, haviam sido reforçadas contra ataques vindos do mar e os navios costeiros ainda iam e vinham ao longo da linha da costa incólumes. As sucessivas tentativas de Nelson de conseguir embarcações pequenas, de Nápoles e da Sardenha, falharam, e o bloqueio foi se tornando mais uma ficção do que uma realidade.

Os austríacos tentaram reagir atacando Voltri e Savona, no entanto Napoleão, agora na região, agiu rápido, derrotando a tentativa austríaca. Num golpe de mestre, girou suas tropas para o norte e atacou os piemonteses. Em apenas duas semanas de operação colocou uma barreira entre estes e os austríacos, o que ocasionou a saída da Sardenha-Piemonte da guerra, e permitiu que os exércitos de Napoleão, famintos e mal uniformizados, mas extremamente eficazes, atravessassem os Apeninos em direção à Lombardia. A 10 de maio, esses homens forçaram o rio Adda, em Lodi, e, alguns dias mais tarde, ocuparam Milão, transformando o ducado em satélite da França. De lá seguiram para Mântua, onde milhares de austríacos estavam encurralados; as tropas de Beaulieu, substituto de De Vins, retiraram-se para o Tirol e Vêneto. Os vitoriosos exércitos franceses tiravam tudo para o seu sustento das regiões que conquistavam, deixando para trás populações famintas e desesperadas.

Com os exércitos franceses afastando-se da costa, o papel do grupo de Nelson foi se limitando ao controle do comércio ilegal, operação cada vez mais difícil, pela ocupação francesa de toda a costa da Riviera. A área a patrulhar era enorme e os resultados insignificantes.

Depois de tantos anos em operação, a Agamemnon precisava urgentemente de reparos. Foi determinado que regressasse à Inglaterra com esse propósito. Jervis, querendo a permanência de Nelson no Mediterrâneo, ofereceu-lhe o comando de um 74 canhões, o Captain. Dessa vez, Nelson não recusou. Dia 11 de junho de 1796 ele deixou o navio que havia transformado na mais eficiente máquina de guerra do Mediterrâneo, com seus oficiais e guarnição trabalhando como uma equipe altamente eficiente, sob a coordenação de seu comandante. Apesar de o Agamemnon estar indo para a Inglaterra, para onde muitos certamente gostariam de voltar, estando ausentes de casa há tanto tempo, 118 homens (além de cinco mulheres e duas crianças dos soldados do Exército servindo a bordo como fuzileiros) o acompanharam no novo navio, praticamente um terço da tripulação. Se Nelson não era excessivamente rigoroso, não se pode dizer que fosse leniente: durante os anos que comandou o Agamemnon, Nelson aplicou 120 punições (em média cada punição equivalia a 12 chibatadas), o que, para os padrões da época, era normal.

O Captain era um belo navio, um ótimo compromisso entre velocidade, capacidade de manobra e poder de fogo. Construído há 14 anos, seu armamento consistia de canhões de 9, 18 e 22; sua tripulação era de 450 homens.

Em junho, os franceses alcançaram Roma e os Estados Papais, levando consigo os tesouros de arte que puderam carregar e arrancando a ponta de baioneta todas as provisões, dinheiro e bens que encontraram, deixando atrás de si consternação e terror.

Com o avanço de Napoleão, o partido francês na Córsega foi tomando coragem. Na qualidade de corso, Bonaparte queria a libertação da Córsega, no entanto, acreditava que o caminho natural para isso seria a revolta dos nativos locais, estimulada pela chegada na área de oficiais e soldados corsos servindo no exército francês. Esses refugiados, em grupos de 10 ou 20 por vez, em pequenos botes a vela ou a remo, sob a proteção da noite para escapar aos navios britânicos, eram desembarcados na ilha, depois de uma curta viagem de pouco mais de 100 milhas, a partir de Gênova, Nice e Livorno (Leghorn). Este último, devido à maior proximidade, era particularmente favorável para esse tipo de operação e, portanto, sua captura pelos franceses era importante para a libertação da ilha. Além disso, Livorno (Leghorn) era um ponto significativo para o comércio britânico e vinha contribuindo bastante para a logística britânica como fonte de suprimentos e de reparos para a frota britânica. Sua ocupação pelos franceses tornou-se, assim, inevitável.

A 24 de junho, os britânicos começaram a evacuação dos seus súditos. A Inconstant de Fremantle deu início à operação. Adelaide Correglia deve ter se preocupado com a chegada dos franceses, pressagiando o fim do seu relacionamento com um oficial inglês e, consequentemente, da ajuda financeira que essa relação lhe propiciava. Uma semana antes da chegada dos franceses, Fremantle encontrou-se com ela, que estava em convalescença em Bagno de Pisa, levando-a para bordo de seu navio, aparentemente apenas para uma visita. Apesar de ambos serem amigos de Nelson, parece que o encontro teve um caráter profissional. A inclinação de Fremantle por sexo fez crer que assim fosse.

Nesse mesmo dia, Nelson estava em Gênova e lá soube da iminência do ataque francês. Fremantle enviara o Blanche a Jervis pedindo que todos os navios disponíveis viessem ajudar na remoção da colônia britânica. Nelson, acompanhado da fragata Meleager partiu imediatamente para lá, mas, devido a ventos muito fracos, só chegou no dia 27, quando cerca de 40 navios deixavam o porto ao som dos canhões franceses.

Fremantle, com sua típica e característica eficiência, fizera um excelente trabalho, garantindo a saída de todos os britânicos e da maior parte de seus bens, numa operação que durou três dias e três noites. A cavalaria francesa chegou aos moles, tomou as baterias lá existentes e bombardeou o Inconstant, enquanto cerca de dez corsários franceses lançaram-se contra o comboio. No momento da chegada de Nelson, um dos navios do comboio já tinha sido capturado. Nelson sinalizou para a Meleager para impedir a saída de mais corsários do porto e depois apoiar o Inconstant, que iria comboiar os navios até a Córsega. O Captain permaneceu na área bloqueando o porto.

No último dia de junho, Nelson abandonou o bloqueio, deixando os demais navios do seu grupo para cumprir essa tarefa, e partiu para San Fiorenzo.

Com a tomada da Toscana e dos territórios papais pelos franceses, toda a península italiana, de Gênova a Nápoles, passou a ser território inimigo. A perda de Livorno (Leghorn) em especial, representou para os britânicos a perda de abrigo, facilidades portuárias, de uma fonte de suprimentos e de uma corte de julgamento para navios apresados e, além do mais, o lugar tornou-se uma plataforma para a invasão da Córsega, a última base britânica a leste de Gibraltar. Com a queda de Livorno (Leghorn), Napoleão abria a porta não só da Córsega, mas de todo o Mediterrâneo, limitando, dessa forma, o papel que poderia ser desempenhado pela marinha britânica, que, sem pontos de apoio, não podia operar, ensinando assim que conseguira dominar o mar – impedindo o inimigo de usá-lo – pela conquista da terra.

A primeira reação britânica foi tentar reduzir a pressão sobre a Córsega dominando a ilha de Elba. O vice-rei da Córsega, Gilbert Elliot, enviou o major John Duncan para tentar convencer o governador da ilha a entregá-la aos britânicos, protegendo-a de um ataque francês. Diante da negativa do governador, Fremantle preparou uma força de cerca de 530 homens dos regimentos sediados na Córsega, com sua artilharia, sob o comando de Duncan para a empreitada. A tropa embarcou nos navios da força naval sob o comando de Fremantle – a Inconstant, a Flora, o Vanneau e o Rose, além de um corsário corso e quatro navios-transporte. Nelson, que bloqueava Livorno, foi chamado por Elliot para ajudar, partindo imediatamente para Porto Ferraio, capital da ilha de Elba, chegando junto com a força de Fremantle, a 8 de julho. Nelson, que deixara para manter o bloqueio de Livorno a Blanche e a escuna Sardine, trouxe consigo o Peterel, e assumiu o comando geral da operação. Com as tropas em terra, as negociações logo tiveram êxito: a 10 de julho, ficou decidido que a ilha continuaria associada ao Grã-ducado da Toscana, permanecendo o seu governador com o controle civil da ilha e os britânicos apenas com o controle militar.

Em agosto, Nelson foi confirmado no posto de comodoro pelo almirantado. Tinha agora direito a ter um "capitão de bandeira", isto é, um capitão para comandar o navio onde ficaria o pavilhão de comodoro, deixando a este apenas a responsabilidade de comandar a força sob seu comando. Nessa nova função, Nelson seria ainda melhor do que como capitão de navio, o que não é sempre verdadeiro. Para demonstrar essa realidade, John Sugden, biógrafo de Nelson já tantas vezes aqui citado, dá um exemplo de um almirante que foi muito importante na formação das Marinhas chilena e brasileira – lorde Cochrane. O exemplo refere-se ao tempo em que ele serviu à Marinha chilena, sendo importante o exemplo para compreender o caráter do homem que teve um papel fundamental na independência do Brasil:

[...] lorde Cochrane, que eventualmente chegou a contra-almirante da Inglaterra. Os brilhantes sucessos de Cochrane foram os de um comandante de navio. Ele inspirou imenso respeito, e algumas vezes foi adorado como herói pelas tripulações dos navios que ele pessoalmente comandou, mas ele provou ser inepto de forma inusitada no comando de um esquadrão. Sua fraca liderança somente veio à tona durante seu comando da Marinha chilena, de 1818 a 1823. Trabalhando com um bando de favoritos, nem todos frutos de uma boa escolha, e não aceitando nenhuma resistência às suas ideias, [resistência] que ele atribuía à malícia ou à corrupção, semeou divisões raivosas nas suas forças. Apontados, acusados e algumas vezes perseguidos, alguns oficiais foram quase forçados a se tornar os inimigos que ele imaginara. Foi um espetacular fracasso na criação de coesão e espírito de equipe.[4]

Na historiografia brasileira nunca vi nenhum comentário que dê respaldo a essa característica de Cochrane. Há apenas referências ao seu mercantilismo, o que não causa estranheza por se tratar de um mercenário.

Ainda em agosto um novo golpe para aliança: os espanhóis assinaram um tratado defensivo com cláusulas que tornaram inevitável a guerra com a Grã-Bretanha. Apesar do declínio naval espanhol, a Espanha ainda era a terceira maior potência naval do mundo e a combinação de sua força naval com a da França era muito superior em números à da Grã-Bretanha.

Os planos que Nelson vinha alimentando de recuperar Livorno (Leghorn) por meio de uma operação anfíbia tiveram de ser abandonados. Só lhe restava manter o bloqueio da cidade o mais rigorosamente possível. O assalto anfíbio só teria justificativa se os austríacos obtivessem algumas vitórias que impedissem os franceses de enviar reforços em socorro da cidade. Nelson procurava obter informações sobre a situação na cidade sitiada, seja por meio dos pescadores que ele deixava exercerem o seu ofício livremente seja por meio de espiões contratados e da própria Adelaide.

Em setembro de 1796, um incidente rompeu a frágil paz dos genoveses com os britânicos. Os primeiros estavam retendo no porto cerca de 170 bois destinados aos navios de Nelson. Este se dirigiu a Gênova para tentar resolver a dificuldade diretamente com o doge que, convencido por Nelson, pressionou o senado da cidade, que, para justificar a negativa, alegou que faltava carne em Gênova, daí o confisco do gado. Ora, na véspera da audiência, na noite de 10, três desertores haviam abandonado o Captain, tendo sido enviados dois botes para recapturá-los. Não sabendo o que se passava ou por malícia, canhões franceses em terra dispararam contra os botes e, em represália, os britânicos tomaram e rebocaram uma bombarda francesa que estava no porto – bombarda era um antigo navio de guerra armado com pequenos morteiros – sendo atacados pelas baterias genovesas, que deram em torno de 50 tiros sem causar vítimas. Tal ação mereceu um violento protesto de Nelson que proibira seus homens de revidarem a ataques vindos dos genoveses. Nelson enviou uma carta às autoridades genovesas dizendo-lhes que deveriam parar de atirar contra os navios britânicos, e que, se fizessem um desagravo à bandeira britânica, ele entregaria o barco francês apreendido por ele, pois reconhecia a difícil posição de Gênova entre dois poderosos inimigos (para os franceses, os genoveses tinham deliberadamente errado os tiros). Entretanto, o mensageiro e os homens que o conduziam num bote do navio foram atacados pelos franceses, levando a guarda genovesa a intervir, tomando o bote e os britânicos em custódia. Os homens das guarnições dos corsários franceses, reforçados pelos jacobinos locais, passaram a atacar os mercantes britânicos surtos no porto, prendendo ou matando sua tripulação. A resposta genovesa à balbúrdia foi confiscar todas as propriedades britânicas na cidade, inclusive os mercantes e os bois, e determinar que todos os portos da República ficassem fechados a bandeira britânica.

Tal procedimento, totalmente unilateral por parte das autoridades genovesas, nos faz supor que tudo não passou de um pretexto para uma ruptura com a Grã-Bretanha. As notícias da entrada da Espanha na guerra contra a Grã-Bretanha tinham chegado à Itália nos primeiros dias de setembro. A atitude de Nelson durante o incidente foi considerada correta tanto por Elliot como por Jervis.

Crescentemente pressionada, chegara a hora de a Grã-Bretanha reavaliar sua política no Mediterrâneo. Para responder aos novos desafios apresentados por seus inimigos, era necessário concentrar suas forças navais mais próximo ao seu território. Com a atitude tomada por Gênova, a situação da Córsega ficava ainda mais difícil. A pequena ilha genovesa de Capraia, na rota de Livorno (Leghorn) à Córsega, era uma ameaça para essa e, no entender do incansável comodoro, deveria ser ocupada.

No dia 15 de setembro, em Bastia, ele obteve a autorização de Elliot. A ocupação da pequena ilha foi feita sem problemas, enfurecendo, porém, os franceses que perdiam um ponto de apoio excelente para os homens que estavam se infiltrando na Córsega.

A política tinha, entretanto, sua própria lógica. Em 25 de setembro, Jervis recebeu ordens do almirantado determinando a evacuação da Córsega e do Mediterrâneo. A aliança franco-espanhola foi o principal fator determinante dessa decisão pelas razões já discutidas. Além disso, usando Cádis como apoio para sua esquadra, os espanhóis poderiam estabelecer uma cunha entre as esquadras britânicas do Canal e do Mediterrâneo. Essa possibilidade determinou a retirada da esquadra do Mediterrâneo para que ela se unisse à do Canal para juntas defenderem o solo britânico.

Por mais dolorosa que fosse a decisão, possivelmente era a melhor que se poderia tomar nas circunstâncias: os aliados que restavam a leste de Gibraltar eram poucos e, o que é pior, não podiam contribuir com eficiência para a guerra. Em outubro, as acusações apresentadas pelos genoveses em Londres contra Nelson foram recusadas, tendo seus superiores do almirantado e o rei considerado corretas todas as suas atitudes, e determinado o confisco na Grã-Bretanha de todos os bens genoveses até que a Grã-Bretanha recebesse de volta tudo o que Gênova confiscara.

Nelson recebeu ordens para evacuar seus compatriotas da Córsega, tendo chegado em 14 de outubro em Bastia para comandar a evacuação. Apesar das imensas dificuldades do empreendimento – o crescimento do sentimento pró-França entre os habitantes locais, o aumento de corsos no exército francês infiltrados na área e, além disso tudo, o desembarque de uma companhia de cavalaria francesa e de centenas de corsos em Cap Corse, a 18 de outubro, marchando contra Bastia – a evacuação foi um sucesso, sem que um único britânico fosse morto. No dia 20, os britânicos deixaram Bastia; partindo para San Fiorenzo, onde Jervis removia os últimos vestígios do poder britânico. No começo de novembro, o comboio partiu para Gibraltar, lá chegando a 1º de dezembro, sem encontrar a força espanhola que fora vista ao largo de Cap Code. Ficaram em Porto Ferraio, na ilha de Elba, os soldados do exército britânico que tinham ido para lá quando da ocupação britânica. Foi julgado que a ilha poderia continuar sob administração britânica, lá permanecendo também Elliot e outros funcionários.

Uma carta de despedida foi enviada para Adelaide, a quem na verdade Nelson nunca foi muito ligado. Era uma ligação que, por algum tempo, foi conveniente para os dois.

As novas ordens de Jervis na chegada de Nelson a Gibraltar eram, antes de partir para Lisboa onde a esquadra ficaria estacionada, recolher os soldados que haviam ficado em Porto Ferraio e levá-los também para Lisboa. O recolhimento desses homens era um enorme desafio já que o mar estava agora sob completo domínio do inimigo. A missão deveria envolver apenas fragatas rápidas e capazes de ludibriar o inimigo, e navios-transporte. O comando dessa força foi dado a Nelson que içou seu pavilhão na La Minerve e partiu para Elba.

Nelson chegou a Porto Ferraio no dia 26 de dezembro, no entanto Elliot estava em Nápoles e Nelson mandou Fremantle apanhá-lo. Nelson foi surpreendido pela decisão do comandante militar de permanecer na ilha, já que não havia recebido ordens do Exército. Fremantle só regressou no dia 21 de janeiro de 1797, trazendo Elliot. Foi decidido que uma pequena força, sob o comando de Fremantle, ficaria na ilha para dar apoio às tropas britânicas que permaneceriam na ilha. No dia 29, Nelson, com Elliot a bordo, partiu para Gibraltar, aonde chegou em 9 de fevereiro.

A epopeia do Mediterrâneo estava encerrada. Sem dúvida, terminou com uma derrota, e as consequências far-se-iam sentir: apenas um ano mais tarde, a Áustria teria de aceitar um humilhante tratado de paz deixando Gênova e a Lombardia como satélites da França.

Notas

[1] Apud John Sugden, *Nelson: A Dream of Glory, 1758/1797*, London, Jonathan Cape, 2004, p. 565.

[2] Admiral Alfred Thayer Mahan, *The Life of Nelson*, London, Sampson Low Marston, 1897, cap. VI.

[3] Apud Mahan, op. cit.

[4] Sugden, op. cit., p. 628.

GLÓRIA E DOR

fevereiro de 1797 a dezembro 1797

A permanência de Nelson em Gibraltar foi curta. Mesmo assim ele conseguiu efetuar a troca do comandante do Santa Sabina e de alguns homens da tripulação do navio espanhol. Esse navio foi capturado pela La Minerve quando ela, acompanhada pela Blanche no caminho para recolher a tripulação de Elba, engajara com o Santa Sabina e outra fragata, pelos dois tenentes – Culverhouse e Hardy – e os homens que tinham constituído a guarnição de presa da Santa Sabina. Então, apenas um dia após a sua chegada, Nelson, a bordo da La Minerve, deixou Gibraltar para se juntar à frota de Jervis. Sabendo que a frota espanhola tinha deixado Cartagena, ele tinha certeza de que um combate de grandes proporções seria inevitável.

Os espanhóis haviam deixado dois navios de linha na entrada da baía de Algeciras. Tão logo a La Minerve saiu, eles se lançaram em sua perseguição. Uma batalha parecia iminente e grande número de espectadores, povo e militares da guarnição da cidade, subiram nos morros para presenciar a ação. A bordo da fragata britânica estava sir Gilbert Elliot e seu ajudante vice-rei da Córsega, o coronel John Drinkwater.

A La Minerve, com todas as velas, ia escapando à perseguição quando o grito de "homem ao mar" se fez ouvir. O tenente Hardy, apenas há algumas horas em liberdade, guarneceu um escaler que foi arriado para tentar recolher o acidentado. Perdidas as esperanças, o escaler tentou voltar para o navio, mas, com todos os panos içados, sua velocidade era maior do que a que os homens podiam imprimir ao escaler. Com a aproximação do espanhol mais avançado parecia inevitável que, mais uma vez, o aprisionamento de Hardy. Nelson não hesitou e mandou diminuir as velas, reduzindo a velocidade do navio e permitindo, assim, o recolhimento do escaler.

Surpreendido pela manobra de Nelson, o espanhol também reduziu sua velocidade, aguardando a chegada do outro navio que o acompanhava. O inesperado da atitude perturbou os espanhóis, que podem ter julgado que Nelson avistara o restante da força britânica e, por isso, resolveu enfrentá-los. Nas primeiras horas do dia 12, foram avistadas da La Minerve diversas grandes formas, sendo duas muito próximas, uma de cada bordo. A fragata encontrava-se no meio de uma frota de navios. No meio da escuridão e do nevoeiro, sinais luminosos estranhos apareciam ocasionalmente. Súbito, foram ouvidas vozes em espanhol. A La Minerve estava no meio da frota de combate espanhola. Procurando passar desapercebido, Nelson tomou a mesma direção geral dos espanhóis, mas num rumo que progressivamente o afastaria. Ao cair da noite, o rumo foi radicalmente alterado de forma a garantir a fuga.

Na manhã do dia 13 de fevereiro, finalmente Nelson avistou a frota de Jervis, estrategicamente colocada entre Lisboa e Gibraltar, próximo ao cabo de São Vicente, em Portugal. Eram 15 navios de linha esperando para interceptar a frota encontrada por Nelson em meio ao nevoeiro. A vista do pavilhão de Nelson no mastro da fragata deve ter feito Jervis sorrir: por mais longe que Nelson fosse mandado, ele estaria perto do lugar onde fosse se travar uma batalha.

A frota de Jervis havia sofrido consideravelmente com as tempestades de inverno em Gibraltar e, apesar de ter sido reforçada com 5 navios de linha sob o comando do contra-almirante William Parker, só podia alinhar contra a frota espanhola 15 navios de linha. A possibilidade de os espanhóis irem para Brest e reforçarem a força principal francesa constituiria uma tremenda ameaça para a Grã-Bretanha. Jervis sabia que somente uma Batalha decisiva contra os espanhóis impediria a concretização dessa ameaça.

Nelson transferiu Elliot e seus acompanhantes para a fragata Lively e se transferiu para o Captain, tendo como seu capitão de bandeira Ralph Willert Miller.

A manhã do dia 14 de fevereiro – dia de São Valentim – encontrou a força britânica disposta em 2 colunas paralelas, navegando cerca de 25 milhas a sudoeste do cabo de São Vicente, rumo sul-sudeste. A boreste, escondida na neblina, estava a frota espanhola, num rumo este-sudeste para Cádis, sob o comando do vice-almirante José de Córdoba y Ramos.

BATALHA DO CABO DE SÃO VICENTE
14 DE FEVEREIRO DE 1797

POR VOLTA DE 12H30

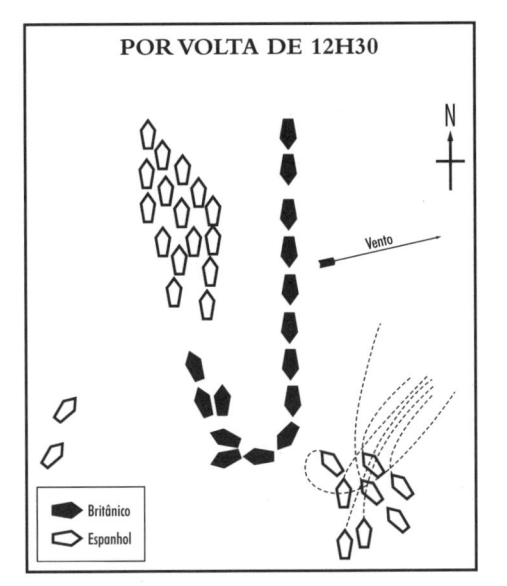

POR VOLTA DE 14H00

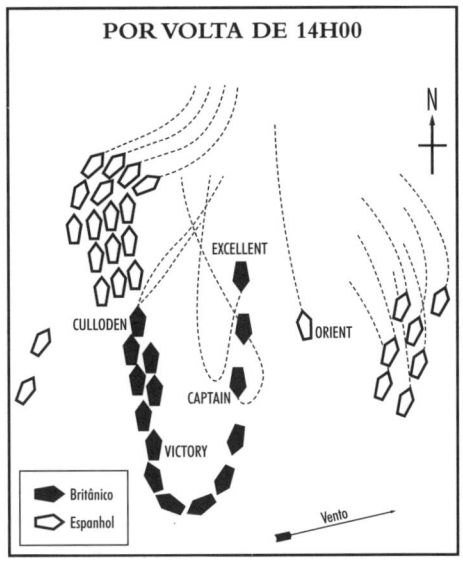

POR VOLTA DE 15H00

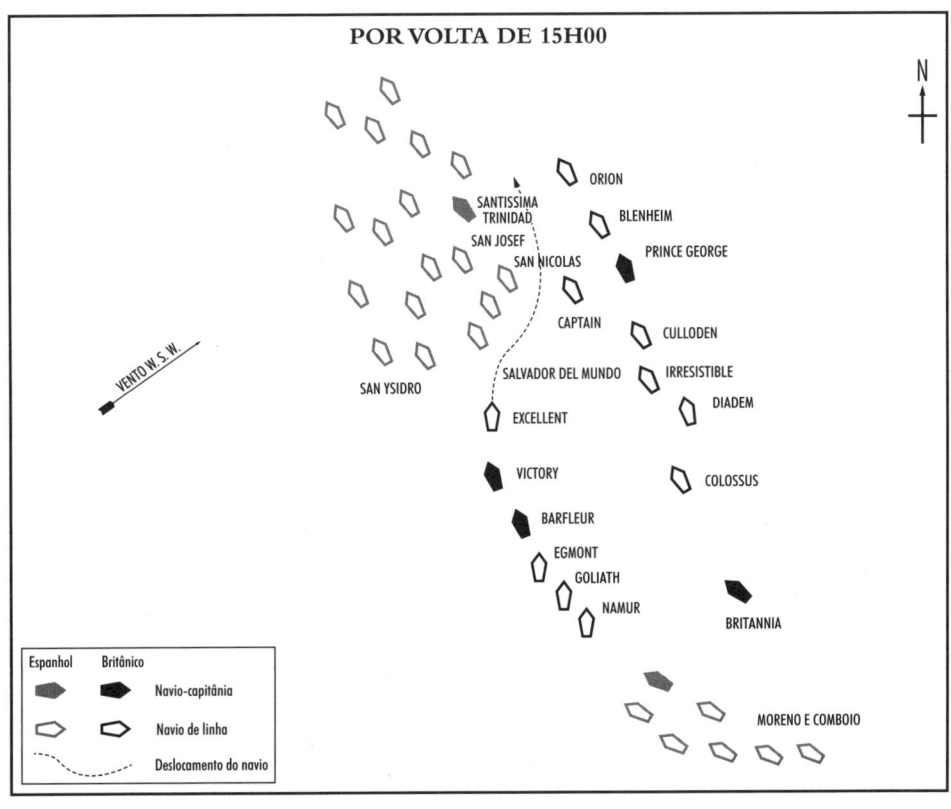

O diálogo entre o comandante do Victory e o almirante John Jervis, iniciado às 10h40, é característico:

– Há oito navios de linha, sir John.
– Muito bem, senhor.
– Há vinte navios de linha, sir John...
Vinte e cinco [...] Há vinte e sete navios de linha, sir John; aproximadamente o dobro da nossa própria [força].
– Chega disso, senhor! Se houver cinquenta, eu irei contra eles. A Inglaterra necessita desesperadamente de uma vitória neste momento.[1]

A frota espanhola estava constituída por 25 navios de linha, incluindo alguns dos mais formidáveis cascos de guerra da época. O capitânia Santissima Trinidad era o único no mundo com 4 conveses, de 130 ou mais canhões. Havia na força ainda 6 navios de 3 conveses, de 112 canhões cada, todos mais poderosos que o mais poderoso da frota de Jervis, o Victory, de 100 canhões. A formação espanhola apresentava-se, entretanto, desorganizada: sua linha estava interrompida, com a divisão mais avante, com 2 navios de linha e 4 mercantes armados, afastada da divisão de ré por umas 6 ou 7 milhas. A divisão de vante estava para sotavento e o grupo mais a ré avançava desarrumado, com 2 ou 3 navios lado a lado, o que, obviamente, prejudicava a possibilidade de fazerem pleno uso de suas bordadas; e isso apesar dos frenéticos sinais do chefe para se organizarem.

Jervis ordenou a formação de uma única linha de batalha às 11h, adiante e à ré do capitânia conforme cada comandante de navio julgasse conveniente, e determinou o rumo sul-sudoeste de modo a cortar a linha espanhola exatamente onde ela estava interrompida. O Captain assumiu uma posição na retaguarda, sendo o terceiro a contar da extremidade de ré da linha. A velocidade era de 5 nós aproximadamente. Os dois últimos navios da linha britânica eram o Diadem, de 64 canhões, e o Excellent, de 74, sob o comando do valoroso Collingwood. O líder da linha era o Culloden, de 74, sob o comando de Troubridge, logo seguido pelo Blenheim, de 90, e do Prince George, de 98, com o pavilhão do almirante Parker.

À medida que os britânicos avançavam para cortar a força espanhola em duas divisões, a confiança aumentava. Seus adversários evidentemente não tinham nem habilidade nem experiência. Embora na ocasião os britânicos não soubessem, à frota de Córdoba faltavam milhares de homens, mesmo depois de terem alistado grande número de soldados; além do mais, a proporção de marinheiros experimentados era tragicamente reduzida. O próprio capitânia tinha a bordo menos de 80 marinheiros hábeis, numa guarnição de 900 homens, sendo os demais soldados, homens do campo e recrutas novos. Quando o combate tivesse início, a falta de habilidade espanhola se evidenciaria.

A divisão de vante espanhola, separada da sua poderosa retaguarda, continuou no rumo sudeste, sem ser molestada pelos britânicos que não sabiam da sua importância. Os mercantes transportavam mercúrio, indispensável para a fusão dos metais preciosos vindos da América para a Espanha.

A principal força de Córdoba, com 20 navios de linha, tentou escapar da investida britânica virando por bombordo na direção noroeste, de forma que sua retaguarda passasse a boreste dos navios britânicos, com rumos opostos, trocando tiros com ela a uma distância de pouco menos de mil jardas. A falta de experiência das tripulações espanholas criou, porém, a maior confusão: 3 navios rumaram para se juntar à divisão de vante enquanto os outros 17 terminaram a guinada em grupos desarticulados nada parecidos com uma linha de batalha.

O Culloden chegou na altura da brecha existente entre as duas divisões espanholas e, tão logo foi içado o sinal no Victory para o engajamento, abriu fogo por boreste e por bombordo contra as duas divisões espanholas, com disciplina e precisão sobre a divisão principal quando ela passava por ele no seu novo curso, sendo seguido pelos navios que o acompanhavam. A réplica espanhola foi bem menos eficiente; mesmo sob ameaças e castigo a tripulação recusou-se a subir para o convés para reparar mastros e seus aparelhos.

Ao meio-dia o Captain chegou à posição de tiro. Durante 40 ou 50 minutos o navio atirou contra os oponentes que passavam, acertando mais do que sendo acertado.

Quando o último navio espanhol passou pelo Culloden, os navios britânicos iniciaram a guinar em sucessão no momento em que atingiam a posição em que o líder guinara. A manobra do Culloden foi feita com tamanha precisão que ficou um intervalo de cerca de meia milha entre ele e o navio seguinte, o Blenheim.

No momento, o quadro ainda era incerto. Com a mudança de rumo da divisão mais poderosa espanhola sob ataque britânico, era possível que a outra divisão, agora reforçada por mais três navios e sob o comando do almirante Moreno, se voltasse para se juntar à força de Córdoba, seja contornando a vanguarda britânica seja atravessando a linha britânica. De fato, Moreno realizou um ataque ao centro britânico vindo de sotavento, tentando romper a linha no ponto onde estava o Victory. Por diversos minutos, sob fogo intenso do Colossus, do Irresistible, do Victory, do Egmont e do Goliath, demonstrando admirável coragem, atacaram, mas foram obrigados a se retirar, tomando rumo sul, com todas as velas.

Embora Jervis não pudesse ter uma visão clara da batalha, seu navio envolto pela fumaça dos tiros, ele percebeu que havia necessidade de antecipar a guinada dos navios de sua retaguarda e determinou que o novo ponto de guinada seria o da posição do Britannia, o sexto navio a contar de ré, de modo que a retaguarda pudesse entrar em ação mais rapidamente. Isso, porém, não era suficiente e, por alguma razão, o Britannia não recebeu o novo sinal e não guinou, continuando a seguir as instruções anteriores. Tudo leva a crer que aproveitando o ataque de Moreno ao centro da linha britânica, Córdoba aproveitasse para atacar a retaguarda britânica.

Nesse instante brilhou o gênio de Nelson. Ele percebeu que a retaguarda britânica chegaria tarde para atacar a vanguarda espanhola e, ignorando o sinal do almirante para mudar de rumo em sucessão, guinou imediatamente por bombordo cortando a linha britânica à frente do Excellent, lançando-se, diante do olhar assombrado de todos, contra a vanguarda espanhola.

Do seu navio, Nelson pôde ver que o Culloden e alguns outros navios da vanguarda britânica estavam se esforçando ao máximo para atacar a vanguarda espanhola, mas sentiu que elas não chegariam a tempo. Ele viu, e aí está a força de seu gênio, que a retaguarda tinha que intervir e não o faria se seguisse as ordens existentes. Às 13h, ou um pouco menos, ele agiu.

A decisão de deixar a linha era difícil, pois rompia com as instruções de combate então em vigor que proibiam que um navio abandonasse a linha de batalha sem expressa autorização de seu superior. Ainda mais desobedecer as instruções específicas de um comandante em chefe no meio da batalha, em correr um risco imenso, pois em caso de fracasso o ato de desobediência seria a desculpa. Veja-se que mesmo após o ato de Nelson nenhum dos outros capitães, nem mesmo o audacioso Collingwood, o seguiu. Cerca de 50 minutos mais tarde, Jervis percebeu a situação e deu a ordem para que os outros fizessem o mesmo.

Sem dúvida, nesse instante Nelson deu provas eloquentes de absoluta autoconfiança, de disposição para aceitar responsabilidades, de oportunismo e de espírito de luta. Não se pode, porém, deixar de considerar que Nelson conhecia perfeitamente o pensamento estratégico de seu comandante e que, embora não cumprindo suas ordens ao pé da letra, atendeu certamente ao seu espírito. O ato de Nelson representa "a perfeita união entre o superior e o subordinado; o primeiro, inspirando e informando, e o segundo, entendendo, interpretando e agindo para completar o que foi começado".[2]

O Captain lançou-se contra o Santissima Trinidad, engajando ao mesmo tempo com dois outros navios espanhóis de 3 conveses e 112 canhões – provavelmente tratava-se do Salvador del Mundo e do Mexicana, a vante e a ré do capitânia – além de receber tiros ocasionais de 2 ou 3 outros navios espanhóis. Para felicidade de Nelson, o Calloden, de Troubridge, chegou a tempo de se juntar com o Captain. Os 2 navios britânicos conseguiram assim obrigar toda a vanguarda espanhola a desistir de atacar a retaguarda britânica ou de contorná-la.

Miller, capitão de bandeira de Nelson retratou bem a ação: "Nós os fizemos guinar [...] como dois cães conduzindo um rebanho de ovelhas".[3]

Logo, outros navios da vanguarda britânica – o Blenheim, o Prince George e o Orion chegaram à distância de fogo e reforçaram o ataque contra os espanhóis. Às 14h, após cerca de 40 minutos da carnificina, galantemente Troubridge interpôs o seu navio entre o de Nelson e os espanhóis e durante aproximadamente 10 minutos os canhões do Captain silenciaram, enquanto sua tripulação freneticamente procurava reparar os aparelhos de laborar dos mastros, traziam mais projetis para alimentar os canhões e levavam o pessoal ferido para baixo. Passados esses instantes de relativa tranquilidade, o Captain reassumiu a posição avançada e reiniciou o mortífero bombardeio. Às 14h30, os aparelhos e as velas do Captain e do Culloden estavam em frangalhos e os conveses atravancados com destroços. A pedido de Troubridge, o Blenheim avançou para a posição mais avante, colocando-se entre o Captain e o Culloden e os navios de Córdoba, permitindo-os realizar alguns reparos para voltar à luta.

Devido à maior eficiência dos artilheiros britânicos, os espanhóis estavam muito mais avariados, alguns reduzindo a velocidade de modo que os navios britânicos mais atrasados os alcançaram, caindo sobre eles como cães raivosos.

A essa altura da batalha, o Captain estava envolvido com 2 espanhóis, o San Nicolas, de 80 canhões, e o San Josef, de 112 canhões, com o pavilhão de um contra-almirante. Apesar de inferiorizado em poder de fogo, o navio de Nelson avariou os cascos dos 2 adversários, derrubou as vergas do San Nicolas e avariou o mastaréu superior do mastro principal e do mastro da Mezena do San Josef. Este último foi também atingido pelo Blenheim e estava sendo atingido pelo Prince George; envolto em fumaça caiu para barlavento, atrás do San Nicolas.

Às 15h, após ter recebido sinal do comandante em chefe para sair da linha, o Excellent, de Collingwood, veio em socorro dos companheiros. Passou pelo Salvador del Mundo e pelo San Isydro, caídos à retaguarda da força espanhola, ferindo-os gravemente com suas bordadas – esses navios, atacados por outros britânicos, arriaram suas bandeiras. Collingwood ignorou-os e partiu em socorro de Nelson, que duelava com o San Nicolas e o San Josef. Atirando à queima-roupa contra o primeiro, os tiros do Excellent atravessaram-no, atingindo também o outro que estava ao lado. Collingwood prosseguiu para engajar o Santissima Trinidad.

Tendo engajado navios muito superiores por mais de 2 horas, o Captain estava reduzido a uma ruína. Sem sombra de dúvida era o navio mais avariado da força britânica e estava quase incapaz de manobrar. Inúmeros canhões estavam avariados, a pólvora existente era pouca, assim com os projéteis e a metralha. As baixas eram consideráveis, o próprio Nelson foi atingido por um estilhaço no abdômen que quase o derrubou (até o fim da vida Nelson sentiria o efeito da pancada).

Sem alternativa para continuar a luta, Nelson determinou que Miller lançasse o Captain contra o San Nicolas, que ainda atirava furiosamente. Praticamente imobilizado pelo seu parceiro San Josef, o San Nicolas não podia evitar a colisão: o Captain bateu de proa contra a alheta de boreste do espanhol. O gurupés – mastro horizontal que se projeta a partir da roda de proa do navio – do britânico passou por cima do convés de popa do San Nicolas e a sua verga – peça horizontal perpendicular ao gurupés – prendeu-se aos cabos de sustentação do mastro da mezena do espanhol, ficando, pois, criada uma ponte ligando o Captain aos conveses superiores do San Nicolas. Por essa ponte, Nelson determinou a abordagem do barco inimigo, com o pessoal usando as lanças de abordagem, facões, machados, pistolas e mosquetes com as baionetas em posição. Miller preparava-se para guiar um dos grupos de abordagem quando Nelson determinou que ele permanecesse a bordo para dirigir o navio e, tirando a espada, lançou-se à frente de um dos grupos de abordagem. Berry estava à frente do outro.

Após rápida luta, a bandeira espanhola foi arriada, segundo alguns pelo próprio Nelson. Os canhões do San Nicolas finalmente silenciaram. Mas a contrabordo dele ainda estava o San Josef com seu pavilhão de almirante tremulando. Homens desse navio atiravam contra os homens de Nelson no San Nicolas e Nelson decidiu então também atacar com seus homens o poderoso San Josef. Pediu reforços a Miller e, mais uma vez à frente de seus homens, atacou o enorme navio e após muito pouca resistência o navio se rendeu. O almirante, que perdera as duas pernas nos primeiros minutos da batalha, estava morrendo (ele morreria naquela mesma noite). Os homens de Nelson, reunidos entusiasticamente ao seu redor, louvavam o seu herói. Eram pouco mais de 16h e a bandeira britânica tremulava agora nos dois navios espanhóis, sendo o San Josef de primeira classe.

Nelson deixou a bordo de suas presas cerca de 150 homens. Foram feitos 1.500 prisioneiros, muitos necessitando cuidados médicos. Nos conveses inferiores desses navios o espetáculo era dantesco: cadáveres por todo lado, alguns sem cabeça, outros sem braços e pernas; pedaços de corpos espalhados, suas entranhas por toda parte; o sangue derramado tão viscoso e abundante que era impossível caminhar no convés sem sujar os pés.

Apesar das suas precaríssimas condições o Santissima Trinidad escapou da captura ou destruição. Aparentemente, ele chegou a arriar a sua bandeira mas os navios britânicos mais próximos afastaram-se, cumprindo a determinação do almirante de desengajar; ele estava com dois navios fora de combate – o Captain e o Colossus e tinha quatro presas para guardar.

A batalha estava terminada. Indiscutivelmente, a Grã-Bretanha tinha um novo herói. Damos a palavra a Sugden:

Nelson recebe a rendição do comandante da nau espanhola San Nicolas no convés do navio. Como era tradição na época, o comandante espanhol oferece a sua espada a Nelson como sinal de rendição. [*Receiving the surrender of the San Nicolas, 14 February 1797* (1806), por Richard Westall]

[...] se o engajamento ao largo do cabo de São Vicente foi memorável, foi Nelson que o fez assim. Sem ele, um ou dois navios de linha teriam sido capturados, e a ação, galante como foi, teria sido esquecida. Por contraste, os que viram o Captain deixar a linha britânica, se engajar com cinco ou seis navios superiores em prolongado duelo e terminar abordando um inimigo e depois outro, sabiam que haviam testemunhado um espetáculo naval único. Como uma combinação de visão, decisão e heroísmo foi um feito jamais ultrapassado na história do combate no mar.[4]

Quando os canhões silenciaram, os navios britânicos se organizaram para proteger suas presas, o Victory passou próximo ao avariado Captain, que foi saudado com três vivas. Todos os navios da força repetiram a saudação. A glória tão sonhada era agora uma realidade.

Nelson mudou seu pavilhão para sua antiga fragata, onde foi recebido com vivas. Às 16h30, sem mudar o uniforme, ele se apresentou a Jervis, que o recebeu no portaló, o que, em termos de cerimonial naval, é uma honra raramente concedida por um superior a um subordinado. Nelson abraçou Jervis, que deu permissão a ele para içar seu pavilhão no Irresistible, um 74 sem avarias, comandado por George Martin. Às 17h15, Nelson já estava no seu novo navio. Afinal, era possível que ainda houvesse luta.

Mas não houve mais luta. Os espanhóis foram para o porto e, embora lamentando a humilhante derrota para uma força numericamente muito inferior, consolaram-se com a ideia de que os seus navios mercantes, com a importante carga de mercúrio, chegaram a salvo à Espanha.

Com a fragata La Minerve rebocando o combalido Captain, a força britânica rumou para Lagos, para reparos e reabastecimento.

Não se pode negar que a batalha, embora não tendo sido decisiva, foi uma espetacular, e veio na hora certa para a Grã-Bretanha, já que a situação da guerra e da economia do país não eram boas. O governo britânico necessitava de um sucesso e a vitória na Batalha do cabo de São Vicente teve todas as características necessárias para despertar o ânimo popular.

Os espanhóis, além de perderem 4 navios de linha, sendo 2 de primeira classe, tiveram muitas baixas. Somente nos navios apresados, contaram-se 280 mortos e 2.400 homens feitos prisioneiros. Embora a frota espanhola tenha saído da batalha praticamente intacta, a derrota para uma força tão numericamente inferior, abalou profundamente o moral do pessoal da frota e da sociedade espanhola. Posteriormente, os almirantes Córdoba e Moreno, e seis dos seus capitães, seriam submetidos à corte marcial e, em consequência, dispensados do serviço. A eventual participação da frota espanhola nos planos franceses para uma invasão da Grã-Bretanha foi relegada a um plano secundário.

Na força britânica, as baixas foram muito menores, cerca de trezentas no total, incluindo mortos e feridos, sendo que mais de um quarto dessas baixas – oitenta – se deram no Captain (24 mortos). Na carta que Jervis escreveu para o Primeiro lorde do almirantado, bem mais analítica do que o seu relatório oficial, há uma referência a baixas que merece ser aqui reproduzida: "O número de mortos e feridos em cada navio, embora nem sempre seja um critério para avaliar a participação de cada um na ação, nesse caso ele é correto".[5]

Assim, para o comandante em chefe, levando-se em conta o número de baixas de cada navio, os navios que mais teriam se destacado, seriam, pela ordem, o Captain, seguido pelos Blenheim, o Irresistible, de Collingwood, e o Prince George, com o pavilhão do almirante Parker. Entretanto, quando Jervis, depois de citar nominalmente os três homens que mais se destacaram na ação – Troubridge, Nelson e Collingwood – ele lista os navios, sem se referir aos seus capitães, que, além do Culloden, Captain, e Irresistible, melhor se houveram no combate: o Blenheim, o Prince George, o Orion, o Invincible e o Colossus.

Contrariamente ao que aconteceu com os espanhóis, a moral britânica, tanto entre a população como entre os homens da Marinha Real, principalmente entre estes, atingiu sua culminância. A ação a curta distância passou a ser considerada um fator de garantia de sucesso, inclusive por Nelson.

Numa época em que a carreira dependia sobremodo do "interesse" que se pudesse conquistar, é natural que cada homem envolvido numa ação quisesse aparecer nos relatórios oficiais ou nas versões das diversas testemunhas com destaque. Para evitar os problemas causados pelo relatório de Howe sobre "O Glorioso Primeiro de Junho", em 1794, em que ele tentou distribuir crédito entre os seus capitães, Jervis fez um documento oficial totalmente insatisfatório, sem mencionar ninguém pelo nome, exceto o capitão de bandeira Robert Calder. A carta particular, já aqui mencionada, ao Primeiro lorde, sir Spencer, foi uma tentativa de fazer justiça aos que, para ele, mais se tinham destacado.

O relatório particular de Nelson já estava circulando entre seus amigos – ele mereceu reparos do almirante Parker quanto ao tempo em que o Captain e o Cullver tiveram engajados com os navios espanhóis – com o relato pormenorizado da batalha, em que Nelson é a figura principal, destacando também o papel tanto de Troubridge como de Collingwood. Para Nelson, esses dois tinham se comportado muito melhor que os demais capitães, que apenas cumpriram o seu dever. Esse relatório chegou aos jornais por intermédio de Locker, ao mesmo tempo que outras histórias, como a derrota que Nelson impôs a fragatas espanholas, em dezembro do ano anterior. Uma breve mas completa história da Batalha do cabo de São Vicente, escrita por John Drinkwater, estava também em circulação.

Elliot e Drinkwater haviam assistido à batalha a bordo da fragata Lively, colocada à retaguarda da força principal de Jervis, e ambos consideraram a participação de Nelson essencial para a vitória. Drinkwater teve ainda ocasião de estar com Nelson e ouvir sua versão, quando este esteve na Lively, no dia seguinte da batalha, para falar com Elliot. Como este estava no Victory, com o comandante da fragata, já que esta ia levar para Londres as notícias da vitória, Nelson deixou uma carta para Elliot e sua correspondência para a Grã-Bretanha.

Nelson queria que sir Gilbert Elliot evitasse que o comodoro fosse premiado com um baronato, já que não tinha condições, por razões financeiras, de manter uma vida social condizente com o título nobiliárquico. Ele preferia uma condecoração como a Ordem do Banho.

O governo britânico não poupou elogios e prêmios. As duas casas do Parlamento, por aclamação, apresentaram aos heróis do cabo de São Vicente os cumprimentos do povo britânico O rei enviou uma mensagem especial para todos os componentes da força de Jervis e medalhas de ouro para os almirantes, o comodoro e todos os comandantes dos navios de linha. Sir Jervis foi feito conde de São Vicente e recebeu uma anuidade de £3.000; os dois vice-almirantes foram feitos baronetes, inclusive Thonson, que falhou em dar cumprimento à segunda ordem de Jervis para guinar em sucessão; o contra-almirante Waldegrave, que já tinha um título de nobreza, recebeu um pariato irlandês; o nosso comodoro, graças ao empenho de Elliot, recebeu a Ordem do Banho, com o direito de adotar um brasão alusivo ao seu feito e usar no peito uma estrela com fita vermelha. Calder, capitão de bandeira de Jervis, recebeu o título de sir.

A 20 de fevereiro, numa promoção geral e absolutamente normal, por força de sua posição na lista de capitães, Nelson foi promovido a contra-almirante. A emoção do velho pai, que sempre dissera que queria viver o bastante para ver o filho almirante, foi enorme e, logo, com a chegada das notícias dos feitos de Nelson em São Vicente, sua satisfação e orgulho transpareciam, a ponto de sua nora dizer que nunca o vira tão bem disposto.

Nelson era agora um herói nacional. As cidades de Londres, Bath, Norwich e Bristol lhe concederam títulos de cidadania que lhe foram entregues em caixas ornamentadas. Baladas foram escritas em sua homenagem.

Alguns dos biógrafos de Nelson criticam Fanny pelas cartas "da abordagem", pois ela estaria inibindo o grande herói, incapaz de compreender o seu marido, de entender a essência do seu espírito e de compartilhar com ele sua ânsia pela glória. Discordamos desses autores. Ela era uma boa e fiel esposa, separada há 4 anos do esposo e temendo por sua segurança.

Logo ao saber as notícias do triunfo, ela escreveu:

Meu muito querido esposo,

Recebi ontem sua carta de 16 de fevereiro. Graças a Deus você está bem, e Josiah. Minha ansiedade foi muito além da minha capacidade de expressão. M. Nelson e capitão Locker comportaram-se com humanidade e atenção para comigo. Eles escreveram imediatamente, o capitão Locker assegurando-me que você estava perfeitamente bem, Maurício implorando-me para não acreditar nas informações da *Gazette* que davam você como ligeiramente ferido. Simultaneamente, meu muito querido esposo, meus sofrimentos foram grandes [...]. Eu não serei eu mesma até que tenha notícias suas de novo. O que eu posso tentar dizer para você sobre abordagem? Você foi protegido da maneira mais admirável; você já fez suficientes ações desesperadas. Agora eu gostaria de pedir – na verdade eu peço – que você não faça mais outra abordagem! DEIXE ISSO PARA CAPITÃES.[6]

Na carta seguinte, ela insiste:

Sinceramente espero, meu querido marido, que todas essas ações maravilhosas e desesperadas – tais como a abordagem de navios – você deixe para outros. Sob a proteção do Ser Supremo você adquiriu uma personalidade ou um nome, que todos concordam, não pode ser maior; portanto, fique satisfeito.[7]

No final de fevereiro, quando os navios de Jervis estavam no Tejo recuperando-se das avarias sofridas na Batalha do cabo de São Vicente, chegaram notícias animadas. A Espanha aguardava a chegada de uma frota vinda de Havana e Vera Cruz, trazendo prata e o vice-rei do México. A captura desse comboio representaria um enorme prejuízo para a Espanha – os boatos eram que a prata transportada valeria algo em torno de £6 milhões – e traria a fortuna para seus captores.

Nelson recebeu a missão de patrulhar o acesso à Espanha entre Portugal e a África. Com uma combinação de navios de linha, fragatas e navios menores, suspendeu a 5 de março, ainda a bordo do Irresistible, enquanto aguardava a designação de um novo navio para ser seu capitânia, permanecendo em patrulha – por cerca de 14 dias, as fragatas e os navios menores foram espalhados para ampliar a área vigiada e darem alarme da aproximação da força inimiga.

No dia 1º de abril, Jervis chegou com o restante da esquadra com a intenção de bloquear Cádis onde Nelson, já a bordo do seu antigo navio, o Captain, se encontrava com a sua força. Logo, Nelson recebeu do Ville de Paris, novo capitânia de Jervis, sua flâmula de contra-almirante e ela foi logo içada, com uma salva de 17 tiros.

A 10 de abril, Nelson recebeu uma nova missão: realizar o bloqueio próximo de Cádis enquanto o restante da força de Jervis faria o bloqueio afastado.

Caberia a Nelson impedir que qualquer navio deixasse o porto e interceptar a força inimiga caso ela tentasse sair para proteger o comboio proveniente da América espanhola.

Já no cumprimento da nova tarefa, a 11 de abril, Nelson, com o homem que se tornaria cada vez mais seu amigo, Troubridge, planejaram juntos uma aventura temerária. Para eles, o comboio espanhol, para escapar dos britânicos, tinha ido para Santa Cruz de Tenerife, nas Canárias e, portanto, se os britânicos quisessem os navios da prata teriam que ir a atacá-los lá.

Numa carta escrita no dia 12, Nelson apresentou o plano a Jervis. A motivação de Nelson para o empreendimento tem sido objeto de disputa. Sem dúvida, sua ascensão na escala social – era agora um cavalheiro do império britânico! – expunha sua precariedade financeira. As despesas com casas, seus jardins, roupas, cavalos e carruagem, empregados domésticos, alimento e bebidas eram alguns dos itens que consumiam os modestos rendimentos auferidos pelo novo almirante. A posse de uma ou mais propriedades era, nesse período do século XVIII, requisito essencial para quem quisesse usufruir um lugar na sociedade de alguma influência política. O sonho do casal de uma pequena propriedade ficou maior, devido à nova posição.

Nelson, por natureza um homem generoso, via-se agora na posição de ser o mais bem-sucedido de uma grande família. Os parentes esperavam que ele os ajudasse a atender suas próprias ambições e necessidades.

O pagamento pelas presas, embora às vezes significativo – no Agamemnon totalizaram £814 – custava a ser pago. Durante 1793 e 1797, ele e seus associados destruíram ou fizeram encalhar perto de 200 navios de todos os tipos; durante a primeira metade de 1796, somente seu esquadrão foi responsável por mais da metade das presas tomadas no Mediterrâneo. A parte de Nelson nessas capturas, incluindo o prêmio pelo confisco das propriedades francesas na Córsega, até a primavera de 1797, ao que se sabe foi bem além de £3.000, e nem todas tinham sido pagas. Bastante dinheiro, mas não para o novo *status* de Nelson. Os gastos correntes de Nelson eram altos – uma esposa na Inglaterra, uma amante na Itália –, além do pagamento de despesas relativas à sua cabine – todos os gêneros para suprir a sua mesa a qual tinham acesso frequentemente convidados e os seus "empregados do capitão".

Não tenho dúvida de que a principal motivação para Nelson era o dinheiro. Tudo indicava que a guerra estava apenas por meses ou talvez por semanas. Apenas alguns dias mais tarde, austríacos e franceses acordariam um tratado de paz preliminar e, portanto, a captura de Santa Cruz não teria nenhum significado estratégico.

O plano de Nelson apresentava duas alternativas. Na primeira, seria feita uma tentativa de cortar os cabos dos ferros dos navios fundeados, levando-os para fora do fundeadouro: para que o plano funcionasse, porém, era necessário que estivesse soprando um vento da praia para o mar, mas esses ventos eram muito tempestuosos e incertos.

A segunda alternativa, Nelson considerava a melhor e mais segura. Para ele, ela tinha sucesso garantido e imortalizaria seus realizadores, arruinaria a Espanha e, muito provavelmente, proporcionaria à Grã-Bretanha uma onda de prosperidade como nunca tinha sido vista. As tropas seriam desembarcadas e se apossariam das elevações em torno da cidade e cortariam o suprimento de água (a água era distribuída por calhas de madeira). Nelson acreditava que a cidade, não sujeita com frequência a ataques, não tinha fortificações comparáveis às que eles haviam dominado na Córsega e, portanto, se os mesmos termos generosos de rendição que foram oferecidos a Porto Ferraio, Livorno e Capraia fossem igualmente apresentados aos espanhóis, e os direitos dos civis garantidos, não haveria luta. Apesar das dúvidas que ele tinha sobre as relações com o exército, ele julgava necessária a sua cooperação, pois apenas os homens e a artilharia dos navios não seria suficiente.

Mas outro problema preocupava Nelson. De Burgh e Fremantle tinham sido deixados em Porto Ferraio, muito expostos a qualquer ação inimiga. De Londres tinham vindo ordens para retirar todo o pessoal de Elba, o que implicava numa longa viagem até Gibraltar. Desde meados de março, Nelson tinha pedido para ir até a ilha e escoltar o comboio, usado dois ou três navios de linha. Agora, com o plano para atacar Santa Cruz pronto, Nelson pensou combinar as duas operações, usando os soldados de Elba – cerca de três mil – para atacar Santa Cruz. Como a força principal de Jervis bloqueava Cádis ele protegia Fremantle dos espanhóis, mas, ainda assim, ele estaria desprotegido contra qualquer ataque dos franceses de Toulon.

A proposta de Nelson foi, pois, aceita de pronto e apenas dois dias após ter recebido a missão de fazer o bloqueio próximo, ele recebeu, além do Captain, mais dois navios de linha, o Colossus e o Leander e mais quatro navios que seriam incorporados no caminho.

Pela segunda vez, Nelson penetrou no Mediterrâneo dominado pelo inimigo. A 21 de abril, perto da Córsega, ele encontrou o comboio de Fremantle, que havia deixado Elba 5 dias antes: 70 transportes sob a proteção da Inconstant e de mais 4 ou 5 pequenos navios de guerra. A 19 de maio, sem qualquer incidente maior, o comboio chegou a Gibraltar. No dia 24, Nelson estava de volta a Cádis, voltando a comandar o bloqueio próximo, enquanto aguardava uma decisão de seu chefe quanto ao ataque contra Santa Cruz.

Então, algo inconcebível chegou ao conhecimento de Nelson. Em abril, enquanto as forças de invasão estavam ainda se preparando para invadir a Grã-Bretanha, a esquadra do Canal, o grande escudo protetor do país, tinha se amotinado.

Em Spithead, os homens se recusavam a ir para o mar. Bandeiras vermelhas foram içadas nos navios amotinados e foram eleitos delegados para apresentar as queixas dos marinheiros. Lá, como em Plymouth, o protesto foi disciplinado e contido, embora com o tempo oficiais impopulares tenham sido colocados fora dos navios. As queixas diziam respeito ao soldo irrisório, à divisão injusta do dinheiro do apresamento de navios, má alimentação e deficiência no tratamento dos doentes e feridos. O governo britânico aceitou algumas demandas dos revoltosos e garantir anistia geral, mas o descontentamento, uma vez tendo-se mostrado, fica difícil de ser contido.

Mas o pior foi a revolta no Nore, em maio, muito mais brutal e irrestrita. Ela se espalhou para a frota do mar do Norte, onde a maioria dos navios recusou-se a servir e retornaram para a Inglaterra.

Nelson não tardou a tomar uma clara posição nos dois casos:

> Estou inteiramente com os marinheiros [de Spithead] na sua primeira queixa. Nós somos um grupo desprezado, e quando vem a paz somos tratados vergonhosamente. Mas no que concerne aos patifes do Norte, eu ficaria feliz de comandar um navio contra eles.[8]

Como a força Jervis recebesse reforços vindos das áreas amotinadas, ele estava determinado a impedir que o germe da insubordinação fosse trazido para sua força. Um desses reforços, o 74 Theseus, chegado de Spithead, estava "no mais deplorável estado de licenciosidade e desordem" e precisava de alguém que corrigisse essa situação. Jervis propôs que Nelson tomasse o Theseus como seu capitânia, tão logo ele chegou a 24 de maio.

Com liberdade do comandante em chefe, Nelson tomou consigo 47 voluntários para o Theseus, incluindo o capitão Miller e os 6 tenentes do Captain. Os homens de Nelson foram todos colocados nas posições – chave do seu novo capitânia, cuja tripulação era de 600 homens.

Apesar da má reputação, Nelson logo constatou que o maior problema do navio não era comida, mas o fato de os homens não terem tido oportunidade de combate. Com a ajuda de Miller, as coisas a bordo começaram a mudar e, um dia, uma nota foi encontrada no passadiço do navio, o que mostra o estado de espírito da guarnição (a 17 de junho, Miller leu para a guarnição um nova lei do Parlamento, que aumentava os soldos e aumentava os recursos para alimentação).

Que o sucesso chegue ao almirante Nelson. Deus abençoe o capitão Miller. Agradecemos ao almirante pelos oficiais que ele colocou para nos dirigir. Estamos felizes e confortáveis, e derramaremos cada gota de nosso sangue combatendo os inimigos de nossa pátria e dando apoio ao almirante.

A guarnição.[9]

Em Londres, o almirantado cogitou da possibilidade de um ataque a Cádis, com o objetivo de destruir ou capturar os navios espanhóis lá abrigados, os estaleiros e o arsenal, avisando a Jervis que, nas presentes circunstâncias, era necessário serem tomadas medidas vigorosas, mesmo envolvendo certo grau de risco. Sem dar ordens claras para atacar a cidade, o almirantado insinuava que esse ataque era desejável e por isso fazia chegar a Jervis uma ordem escrita para o general Stuart, comandante do exército britânico em Portugal, para que ele cedesse a Jervis os homens e as peças de artilharia que haviam sido resgatados da ilha de Elba, caso os quisesse usar contra Cádis. Além disso, Jervis recebeu uma carta para o comandante em Gibraltar para que fornecesse mil homens a mais para a empreitada.

Jervis e Nelson, porém, não julgaram factível o ataque, embora reconhecessem que o bloqueio não estava conseguindo atingir seu principal objetivo: forçar a saída da esquadra espanhola. Reforçado por Jervis – a força de bloqueio próximo tinha agora dez navios de linha –, Nelson acreditava que sozinho daria cabo da força espanhola de Mazarredo. Mas nada acontecia. A letargia era grande e os almirantes britânicos temiam que ela levasse os marinheiros da frota a se amotinar, como aconteceu com a frota do Canal e do Norte. Alguma coisa precisava ser feita e o bombardeio naval indiscriminado da cidade era a alternativa lógica.

Os britânicos deixaram vazar para os espanhóis que estavam preparando navios-bomba para reduzir a cidade a cinzas. A única reação espanhola foi levar os seus navios para uma ancoragem mais afastada e mais segura. No início de julho, um navio-bomba, o Thunder, armado com um morteiro de 12,5 polegadas de calibre e um obuseiro de 10, chegou de Gibraltar com um destacamento de artilharia, acompanhada com uma canhoneira "Urchin", armado por sua vez com um canhão de 24 e um pequeno obuseiro. Os britânicos escolheram uma posição adequada para o navio-bomba, livre das baterias espanholas. O bombardeio começou na tarde de 3 de julho.

Nelson, sempre na sua ânsia por glória, fez questão de ir a bordo do Thunder, que, rebocado por algumas das pequenas embarcações, rumou para o ponto onde seria fundeado. Miller, num dos barcos de reboque, tentava manter o navio-bomba no rumo, o que estava extremamente difícil, de modo que somente por volta das 22h ele fundeou, protegido por alguns navios e uma verdadeira frota de lanchas e barcos pequenos. Como tinham sido avisados, os espanhóis estavam alertas, acompanhando todos os movimentos do inimigo. Um pouco antes das 23h, o bombardeio começou. Alguns dos tiros arrebentavam em pleno ar, porque suas cargas queimavam prematuramente, outros caíam sobre a cidade; em breve alguns incêndios irromperam na cidade.

Depois da meia-noite, canhoneiros e barcas espanholas se lançaram à frente para tentar parar o ataque. Os barcos britânicos – cada navio tinha cedido duas embarcações – estavam cheias de homens armados com todas as possíveis armas leves para ferir ou matar os inimigos e com cabos e grampos para rebocar para longe as suas embarcações. Nelson, ao ver a aproximação espanhola, mandou que Miller, que comandava as pequenas embarcações britânicas, contra-atacasse; vendo a inusitada intranquilidade dos homens, Nelson, impaciente, chamou um dos barcos para perto do Thunder e com Fremantle e 11 dos seus melhores homens, lançou-se contra os espanhóis. De um dos outros barcos britânicos veio o grito "sigam o almirante" e alguns outros barcos o acompanharam. O combate se generalizou entre os barcos. O barco de Nelson foi abalroado por um grande barco espanhol, o San Pablo, por boreste, começando um com bate feroz entre as tripulações. Os espanhóis, com cerca de trinta homens, eram numericamente superiores aos britânicos numa razão de mais do que 2 para 1. Um dos homens de confiança de Nelson, Sykes, por duas vezes salvou a vida do almirante. Quando a situação era insustentável, Miller colocou o seu barco a bombordo do espanhol e o abordou. Cerca de 18 espanhóis foram mortos, o comandante espanhol feito prisioneiro bem como todos os que não nadaram para a praia. Ao fim do confronto, os espanhóis tinham perdido diversos barcos, 121 prisioneiros (dos quais 30, pelo menos, feridos mortalmente). Uma batalha espetacular, mas o bombardeio não atingiu seus objetivos. O grande mosteiro foi um fracasso e pela manhã a ação foi interrompida. Além do pobre resultado, ficou evidenciado que alguns homens não se comportaram bem sob fogo: no lugar de rebocarem o Thunder e o Urchin para fora da zona de combate após o bombardeio, os abandonaram e procuraram se colocar atrás dos navios da força de proteção.

Na noite de 5 de julho houve um segundo bombardeio; usando-se o Thunder (o morteiro avariado foi substituído), o Urchin e os dois navios espanhóis capturados na ação anterior, armados com morteiros. Dessa vez os espanhóis estavam preparados e dirigiram contra os britânicos um fogo cerrado que levou, mais uma vez, alguns barcos britânicos largarem os reboques dos navios com morteiros um pouco antes da hora, aumentando a distância do tiro. O bombardeio, embora tenha sido melhor que o anterior, não atingiu o principal objetivo – forçar a esquadra espanhola a sair para enfrentar o inimigo – e, até pelo contrário, levou-os a procurar uma posição de maior segurança para seus navios. Ainda pior, os jornais espanhóis exaltaram o heroísmo dos homens da esquadra, repelindo bravamente a segunda investida britânica.

A frustração de Nelson era grande, convencendo-se finalmente de que a esquadra espanhola não tinha efetivamente disposição para lutar. A notícia, porém, de que afinal a expedição a Tenerife sairia acalmou-o. O dinheiro que sir Horatio Nelson esperava ganhar com a expedição era um estímulo e tanto!

Dois incidentes ajudaram a decisão de atacar Santa Cruz. Em abril, duas fragatas britânicas foram a Santa Cruz e lá encontraram dois navios mercantes, que, embora não fossem da frota do tesouro vindo da América, transportavam mercadorias de luxo, como café e pimenta. Um dos navios foi aprisionado e sua carga foi avaliada em £30 mil.

Em maio, outras duas fragatas da força de Jervis, a pretexto de uma troca de prisioneiros, chegaram ao largo de Tenerife e aproveitaram-se para furtivamente avaliarem a situação local. Tanto quanto foi possível perceber, os navios do tesouro estavam descarregando em Santa Cruz, com uma corveta francesa, La Mutine, de 14 canhões, fundeada. Graças ao valor do tenente Thomas Hardy, o navio francês foi capturado, Hardy promovido e colocado no comando do navio que ajudara a capturar. As informações trazidas indicavam que Santa Cruz poderia ser tomada sem maiores dificuldades.

No início de junho, Nelson foi avisado que comandaria uma força com três navios de linha – o Theseus, o Culloden e o Zealous, todos de 74 – o Leander, de 50 canhões, três fragatas – Seahorse, Esmerald e Terpsicore – o cúter Fox e uma das lanchas armadas com morteiros capturadas dos espanhóis – a Terror. A força não levava, porém, soldados, tendo Nelson requerido e recebido um número extraordinário de fuzileiros.

As ordens eram para a força exigir a rendição da ilha de Tenerife, inclusive com a entrega da carga dos "navios do tesouro", isto é, os vindos da América, e todas as demais cargas que não fossem destinadas ao consumo da população da ilha. Todas as propriedades do governo e os fortes deveriam passar para o controle britânico. Não era mais certo, porém, que a frota vinda da América tivesse deixado seu porto de origem. O valor da carga dos navios e a possibilidade de eles caírem nas mãos britânicas teriam feito os espanhóis desistirem da viagem, pois, além do mais, havia evidências de que a guerra estava prestes a terminar. Entretanto, Nelson usando toda a experiência adquirida no Mediterrâneo, conseguiu que fosse aprovada sua fórmula garantindo que a segurança e a propriedade dos civis fosse assegurada e os seus direitos civis e religiosos fossem preservados no caso da ilha se render. Por outro lado, se houvesse resistência da população à ocupação britânica, uma grande taxação lhes seria imposta e o confisco que fosse necessário de suas propriedades seria feito para pagar as taxas.

Com a nata dos oficiais da força a acompanhá-lo, Nelson suspendeu a 15 de julho.

Durante a travessia, todas as oportunidades para preparar a força para sua missão foram usadas, observando-se os mínimos detalhes. Para que todos os comandantes de navios soubessem exatamente o que se esperava deles, inúmeras reuniões foram feitas a bordo do Theseus. O problema de comando e controle, especialmente em combate, era dos maiores na época devido inclusive ao ineficiente sistema de bandeiras existentes. Embora esse problema tivesse diminuído com a adoção posterior de bandeiras numerais, que se referiam a um livro de sinais, a confusão e imprecisão ainda persistiam. Mesmo quando as bandeiras podiam ser vistas – mau tempo, nevoeiro e a fumaça dos canhões tornavam nem sempre visíveis essas bandeiras – a correta interpretação delas era difícil, como pode ser visto na Batalha do cabo de São Vicente.

Segundo o depoimento de Berry, nessas reuniões o Almirante

> [...] desenvolvia de modo completo [...] suas próprias ideias dos diferentes e melhores métodos de ataque, e os planos que ele propunha executar para cair sobre o inimigo, qualquer que fosse sua posição ou sua situação, de dia ou de noite [...]. Não havia nenhuma possível posição em que [o inimigo] pudesse se encontrar que ele não levasse em conta no seu cálculo [e para a qual] ele não sugerisse a forma mais vantajosa de ataque.[10]

Na época, esse procedimento de Nelson não era comum e era uma forma de debate livre em que cada um sentia-se com liberdade de participar com suas ideias. Nelson estabelecia os parâmetros do debate e encorajava seus oficiais a contribuir com suas informações e pontos de vista.

Santa Cruz não tinha defesas que impressionassem. Sua guarnição não tinha mais do que 400 soldados regulares e uma milícia mal equipada de cerca de 800 homens que, para ser reunida, demandava algum tempo. Menos de 400 artilheiros e cerca de 110 marinheiros completavam a força de defesa do comandante geral das Canárias, Dom Antonio Gutierrez. Um penhasco vulcânico, Tenerife não oferecia bons pontos para desembarques ou ancoradouros adequados. As praias, poucas, tinham fundo escorregadio, e quase todas tinham forte arrebentação. Na costa nordeste da ilha, numa baía aberta, ficava Santa Cruz, protegida por uma montanha na retaguarda. A natureza tornava difícil uma aproximação por sudoeste, sendo viável apenas um ataque frontal ou pelo nordeste, onde obviamente foram colocadas as melhores e mais poderosas forças de defesa. A muralha de frente para o mar, com 6 milhas de extensão, era dotada de 16 fortificações, sendo algumas plataformas de canhões e outras torres e parapeitos, com um total de 84 peças de artilharia.

O ponto defensivo mais importante era a antiga cidadela do San Cristobal, com sua torre do sino, uma muralha mássica de 30 pés de perímetro, com bastiões nos cantos, com 10 canhões, comandando o melhor lugar de desembarque: um mole, baixo, feito de pedra, com a extremidade arredondada que se projetava para o mar não muito longe da praça principal da cidade.

O principal fator de força dos atacantes era a surpresa. Um assalto súbito, lançado contra um inimigo desprevenido, sem ter mobilizado suas reservas era uma tática capaz de produzir os melhores resultados.

Pelos planos traçados, Nelson, como convinha a um almirante, comandaria toda a operação a bordo do Theseus, enquanto Troubridge comandaria a operação em terra. A força de Troubridge, em torno de 740 homens, organizados em três companhias, desembarcaria no flanco nordeste da cidade, perto do forte de Porto Alto; a tropa atacaria o forte e o dominaria, o que permitiria que os navios fundeassem em segurança abaixo. Com a cidade ameaçada pelos próprios canhões do Porto Alto, os espanhóis podiam ser persuadidos que a rendição era a melhor saída.

O desembarque seria feito a partir das fragatas, que podiam chegar mais próximo da costa, com botes. As escadas de escalar e outros equipamentos foram transferidos dos navios de linha para elas. Às primeiras horas do dia 22 de julho, as fragatas, trazendo atrás de si os navios de linha, aproximaram-se do seu objetivo, tomando posição na mais completa escuridão Os botes foram arriados, os homens embarcaram e as embarcações rumaram para terra. Como havia poucos fuzileiros, Nelson fizera com que alguns marinheiros vestissem casacos vermelhos com cartucheiras cruzadas para que a capacidade militar da força parecesse maior. Os barcos foram amarrados uns aos outros com cabos para não se dispersarem. O vento e a forte correntada dificultavam o avanço dos barcos em direção a uma pequena praia a sudoeste do forte; eles deveriam alcançar esse ponto antes de clarear o dia, mas isso não ocorreu pelas dificuldades encontradas e os remadores estavam já exaustos. Tão logo a claridade chegou, a despeito de todas as precauções dos britânicos, os sinos de alarme começaram a tocar e os canhões de advertência despertaram os assustados habitantes. Mensageiros foram despachados para todos os recantos da ilha para convocar os milicianos; os soldados guarneceram seus postos. Em Paso Alto, os canhões foram guarnecidos. O fator surpresa fora perdido.

Troubridge decidiu, então, cancelar o ataque. Enquanto os botes se reuniam em torno das fragatas, Troubridge dirigiu-se para o Theseus para informar Nelson. Havia se perdido a melhor ocasião: a milícia ainda estava sendo reunida, as tropas disponíveis eram insuficientes para guarnecer todas as posições e a confusão na cidade era total, provocada pelo pânico da população.

Certamente, Nelson ficou desapontado e lamentou não ter comandado pessoalmente a operação. Aparentemente os subordinados, mesmo os melhores, ainda não estavam preparados para tomar decisões alinhadas com o pensamento do seu chefe. Nelson escondeu toda a sua frustração, preparando-se para ouvir o que Troubridge tinha para sugerir. Este se mostrou decidido a tentar de novo, sugerindo que dessa vez o desembarque fosse feito um pouco mais a leste de Paso Alto, de onde os homens poderiam escalar as montanhas até um ponto acima do forte e de lá forçá-lo à rendição.

Nelson concordou e deu ordem para que as fragatas e o cúter Fox se aproximassem ainda mais da costa, até ficarem a 650 jardas da praia, já dentro do alcance dos canhões do forte. Às 10h da manhã, os barcos remaram de novo para a praia. A pequena resistência ao desembarque foi facilmente eliminada e logo os homens estavam arrastando seus barcos na praia rochosa, iniciando a escalada levando um ou dois canhões de 3 libras. O esforço foi enorme. O vento havia diminuído, ficando os homens que escalavam expostos a um sol inclemente na medida em que subiam. Com o peso dos homens e dos equipamentos, as pedras da montanha cediam ou rolavam e a inclinação era tão íngreme que era impossível fugir sem cair da rocha no mar. Os cantis de água, vinho ou bebidas fortes que os homens transportavam nas costas foram esvaziados ou descartados de modo que, quando chegaram ao cume, cerca de 1.500 pés acima do nível do mar, estavam desidratados e exaustos, sem água, alimento ou abrigo. Embora tivessem desfraldado suas bandeiras e preparado posições defensivas, a situação era insustentável: alguns desmaiaram, um morreu e o seu líder, Troubridge, ainda debilitado por doença recente, parecia que não iria resistir (eu acredito que a debilidade resultante da doença pesou bastante na decisão não tão feliz de interromper a primeira tentativa de desembarque).

Todo esforço foi em vão. Do ponto que eles estavam eles podiam ver que uma profunda garganta os separava da elevação acima de Paso Alto, seu próximo objetivo e, além do mais, esse ponto já tinha sido ocupado pelos espanhóis e franceses. A situação era insustentável e pela segunda vez Troubridge tinha que se retirar. A descida custou a vida de dois homens e mais tarde estavam de volta a bordo dos navios, morrendo mais dois ou três de exaustão.

Para qualquer um era hora de desistir. Não para Nelson.

Afinal, eles tinham perdido alguns homens e nenhum navio estava avariado. Eles tinham sido repelidos, mas não vencidos. O retorno sem que nada havia sido conseguido seria desmoralizante. O senso de orgulho e de honra de Nelson diziam que ele deveria tentar de novo. Além do mais, a lembrança das riquezas armazenadas na cidade, apenas esperando ser tomadas, era um estímulo para um novo esforço.

Os comandantes da frota sentiam o mesmo que Nelson. Num último conselho de guerra recomendaram ao almirante que tomasse de assalto a cidade. Um ataque frontal seria feito contra a cidade e seria dirigido pessoalmente por Nelson.

O novo plano incluía a realização de uma finta em Paso Alto – uma ação que levasse os espanhóis a suporem que ali seria o assalto principal – para então atacar diretamente o centro das defesas. O mole seria tomado e as tropas avançariam até a praça, reagrupando-se para assaltar a cidadela para o que dispunham de 34 escudos de escalar muros. A ideia era que o mole fosse ocupado rapidamente com auxílio da escuridão, de modo a criar pânico e confusão entre os defensores da cidade, evitando que os atacantes sofressem grandes perdas causadas pela artilharia que defendia a cidadela.

A demonstração ou finta contra Paso Alto teve início às 17h de 24 de julho. Duas horas mais tarde, as fragatas e a barca com morteiro abriram fogo. Os espanhóis responderam ao fogo e, ao cair da noite, a troca de tiros, agora às cegas, prosseguiu. Com receio de um desembarque na praia, os espanhóis a bombardearam com tiro de granalha.

O ataque contra o mole teve início às 23h. Nelson, antes de ir, queimou seus documentos, destruindo qualquer coisa que pudesse ofender Fanny (seus papéis relativos à Adelaide, certamente). Josiah ajudou-o e insistiu em acompanhá-lo, mostrando uma resolução que não era comum nele.

Os homens embarcaram nos botes que se congregaram em 6 divisões junto ao Zealous. Em cada divisão os botes se prenderam uns aos outros com cabos; com rumos protegidos para seus objetivos com cerca de 700 homens, em completo silêncio e sem qualquer luz. A reserva ficou constituída por 180 homens a bordo do cúter Fox, mais 70 a 80 num pequeno barco espanhol apresado na véspera, e um punhado num bote do Theseus.

O mole ficava à distância de três milhas para o sudoeste, e para evitar que fossem vistos tiveram de fazer um percurso maior. A viagem durou mais de duas horas, pois os barcos estavam muito carregados e uma forte correntada dificultava seu avanço. Ao norte do mole havia uma pequena praia onde os botes deveriam ser puxados após o desembarque dos homens. Quando o barco de Nelson já estava próximo do mole os sinos de alarme soaram e os invasores passaram a ser alvo de intensa fuzilaria, de uma extremidade a outra da cidade.

Por volta da 1h da manhã, os homens de Nelson desembarcaram na praia ao lado do mole sob intenso fogo. Em torno de 30 peças da artilharia varriam a estreita área do ataque. De 7 a 8 canhões de 24 estavam na extremidade do mole voltada para o mar e, na outra extremidade, uma bateria construída rapidamente defendia a entrada para a praça. Da cidadela, cerca de 10 canhões apontavam para a extremidade do mole e a nordeste estavam situadas as baterias Rosario e San Pedro, cujos canhões apontavam para a praia perto do mole ou para os botes na aproximação final. Dos prédios ou por detrás de qualquer coisa que oferecesse cobertura, estavam atiradores com armas portáteis.

Na escuridão, apenas uma das outras divisões chegou ao mole para apoiar Nelson, as outras não encontraram o mole ou foram arrastados pelo vento e pela corrente para as praias pedregosas adiante.

No momento em que Nelson ia colocar o pé na praia, ele se virou para Josiah e disse que havia sido atingido. Uma bala de mosquete atingira o seu cotovelo direito e rompera a artéria braquial. Era um ferimento sério. Josiah o amparou, deixando-o no barco.

Entre os que perderam o mole estavam as divisões comandadas por Troubridge e por Waller, capitão do Emerald. Enquanto procuravam por um lugar para desembarcar, num mar cheio de ondas, seus botes se encheram de água e alguns afundaram enquanto outros eram lançados contra as pedras. Os homens perderam seus equipamentos inclusive as escadas de escalar. Molhados até os ossos, os homens nadaram para a praia; os mosquetes não podiam atirar porque seus cartuchos estavam molhados.

Troubridge reuniu e pôs ordem no grupo com a ajuda de Waller. Com os homens armados de lanças, facões e baionetas rumaram para a extremidade norte da praça, onde esperavam encontrar Nelson. Foi uma luta violenta em que os britânicos, atacando com armas brancas, fizeram prisioneiros e mataram ou feriram muitos espanhóis. Ao ocupar a praça, Troubridge colocou seus homens em posição de combate. Depois de uma hora, Nelson ainda não havia chegado, mas Troubridge soube que outro grupo britânico estava na cidade encurralado no convento, Santo Domingo, um pouco para oeste: Troubridge resolveu juntar-se a eles. Cerca de pouco mais de 4h da manhã eles chegaram ao convento onde encontraram mais duas divisões, uma comandada por Miller e outra por Hood, primo do almirante famoso, e comandante do Zealous. Ao todo, 340 homens isolados, cercados por inimigos, longe de seus navios.

Enquanto isso, Josiah, com a ajuda de duas gravatas de seda, aplicou um torniquete no braço ferido de Nelson, acima da ferida. Alguns marinheiros puxaram o barco para a água e iniciaram a longa volta para o navio. O barco teve de passar por oito baterias, que atiravam cegamente. O cúter Fox, com 180 homens a bordo, próximo ao barco que transportava Nelson, foi atingido por um tiro abaixo da linha d'água e afundou. Alguns dos homens foram içados para bordo do barco de Nelson e dois nadaram até o Emerald; um outro barco que transportava Fremantle, atingido no braço por tiros de arcabuz, também recolheu alguns sobreviventes, enquanto outros conseguiram se manter na superfície até que puderam ser recolhidos por outros barcos que tinham permanecido com os navios. Cerca de 96 homens morreram nesse único incidente.

Um pouco depois das 3h, o barco de Nelson alcançou o Theseus. Lá ele foi atendido por Thomaz Eshelby, um cirurgião de 28 anos com alguma experiência.

Poupamos ao leitor a descrição detalhada da amputação do braço direito de Nelson, a sangue frio. Não há nem mesmo o registro do uso do tradicional grogue e da tira de couro para morder durante a operação que, embora fosse a mais usual a bordo de navios na época, era de alto índice de mortalidade. A amputação foi feita próxima ao ombro – a operação durou cerca de 30 minutos. Nelson pôde, então, tomar algumas pílulas de ópio com ordem para descansar. Nenhuma notícia ainda chegara da situação em terra e o almirante pensava que uma vitória seria possível.

Alguns dos botes começaram a voltar reclamando que não haviam encontrado nenhum local para desembarcar, sendo alguns mandados procurar náufragos do Fox. Os canhões de Paso Alto e San Andres no nordeste continuavam a atirar e pela manhã com algum sucesso, atingindo o Culloden, o Emerald, a embarcação com o morteiro e obrigando o Theseus a mudar de fundeadouro.

Os homens de Troubridge cercados no convento, após tentativas frustradas de romper o cerco, estavam numa situação sem saída. Troubridge resolveu negociar.

Hood foi enviado para conseguir os melhores termos possíveis. Os termos foram honrosos: os britânicos poderiam se retirar para seus navios portando suas bandeiras e suas armas; os prisioneiros feitos por ambos os contendores seriam libertados; Troubridge se comprometia a não incendiar a cidade ou ferir de qualquer forma seus habitantes, nem efetuar outro ataque a qualquer outra ilha das Canárias. Foi uma boa barganha: Troubridge salvava seus homens de uma situação impossível e Dom Antonio salvavas as ilhas e sua cidade de qualquer dano adicional e se cobria de glória por ter repelido os homens que haviam humilhado os espanhóis em cabo de São Vicente.

Assim, na manhã de 25, a tropa expedicionária de Nelson, com as marcas do combate feroz, marchou orgulhosamente em direção ao mole, com suas armas e suas bandeiras, ao som dos pífaros e dos tambores, passando entre as filas dos espanhóis alinhados ao longo das ruas (uma velha cortesia). Os oficiais britânicos tiveram, entretanto, dificuldade de se controlar, pois grupos de franceses davam empurrões e zombavam do inimigo. Troubridge protestou violentamente contra a manifestação dos marinheiros franceses e Don Antonio apresentou desculpas. Mais ainda: quando os fatigados britânicos receberam seus prisioneiros de volta, mortos e feridos, e aguardavam o embarque, os espanhóis lhes serviram vinho, pão e queijo e os que estavam feridos foram medicados no hospital local. Por sugestão de Troubridge, aceita por Nelson, os navios britânicos levaram os despachos selados de Don Antonio para a Espanha com as notícias da derrota britânica.

As perdas britânicas foram significativas: 158 mortos ou desaparecidos e 110 feridos, totalizando 268 baixas, um número muito próximo das 300 baixas ocorridas em São Vicente. Já os espanhóis e franceses não ultrapassaram 35 mortos

e 38 feridos. Entre os mortos, o mais promissor dos protegidos de Nelson, o tenente John Weatherhead.

A crítica de Sugden à operação parece-me equilibrada:

> Em alguns aspectos, ela [a operação] demonstra planejamento e preparação mas em
> outros ela exemplifica a fraqueza inerente das noções de Nelson sobre a luta em
> terra. Sua inteligência funcionou mal e o seu pessoal tinha apenas vagas noções so-
> bre as condições locais, o terreno e a situação da resistência que teriam de enfrentar,
> além de acreditar em rumores. Houve ocasião em que seus capitães se permitiram
> minimizar a resistência provável, noutras ocasiões eles acreditaram em avaliações
> espanholas grosseiramente exageradas das forças que se estavam congregando em
> torno deles. A expedição não contou também com os efetivos necessários. Os mil
> casacos vermelhos extras que Nelson havia pedido muito provavelmente teriam
> alterado o balanço contra os espanhóis e dado a ele Santa Cruz. Houve também
> erros táticos, especialmente a custosa perda da surpresa. Depois disso, um assalto
> direto contra defesas bem preparadas sempre seria um jogo difícil – um que talvez
> só fosse justificado pelo sucesso.[11]

Durante cerca de três dias, o esquadrão permaneceu no largo de Tenerife
recebendo provisões frescas, conforme autorização do galante governador. A 27
partiram para Cádis; a 16 de agosto Nelson apresentou-se a Jervis que reconheceu
o esforço feito para a captura da Santa Cruz. Josiah, a pedido de Nelson, foi promovido por Jervis a comandante por ter salvado a vida de seu padrasto, e isso apesar
de não ser totalmente qualificado para o comando.

No dia 28, Nelson recebeu formalmente licença para voltar para seu país a
bordo do Seahorse. A 3 de setembro, em Spithead, sua flâmula foi arriada e ele
imediatamente se dirigiu para Bath, para encontrar sua esposa e seu pai, lá permanecendo até 13 de setembro, quando foi para Londres, ficando residindo no nº 141
da Bond Street.

Alquebrado, sem visão num dos olhos, sem um braço e com o estômago permanentemente doente, Nelson era uma ruína física; as dores no braço persistiam –
a ligadura de sua artéria junto com o nervo era provavelmente a causa – e o seu
desânimo por ver sua carreira definitivamente encerrada.

A 27 de setembro, ele recebeu pessoalmente das mãos do rei a Ordem do
Banho e a pensão vitalícia anual de £1.000.

A 4 de dezembro finalmente a ligadura se soltou e seu alívio foi imediato. Assim
sendo, ele, que diariamente visitava o almirantado, não quis mais esperar o navio de
80 canhões que fora reservado para ser seu capitânia, mas que só seria lançado em
janeiro e incorporado em fevereiro do ano seguinte.

Seu navio seria a HMS Vanguard, de 74, tendo no comando o capitão Berry, seu capitão de bandeira, que comissionou o navio em Chatham em 19 de dezembro.

Sua carreira, que parecia encerrada, tinha um novo começo e era exatamente o início de sua fase mais brilhante.

Notas

[1]   Carola Oman, *Nelson*, London, Hodder & Stoughton, 1954, p. 204.
[2]   John Sudgen, *Nelson: A Dream of Glory, 1758/1797*, London, Jonathan Cape, 2004, p. 696.
[3]   Apud Sugden, op. cit., p. 697.
[4]   Sugden, op. cit., p. 705.
[5]   Admiral Alfred Thayer Mahan, *The Life of Nelson*, London Sampson Low Marston, 1897, v. 1, cap. VIII.
[6]   Carola, op. cit., p. 216.
[7]   Idem.
[8]   Apud Sugden, op. cit., p. 732.
[9]   Idem, p. 733.
[10]   Idem, p. 751.
[11]   Idem., p. 774.

GLÓRIA E PAIXÃO
1798

O ano de 1798 assinala um novo começo na carreira do almirante sir Horatio Nelson. As palavras de Mahan são eloquentes:

Nós vemos mais uma vez o mesmo homem, mas diante do início de uma nova carreira cuja grandeza excede de muito mesmo os melhores prognósticos que se fizeram a seu respeito. Antes de deixar a Inglaterra, ele é apenas um homem distinto, proeminente possivelmente, entre os muitos homens distinguidos de sua própria profissão, mas o seu curso ascendente [embora] firme foi até então gradual; o brilho da sua luz, se ultimamente mostrou lampejos que sugeriam chamas escondidas, é ainda caracterizado pelo aumento sustentado da intensidade mais do que pelo aumento rápido. Até o momento, nenhum sinal permite vislumbrar a sua súbita ascensão à fama, o fulgir do ofuscante esplendor com o qual o sol de sua fama iria breve surgir aos olhos dos homens [...].[1]

Para isso, Nelson não teria de mudar, as oportunidades é que seriam outras. Nos capítulos anteriores pudemos ver todas as excepcionais qualidades de Nelson, sem que, entretanto, as oportunidades fossem de molde a permitir a transformação do potencial desse grande guerreiro em realizações concretas. As novas oportunidades que se abririam para ele fariam com que, finalmente, a sua glória correspondesse às suas virtudes. Mas tudo tem um preço. O herói teria de se confrontar com o homem. Por qualquer ângulo que sejam vistas suas futuras relações com Emma Hamilton, elas nada acrescentam à sua glória, não só pela pública humilhação de uma esposa totalmente devotada, mas, principalmente, por constituir uma violação de seu próprio código de conduta, já que no passado ele dizia: "não há uma única ação em minha vida que não tenha sido honrada".

O comissionamento do Vanguard, por Edward Berry, em Chatham, a 19 de dezembro, deu início ao processo de prontificação que permitiu que o navio chegasse a Portsmouth no início de março. No dia 29, o pavilhão de Nelson foi içado a bordo e a 10 de abril, após uma semana de fortes ventos que impediram a saída do navio, ele partiu para Lisboa, onde permaneceu por quatro dias, dirigindo-se para o largo de Cádis, onde, em 30 de abril, juntou-se às forças sob o comando de Jervis.

Durante esses meses de afastamento de Nelson do serviço ativo – desde o seu ferimento, julho de 1797, até seu retorno, abril de 1798 –, as condições políticas da Europa sofreram mudanças significativas, que não poderiam deixar de influir na condução da guerra. Da coalizão que iniciou a guerra contra a França, desde julho de 1797, a Grã-Bretanha era a única que ainda estava engajada no conflito. Embora Portugal fosse nominalmente um aliado, sua cooperação para a guerra resumia-se em deixar que a Marinha Real usasse o rio Tejo; no que concerne à Áustria, apesar de oficialmente ainda não ter concluído o tratado de paz com a França, desde abril de 1797 as tratativas iniciais já haviam sido assinadas e, finalmente, em outubro, o Tratado de Campo Formio foi firmado, concluindo o acordo de paz. Por ele, a Bélgica fora incorporada à França, que foi ainda autorizada a estender sua fronteira até o Reno; como a França possuía, às margens do rio, a cidade fortificada de Mayence, ela se tornou uma ameaça permanente à Alemanha. Veneza deixou de ser uma potência independente: ela foi desmembrada, sendo uma parte anexada pela Áustria, incluindo a própria cidade de Veneza, e a outra tornada independente, como a República Cisalpina, verdadeiramente sob controle francês, já que devia à França sua própria existência; Corfu e as ilhas vizinhas na boca do mar Adriático, até então em mãos de Veneza, passaram ao domínio francês. Essa nova distribuição de poder na área era uma clara evidência de que a França – que, além do mais, mantinha um poderoso exército no vale do Pó – queria controlar a península italiana e o Mediterrâneo.

A situação era ainda mais ameaçadora do que esses fatos indicam. A diplomacia francesa tornou-se tão ativa e agressiva como antes os seus exércitos foram. Por interferências ocultas e ostensivas, a França aumentou a sua influência e difundiu ainda mais as suas ideias revolucionárias. A Holanda, a Suíça e as repúblicas italianas tornaram-se sob ocupação do exército francês, postos avançados do poder da França. Embora isso representasse uma ameaça para toda a Europa, somente a Grã-Bretanha se opunha ao crescente poder francês. O general Bonaparte não ignorava isso, tendo dito: "Ou o nosso governo destrói a monarquia inglesa ou será destruída pela corrupção e intriga desses ativos ilhéus".[2]

E o governo britânico sabia que o seu poder naval era o único elemento de que dispunha para se opor às pretensões francesas. E essa convicção se fortaleceu ainda mais quando as tentativas de um acordo de paz, feitas no verão de 1797, deixaram claro que a França só faria a paz em condições inaceitáveis por serem humilhantes para a honra britânica. Tornava-se necessário a procura de um aliado continental. No norte da Europa não havia possibilidade de encontrar um: a Prússia persistia na sua política de isolamento, iniciada por ela em 1795 e por certo número de estados germânicos ao norte. A Rússia, embora hostil à França, procurava se manter afastada do conflito, principalmente após a morte da imperatriz Catarina (seu sucessor, Paulo, logo mostrou não ter nenhuma intenção de se envolver no conflito). Só restava, portanto, procurar aliados no Mediterrâneo. A Áustria e o reino de Nápoles mostravam-se inquietos com a crescente influência francesa na península italiana e na Suíça, e talvez pudessem apoiar os britânicos. A decisão do governo britânico, portanto, foi se voltar para o Mediterrâneo.

O retorno de Nelson a Cádis era providencial, já que o próprio Jervis, velho e doente, e já totalmente descrente da guerra, não era o homem ideal para a empreitada. A questão, porém, seria: onde atacar? Onde o emprego do poder naval britânico seria mais efetivo para apressar o fim da guerra? Logo a incerteza cessaria.

No início de 1798, o Diretório, que então governava a França, decidiu realizar uma expedição para o Egito, chefiada pelo general Bonaparte. A intenção era manter a operação sob completo sigilo, mas a informação de que intensos e acelerados preparativos estavam sendo feitos nesse sentido vazou: tropas e transportes estavam sendo reunidos em grande número nos portos do sul da França, em Gênova, Civita Vecchia e na Córsega, enquanto cerca de 12 navios de linha estavam sendo preparados em Toulon. Ao saber da notícia, o governo britânico reagiu.

A 29 de abril, menos de três semanas após Nelson ter deixado a Inglaterra, mas antes que ele se juntasse à frota, o Gabinete enviou a Jervis ordens para que tomasse as medidas que julgasse necessárias para impedir que a frota de Toulon pudesse participar do projeto egípcio. Foi deixado ao seu discernimento decidir se ele iria pessoalmente com toda a frota ou se mandaria apenas um destacamento, de não menos de nove ou dez navios de linha, sob comando de um dos seus almirantes. Se possível, o governo queria que ele mantivesse o bloqueio de Cádis, no entanto subordinava esse desejo ao impedimento da participação da frota de Toulon na expedição ao Egito ou à sua derrota, caso ela já tivesse suspendido. Os navios que fossem retirados do bloqueio seriam substituídos por outros o mais rapidamente possível.

Junto com as ordens do governo veio uma carta do almirantado muito relevante para que se possa julgar a decisão tomada e o respeito do almirantado por Nelson:

> As circunstâncias nas quais nos encontramos agora obrigam-nos a tomar medida mais decisiva e arriscada do que, noutras circunstâncias, pensaríamos estar justificados a tomar; mas quando você avalia que a aparição de um esquadrão britânico no Mediterrâneo é uma condição em que se pode dizer que depende a sorte da Europa, não ficará surpreso de saber que estamos dispostos, para realizá-la, a aceitar a tensão e correr considerável risco [...]. Caso você determine o envio de um destacamento ao Mediterrâneo [ao em vez de ir pessoalmente com a força], penso ser quase desnecessário sugerir-lhe a propriedade de colocá-lo sob o comando de sir H. Nelson, cujo conhecimento dessa parte do mundo, como também pela sua atividade e disposição, parecem qualificá-lo especialmente para este serviço.[3]

Antes mesmo de receber esta determinação, Jervis já tinha enviado Nelson com dois navios de linha – o Orion e o Alexander, ambos 74 – e mais quatro fragatas e uma escuna para vigiar os franceses em Toulon.

A 8 de maio, Nelson deixou Gibraltar, quando a tarde já estava avançada, de modo que nem amigos nem inimigos vissem quando ele tomou o rumo leste, penetrando no Mediterrâneo com destino ao golfo de Lyon. Uma pequena corveta francesa capturada alguns dias mais tarde, no dia 17, ao largo de Toulon, não deu mais informações que as já disponíveis: Bonaparte tinha chegado a Toulon no dia 6, onde já estavam 15 navios de linha e numerosos transportes, com de 12 a 40 mil homens embarcados. Forças de cavalaria estavam chegando à cidade em grandes números.

Os últimos dias de maio foram difíceis para o esquadrão de Nelson. No dia 20, numa noite tempestuosa, às 2h, o Vanguard teve o mastaréu do mastro principal partido, caindo ao mar, levando muitos homens; meia-hora mais tarde o mesmo aconteceu com o mastaréu do mastro de mezena. Logo o mastro de vante se partiu, tombando seus dois pedaços sobre o convés da proa, às 3h15. Sem mastros e jogando de forma inominável, o navio começou a embarcar tanta água que foi necessário abrir rombos no convés inferior. Durante todo o dia, a tempestade rugiu e tiveram de ser feitos esforços para evitar que o navio fosse jogado contra as costas hostis da Córsega. Só na tarde do segundo dia o vento amainou e o Alexander pôde rebocar o Vanguard tentando leva-lo para à Sardenha. O pior estava ainda por vir: antes da madrugada do dia seguinte, um forte mar vindo de oeste empurrava os dois navios em direção a rochedos invisíveis, mas perceptíveis pela arrebentação. O nascer do dia encontrou ainda o Alexander rebocando o capitânia, a cerca de cinco milhas da ilha de San Pietro, ao sul da Sardenha. O Orion apareceu, então, para guiar os dois navios numa baía dessa pequena ilha. Às 6 horas, finalmente uma brisa encheu as velas do Alexander e antes do meio-dia o Vanguard estava fundeado a salvo em águas tranquilas. Tão logo foi possível, Nelson foi a bordo do Alexander expressar ao capitão Ball sua extrema gratidão por sua determinação. Uma amizade que perduraria por todas suas vidas tinha início.

Sendo a Sardenha aliada da França, logo o governador local informou que eles não podiam permanecer na área, porém, como ele não dispunha de força para afastá-los, sabia que os britânicos fariam o que bem entendessem. Entretanto, forneceu provisões frescas aos navios, o que bem reflete o comportamento das pequenas potências envolvidas no conflito entre os poderosos.

Graças ao trabalho conjunto de todos os homens do grupamento de Nelson, em três dias de trabalho e quatro noites o Vanguard, com seus três mastros provisórios, estava de novo no mar, e já no dia 31 de maio Nelson podia informar ao seu comandante em chefe que estava novamente a caminho de Toulon. Tal prodígio nunca poderia ter acontecido se o navio tivesse sido levado para Gibraltar ou qualquer outro porto na Grã-Bretanha, onde um trabalho de tal envergadura duraria meses.

No dia 27 de maio, a força de Nelson suspendeu para se encontrar com as fragatas que se tinham se espalhado durante o temporal – Nelson havia acertado com elas um ponto de encontro, caso isso acontecesse. No dia seguinte, sir James Saumarez, comandante do Orion, interrogou um mercante vindo de Marselha, que informou ter Napoleão deixado Toulon, com grande número de transportes para um destino desconhecido.

De fato, ele deixara Toulon no dia 19, véspera do grande temporal que causaria tantos prejuízos a Nelson, acompanhado com todos os navios que tinham se congregado em Toulon, tomando o rumo leste de modo a passar perto de Gênova e depois entre a Córsega e a península italiana. Essa força se reuniu no mar, tendo deixado diversos portos sem serem detectados porque, a essa altura dos acontecimentos, a força de Nelson não dispunha de fragatas para patrulhar uma área ampla. A força que levava Napoleão e seu exército, sob o comando do almirante Brueys, compreendia 13 navios de linha, inclusive o poderoso L'Orient, de 120 canhões, 7 fragatas, numerosas canhoneiras e cerca de 300 navios-transporte.

O objetivo da força francesa, já que não havia possibilidades de obter, pelo menos em curto prazo, a supremacia no mar para uma invasão da Inglaterra parecia um projeto extremamente ousado. A ideia era se voltar para o leste, ocupando primeiramente o Egito, para perturbar as comunicações da Grã-Bretanha, tendo como objetivo final a Índia, em cujo subcontinente os britânicos tinham estendido seu poder, principalmente às custas da França.

Nas palavras do próprio Bonaparte:

> Por mais que nos esforcemos, não ganharemos a supremacia naval por alguns anos. Invadir a Inglaterra sem essa supremacia é a tarefa mais audaciosa e difícil que jamais foi empreendida [...] devemos concentrar toda nossa atenção no Reno, a fim de tentar privar a Inglaterra de Hannover e de Hamburgo [...] ou empreender uma expedição para o Leste que ameaçaria seu comércio com as Índias [...].[4]

Com a notícia de que Napoleão estava no mar, Nelson imprimiu ao seu grupamento a máxima velocidade possível para chegar ao ponto de encontro com as fragatas. Sua decisão de primeiro encontrar as fragatas e depois sair à caça de Napoleão prendeu-se ao fato de que as fragatas, em razão de suas características, pareciam indispensáveis para a tarefa. Nelson chegou ao ponto de encontro dia 4 de junho e nada encontrou, decidindo esperar algum tempo. No dia seguinte pela manhã, chegou o brigue La Mutine, sob comando de Hardy, trazendo as notícias do envio dos reforços para Nelson. Infelizmente para este, a informação de que elas, tendo concluído pela provável destruição do Vanguard, tinham suposto que Nelson se dirigiria para Gibraltar para reparos e, em consequência, para lá também se dirigiram.

Logo a falta das fragatas se faria sentir: o encontro com os reforços enviados da Grã-Bretanha – dez navios de linha, sob o comando de Troubridge – ficava ineficaz sem as fragatas, como ficou evidente pelas inúmeras tentativas infrutíferas que forem feitas para encontrar Troubridge. Uma das consequências imediatas foi que os dois navios de linha que acompanhavam o Vanguard não estavam à vista quando, a 7 de junho, finalmente esse navio encontrou a força de reforço. Como a dianteira dos franceses era grande, e agora comandando uma força de 11 navios de 74 canhões, Nelson não titubeou: deixou a Leander, de 50 canhões, que viera com Troubridge, esperar 48 horas pelos dois navios ausentes, com instruções sobre as ações que deveriam adotar, tão logo aparecessem.

Nelson rumou então para a extremidade norte de Córsega, com a intenção de passar entre a ilha e a península italiana, procurando no caminho obter o maior número de informações possível.

Nesse ínterim, porém, a 9 de junho, os franceses atacaram a ilha de Malta, onde o grão-mestre dos Cavaleiros de São João ofereceu apenas uma resistência simbólica. Bonaparte permaneceu na ilha durante cerca de uma semana, deixando lá uma guarnição, tomando posteriormente o rumo leste sem ser molestado.

Tinha assim início uma perseguição que só terminaria a 1º de agosto com a Batalha do Nilo. O Orion e o Alexander juntaram-se à força apenas dois ou três dias mais tarde.

A 17 de junho, Troubridge, a bordo do La Mutine, foi enviado por Nelson com uma carta para sir William Hamilton, o ministro britânico em Nápoles, e outra para sir John Acton, nosso já conhecido primeiro-ministro do reino. Nelson queria saber que cooperação ele podia esperar da Corte de Nápoles no que diz respeito a suprimentos, fragatas para desempenharem o papel de vigias e práticos para as águas da Sicília. Alguns dias mais tarde, navegando a sudoeste da Sicília, Nelson foi informado por um capitão genovês da queda de Malta. Após uma reunião com todos os seus comandantes, foi decidido rumar para Alexandria com a máxima velocidade possível para tentar interceptar a esquadra francesa.

A 29 de junho, foi avistado o farol daquela cidade, entretanto não havia vestígios de Brueys. A força britânica regressou então para a Sicília. Como a esquadra francesa então se dirigia para aquele porto, as duas forças passaram próximo uma da outra durante uma noite escura. Como, além disso, a força britânica estivesse com o dobro da velocidade da francesa, as forças não se avistaram.

A 2 de julho, Bonaparte estava já de posse de Alexandria; menos de três semanas mais tarde, ele derrotou o exército mameluco, na Batalha das Pirâmides, tornando-se, então, senhor do Egito, até então dominado pela Turquia. Não sendo a baía de Alexandria, na ocasião, adequada para receber a força de Brueys, esse fundeou seus navios numa posição bem defendida, na baía de Aboukir, perto da Rosetta na foz do rio Nilo.

Durante esse período em que as forças britânicas não conseguiram encontrar os franceses, os comandantes dos navios britânicos puderam, ao longo das reuniões realizadas no capitânia, conhecer os métodos de seu chefe, saber seus planos quaisquer que fossem as circunstâncias do encontro com o inimigo e puderam compreender que eles eram autônomos, dentro de limites razoáveis, para tomarem iniciativa. Nas próprias palavras do almirante, eles eram um "bando de irmãos".

Nada encontrando na Sicília, Nelson, após seus navios terem recebido água e outras provisões, voltou para Alexandria e, já em águas egípcias, no dia 1º de agosto, o inimigo foi avistado, com seus navios fundeados, protegidos por bancos de areia e por uma bateria montada na ilha de Aboukir. O almirante francês tinha motivos para se mostrar satisfeito: o Exército francês tinha desembarcado e avançava no

Egito e sua frota estava numa boa posição defensiva. Ele não conhecia Nelson, e sua percepção apontava para uma situação tática favorável.

A baía de Aboukir começa no promontório do mesmo nome, onde a linha da costa, após ir em direção pronunciada para o sul, estende-se 18 milhas para leste, subindo finalmente para o norte até Rosetta na foz do Nilo. A partir da costa, a profundidade cresce gradualmente, de modo que o calado para navios de linha só ocorre a três milhas da costa. A duas milhas a nordeste do promontório de Aboukir encontra-se uma ilha (hoje ilha de Nelson) ligada a esse promontório por uma cadeia de rochedos. Do lado de fora da ilha, rochas semelhantes, com bancos de areia, prolongam-se por baixo d'água para o lado do mar, formando um recife perigoso para quem se aproxima da baía, vindo do oeste. Essa barreira protege a baía dos ventos de noroeste, comuns no verão. Protegida pela ilha e pelos rochedos a força francesa estava fundeada, em linha de batalha.

Os navios, quando formam uma linha de batalha, dispõem-se na vanguarda, no meio ou na retaguarda, e é importante que essas partes apoiem uma às outras, de tal forma que o inimigo não possa atacar em força duas delas, com a terceira sendo incapaz de prestar assistência. Com os navios fundeados em linha de batalha, a utilização dos bancos de areia é importante para impedir que a linha inimiga envolva os flancos, isto é, a vanguarda ou a retaguarda, e possa atacar os navios inimigos dos dois lados da linha. É ainda importante que a distância entre os navios da linha quando fundeados não seja muito grande para impedir que dois navios inimigos concentrem fogos sobre apenas um, pois se a distância for a correta, os navios fundeados avante e a ré do atacado poderão atirar sobre o atacante.

Os navios de Bruyes fundearam com o navio mais à vanguarda, próximo ao banco de areia, não suficientemente perto que impedisse os navios britânicos de passar entre ele e o banco, e, além disso, o intervalo entre os navios fundeados era de cerca de 500 pés, permitindo que um capitão hábil passasse com seu navio entre eles. Bruyes colocou seus navios mais fortes no centro, sendo o L'Orient, o capitânia, o sétimo de vante para ré; o Franklin e o Tonnant, ambos de 80 canhões, ocupavam respectivamente a sexta e a oitava posição; os demais navios mais pesados, inclusive um de 80 canhões, foram colocados na retaguarda. A vanguarda ficou com os navios mais fracos. Os navios menores, inclusive quatro fragatas, ficaram fundeados entre os navios de linha e a costa.

Cada um dos contendores dispunha de 13 navios de linha, embora do lado britânico todos fossem de 74 canhões, o que dava uma significativa vantagem para o lado francês (ao todo, 64 canhões). No início do combate, porém, a força de Nelson não contava com os dois navios enviados para patrulharem a área de Alexandria.

Não tendo fragatas, pelas razões já aqui discutidas, ele teve de enviar dois navios de linha – o Alexander e o Swiftsure – para esse fim. Um terceiro navio – o Culloden também não atendeu logo o sinal de Nelson, pois estava rebocando uma presa; tendo recebido ordem de desfazer o reboque e participar do ataque, teve a infelicidade de encalhar em um dos bancos próximos a ilha, permanecendo nessa situação até a manhã seguinte, apesar dos esforços do Leander, de 50 canhões, e do brigue Mutine para desencalhá-lo. Quando houve o sinal para formar a linha, Troubridge estava a cerca de sete milhas da sua força, de modo que teve de fazer sua aproximação já no escuro da noite, daí o incidente que o tirou da batalha.

Os franceses, por sua vez, estavam quase totalmente desprovidos de provisões e, como era habitual desde o início da Revolução, com guarnições muito reduzidas e inexperientes. Por essa razão, as fragatas não estavam em patrulha nas redondezas da baía de Aboukir. Quando a força britânica foi avistada, muitos botes dos navios estavam ausentes, pois tinham levado equipes para terra para apanhar água e tropas para proteger essas equipes contra os beduínos. Esses homens foram chamados logo que ficou evidente que haveria combate, no entanto, muitos não chegaram a tempo.

Às 17h30, Nelson deu sinal para seus dez navios remanescentes formarem linha de batalha. Quando os navios estavam ao largo dos recifes, Nelson ordenou a guinada que os levaria contra a linha inimiga. Com o Goliath, de Foley, à frente, seguido de perto pelo Zealous – nessa altura o capitânia era o sexto –, ficou Nelson com outros cinco navios na sua retaguarda para manobrar, caso os cinco da frente encontrassem dificuldades. Foley, sondando sempre com o prumo de mão – consta que ele teria um atlas francês com o mapa da baía – passou pela proa do primeiro navio francês, o Guerrier, procurando fundear entre a linha francesa e a praia, na altura da bochecha do primeiro navio, mas a âncora agarrou (foi arrastada) e ela acabou fundeando pela popa na altura da alheta do segundo navio, o Conquérant. Logo em seguida, o Zealous também cortou a linha francesa e conseguiu fundear no lugar onde o primeiro navio desejava. Os três navios seguintes, o Orion, o Theseus e o Audacious também passaram para o lado da linha francesa voltado para a praia, o Orion se posicionando entre o 5° e o 6° da linha francesa – o Peuple Souverain e o Franklin, o Theseus ao lado do 4° navio da linha francesa, o Aquilon, e o Audacious, na altura da bochecha interior do Conquérant.

INÍCIO DO ATAQUE
1º ESTÁGIO DA BATALHA DO NILO

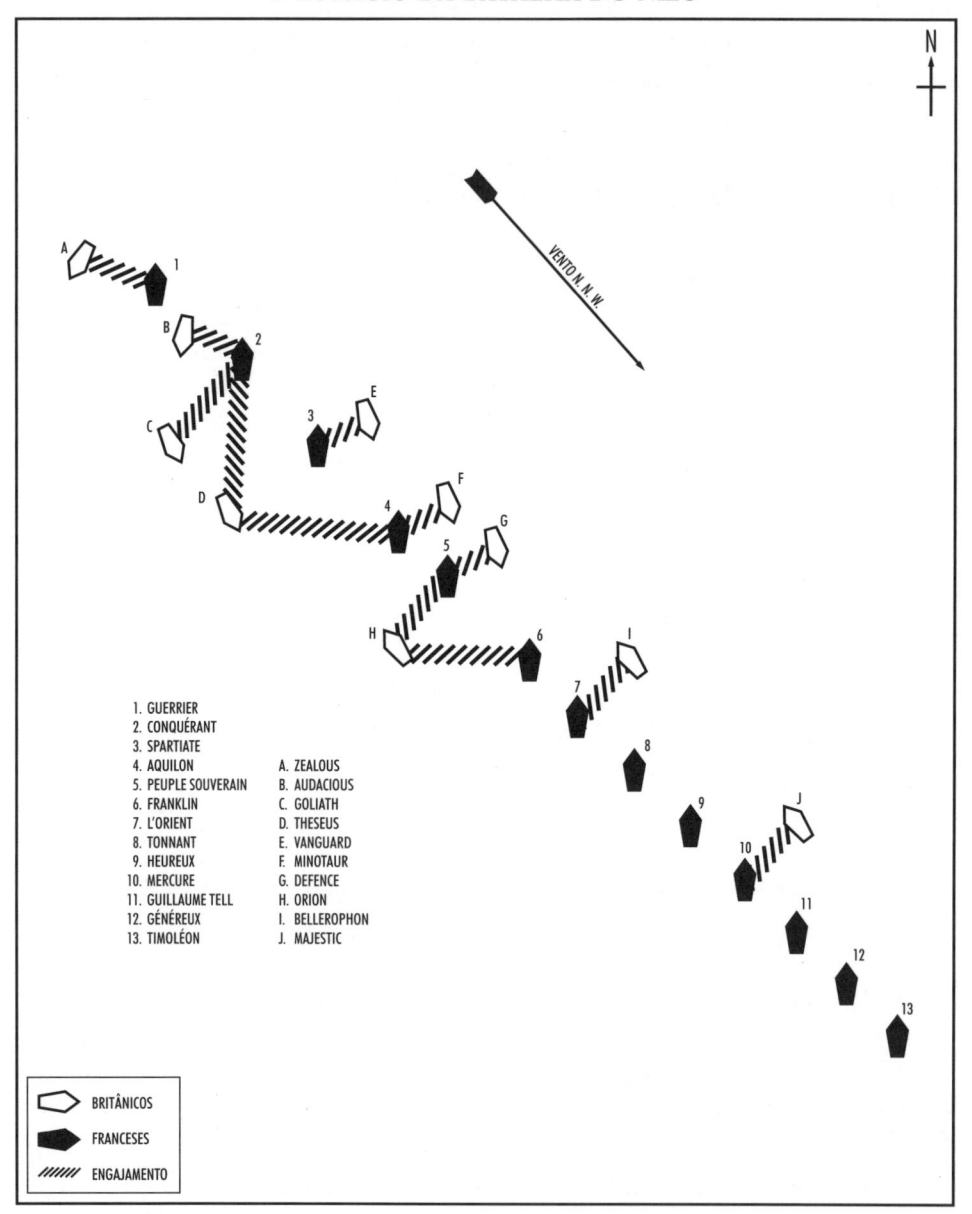

Os dois primeiros navios da linha francesa foram logo esmagados. Todos os mastros do Guerrier foram derrubados dez minutos após o início da batalha e o Conquérant, recebendo as bordadas do Goliath e do Audacious, logo estaria fora de combate. Nelson imediatamente investiu contra o 3º da linha, o Spartiate, que já estava engajado no outro bordo pelo Theseus, embora à maior distância, Nelson se aproximava à queima roupa. Seu exemplo foi seguido pelos demais navios, o 7º e 8º da linha britânica engajando com o 4º e o 5º da linha inimiga que já estavam recebendo parte do fogo do Orion e do Theseus no lado interno. O Theseus logo suspendeu o fogo, com receio de atingir o Vanguard. Assim, na primeira hora de combate, cinco navios franceses estavam engajados com oito navios britânicos, sem que seus companheiros da retaguarda pudessem intervir.

Com o aumento da fumaça dos tiros e a chegada da escuridão, o 9º e 10º navios da linha britânica não tiveram a mesma sorte. O Bellerophon errou seu alvo, que era o Franklin, e engajou com o L'Orient, que não engajara ainda com ninguém e pôde usar todo o seu poder contra o britânico. O Majestic foi para o 9º francês, o Heureux, ficando por momentos em desvantagem, tendo perdido o seu comandante, quando, porém, conseguiu girar o navio, e, em seguida, fundear perto da proa do navio francês que se seguia na linha, o Mercure, engajando com ele. Por essas circunstâncias, as perdas desses dois navios foram superiores aos dos demais navios britânicos em cerca de 50%.

Essa foi a primeira fase da batalha. A chegada dos três navios de Nelson, já na escuridão da noite, foi importante, atuando como uma força de reserva que interveio na hora apropriada. Inicialmente, eles escaparam de ter a mesma sorte de Troubridge porque ele sinalizou o perigo para esses navios.

Mais ou menos nessa altura dos acontecimentos, Nelson foi ferido. Um estilhaço atingiu-o na testa, um pouco acima do olho cego. Uma parte da sua carne da testa caiu sobre o olho bom, e a grande quantidade de sangue que fluía da ferida deixaram-no completamente cego. Ele julgou estar mortalmente ferido e foi amparado pelo capitão Berry, a quem pediu que o lembrasse à esposa. O cirurgião quis imediatamente atendê-lo quando ele foi levado cobertas abaixo, no entanto ele se recusou a passar à frente de outros feridos, aguardando a sua vez. Pediu que chamassem a bordo o comandante do Minotaur, a quem devia o fato de não ter sido obrigado a deixar a linha – houve um momento em que os franceses Aquilon, o 4º da linha francesa, e o Spartiate, o 3º, concentraram seu fogo sobre o Vanguard, mas a chegada do Minotaur fez com que o Aquilon se virasse contra ele. É por essa razão que as baixas sofridas pelo capitânia de Nelson só eram inferiores as do Bellerophon e do Majestic. O maior número de mortos no Vanguard foi próximo aos canhões de proa, isto é, os que estavam mais próximos do Aquilon.

Enquanto o ferimento de Nelson estava sendo tratado pelo cirurgião de bordo, o Culloden chegava à área e, como já visto, encalhou num banco de areia. Quando chegaram os dois navios retardatários, o Leander juntou-se a eles, indo todos para a área do combate. Apesar da insistência do cirurgião para que descansasse, Nelson voltou ao convés.

A chegada dos novos navios foi fundamental. O Bellerophon, batido pelo poderoso L'Orient, cortou o cabo de sua âncora e se afastou da ação, com a perda de 49 homens mortos e 148 feridos, e todos os seus mastros partidos. Com a retirada do Bellerophon, abriu-se uma brecha por onde entraram os dois recém-chegados: o Swiftsure fundeou por fora da linha inimiga, ao lado do intervalo entre o L'Orient e o Franklin, dividindo seu fogo contra os dois. O Alexander, de Ball, cortou a linha francesa pela popa do L'Orient, ancorando próximo à sua alheta interior. Exatamente nesse momento, um tiro cortou o cabo de fundeio do Peuple Souverain, que estava logo à frente do muito engajado Franklin, fazendo-o deslocar até o lado dele, de modo que um vazio de 1.000 jardas se abriu na proa desse navio, por onde o pequeno Leander se meteu, passando a atirar contra o Franklin e o L'Orient (o Franklin ficou sob o fogo do Orion, do Defence e do Swiftsure).

2° ESTÁGIO DA BATALHA DO NILO

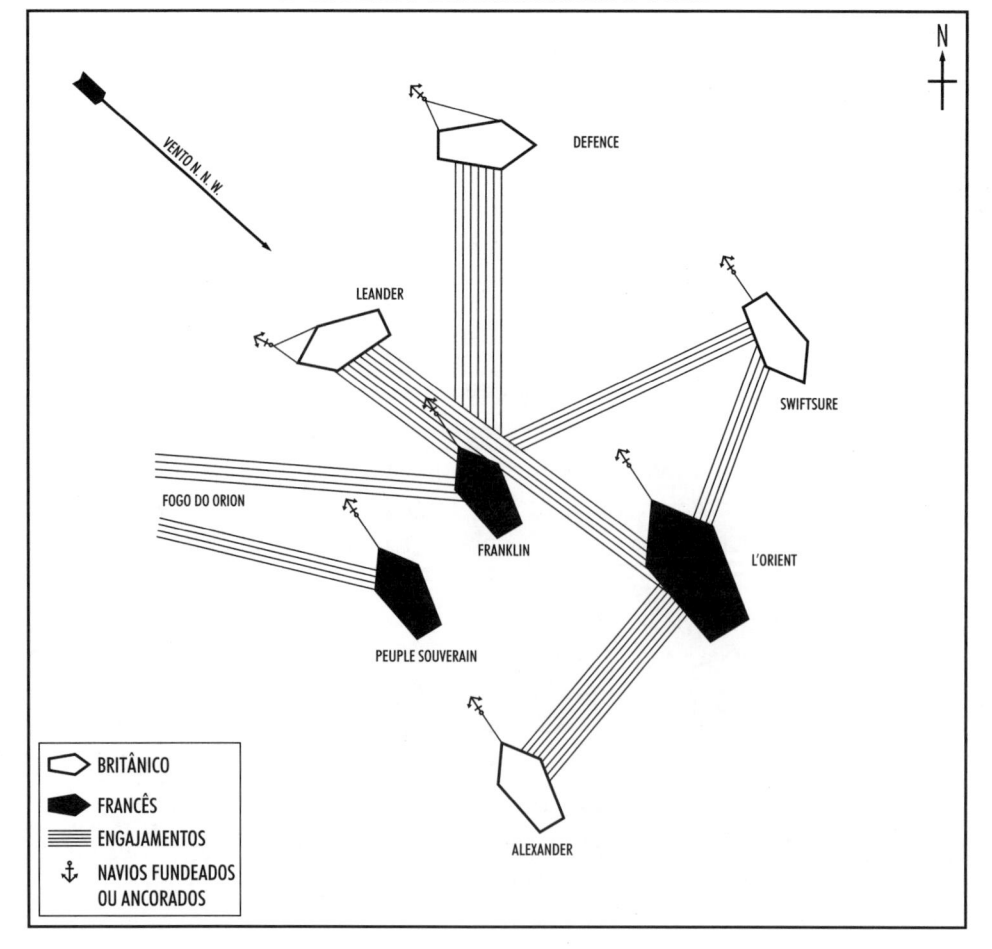

Eram então cerca de 20h quando foi observado um incêndio na popa do L'Orient, o que levou os navios britânicos a concentrarem seu fogo contra esse setor do navio, dificultando qualquer tentativa de controlar o incêndio. O fogo rapidamente ficou fora de controle e o risco de explosão era evidente. Os navios que estavam a sotavento soltaram um pouco o seu cabo de fundeio para se afastarem. Às 9h45 horas, sob as vistas de Nelson, o L'Orient explodiu, matando o comandante da força francesa, o almirante Brueys, um comodoro e grande parte de sua tripulação. Nelson mandou imediatamente o único bote em condições de flutuar para tentar salvar a indigitada tripulação.

Pouco depois da explosão, a lua surgiu, iluminando uma cena devastadora. Os sobreviventes da feroz batalha estavam exaustos.

Dos 13 navios de linha franceses, 6 se renderam aos britânicos e, como o L'Orient havia explodido, restaram 6 navios sobreviventes. Desses, o que tinha estado logo a ré do L'Orient, o Tonnant, embora sem mastros ainda estava flutuando, uma milha para trás de sua posição inicial (tinha cortado o cabo de fundeio pelo receio da explosão do capitânia); o Heureux e o Mercure, que, pelas mesmas razões, haviam também cortado seus cabos, foram lançados à costa e lá estavam abandonados; os outros três navios, o Guillaume Tell, o Généreux e o Timoléon, tinham recebido poucas avarias e, ao meio-dia, suspenderam tentando escapar do desastre − entretanto, o Timoléon encalhou, foi abandonado por sua tripulação e incendiado. Os outros dois, sob o comando do contra-almirante Pierre Villeneuve, escaparam, junto com duas fragatas; das quatro fragatas, uma foi afundada e a outra incendiada e as outras escaparam, como visto. Somente um navio britânico tinha condições de acompanhá-los, o Zealous, mas como não podia ter apoio de nenhum outro, Nelson mandou que regressasse. Para o temperamento de Nelson, essa fuga foi inaceitável e se ele não tivesse sido ferido, é possível que a ação durante a noite tivesse prosseguido e acarretado a destruição ou rendição desses navios. O estado de esgotamento das tripulações dos navios de Nelson após cerca de 12 horas de combate e do mau estado da maioria dos navios levam-me a acreditar que nem a tremenda força espiritual do jovem almirante conseguiria isso.

Segundo estimativas de Nelson, os britânicos tiveram 200 mortos e 700 feridos, enquanto os franceses tiveram 5.225 homens aprisionados, mortos ou desaparecidos; desses, 3.125 homens foram entregues aos hospitais em terra para futuras permutas e 200 permaneceram com os navios.

Com a explosão do L'Orient, a França perdeu muito dinheiro: uma fortuna de £600 mil estava a bordo em lingotes de ouro e diamantes. A cultura também perdeu os tesouros dos Cavaleiros de Malta e da Muito Venerável Ordem dos Cavaleiros de São João de Jerusalém.

Algumas consequências da derrota francesa logo se tornaram evidentes: o exército no Egito estava isolado, sem possibilidades de regresso; a Índia estava salva, conforme Nelson, por meio de um enviado especial, informou às autoridades do subcontinente indiano, aliviando a ansiedade e evitando que fizessem enormes investimentos em defesa (mais tarde, Nelson receberia um prêmio de £10 mil); a Sicília estava salva; a guarnição francesa da ilha de Malta poderia ser isolada. Quando as autoridades britânicas foram informadas do tamanho da vitória, perceberam que de novo a Grã-Bretanha dominava o Mediterrâneo e que, portanto, passava a ter condições de influir no curso da guerra no continente europeu.

A alegria da Grã-Bretanha pela vitória foi acima de qualquer expectativa. O primeiro lorde do almirantado ao saber da notícia caiu ao chão, tamanha era a sua ansiedade contida. O reino de Nápoles, tão ameaçado pela expedição francesa respirou aliviado. A avaliação da vitória, feita por um oficial britânico, extremamente profissional e competente, o aqui já tão falado amigo de Nelson, o capitão Collingwood, dá bem a ideia do seu significado:

> Eu sei [...] que alegria você deve ter sentido com a vitória sem paralelo de Nelson. Foi na verdade uma coisa maravilhosa. Foi a presteza tanto como o vigor do ataque que lhe deu imediatamente a superioridade; os franceses se viram sob ataque antes que tivessem determinado a melhor forma de repeli-lo; e quando a vitória pendeu para o nosso lado seus frutos foram cuidadosamente recolhidos.[5]

No dia seguinte à batalha, 2 de agosto, Nelson determinou uma ação de graças, a ser realizada às 14h, em todos os navios. Na sua ordem geral a todos os navios, ele fez questão de louvar o procedimento de todos os seus homens, dos capitães aos marinheiros e fuzileiros.

> O almirante deseja que todos aceitem os cumprimentos mais sinceros e cordiais pelo comportamento muito galante nessa gloriosa batalha [...]. Deve ser sentido profundamente por todos os marinheiros britânicos como sua conduta é superior, quando disciplinados e em boa ordem, à dos turbulentos e indisciplinados franceses.[6]

Aparentemente, Nelson ainda se preocupava com os motins recentes na Marinha Real, em especial os do Nore.

Ainda no dia 2 de agosto, Berry recebeu ordens de levar os despachos preparados por Nelson para ser entregues ao comandante em chefe no largo de Cádis. Como não havia fragatas, o Leander foi o navio escolhido para levá-los; somente dia 6, o navio ficou pronto para a viagem, consertados os danos de combate. Pela mesma razão, o Mutine, com cópias dos despachos para o almirantado, só partiu para Nápoles no dia 14. Essa preocupação de Nelson foi importante, pois o Leander foi capturado pelo francês Généreux, um dos sobreviventes de Aboukir. O Leander foi capturado após 6 horas de combate, em que Berry e Thompson ficaram bastante feridos. Eles só chegaram a Londres na última semana de novembro. Os despachos só chegaram ao almirantado em 2 de outubro, dois meses após a batalha. Junto com os despachos, Nelson enviou um pacote de cartas inimigas interceptadas, inclusive uma escrita pelo próprio Bonaparte. Após a leitura dessa correspondência, Nelson julgou necessário advertir o sultão sobre a possível evolução da situação. Com Napoleão bloqueado na Síria e no Egito, os franceses só podiam atacar Constantinopla por terra, de modo que se o sultão enviasse um exército para Síria, o general Bonaparte teria sua carreira interrompida. Porém, se as águas indianas não fossem fiscalizadas, os franceses poderiam receber reforços através do Mar Vermelho. O enviado especial para entregar essa correspondência ao governador de Bombaim fez a viagem por terra, passando por Alexandretta, na costa norte da Síria, Aleppo e, finalmente, Bombaim. Aparentemente uma cópia foi para o sultão da Porta.

Pela tradição britânica – como fora feito com Jervis e Hotham pouco antes –, Nelson deveria ter sido feito visconde, no entanto, sob alegação de que ele não era na ocasião o comandante em chefe, foi feito barão Nelson do Nilo, o que foi, para dizer o mínimo, uma mesquinharia. Foi cunhada também uma medalha de ouro para todos os capitães que tomaram parte na batalha.

Os aplausos, porém, não faltaram. O czar, o sultão, os reis da Sardenha e das Duas Sicílias enviaram valiosos presentes junto com seus cumprimentos. O Parlamento concedeu-lhe uma pensão anual de £2 mil e a Companhia das Índias Orientais enviou-lhe um prêmio de £10 mil, das quais £2 mil ele imediatamente dividiu com o pai e a família. Os três maiores almirantes do tempo, líderes da Marinha da época tanto pela antiguidade como pelos serviços distintos prestados – Howe, Hood e Jervis – escreveram-lhe em termos inequívocos de admiração. Os dois últimos apontaram a batalha como a maior conquista que a História podia produzir; Howe, moderado, foi mais preciso na caracterização dos méritos especiais da ação, lisonjeando particularmente Nelson.

O almirantado decidiu também promover todos os primeiros-tenentes dos navios "engajados" no combate, o que fez Nelson recear, pelo uso da palavra "engajado" que Troubridge não seria incluído. Nelson defendeu Troubrigde que acabou sendo promovido, após a promoção de seus outros colegas.

As palavras de Carola Oman descrevem a nova paixão britânica com propriedade:

Pelo final do ano [1798], um grande número de lembranças, que iam desde as puramente ornamentais às financeiras, dentro do alcance de todas as bolsas, foram produzidas para atender a uma enorme demanda popular, e a imagem do vencedor do Nilo, em lona, papel, porcelana, louça, vidro, musselina e metal, ficou tão familiar nas casas e nos castelos como a de Sua Majestade. Nelson, manco, com seu único braço, e admirável espírito de luta tinha ganhado um lugar nos corações britânicos do qual nunca desceria.[7]

A situação do Exército francês no Egito era extremamente difícil: não podiam receber nada da França, não podiam avançar contra a Síria, pois a maior parte de seu equipamento exigia transporte por água. As suas dificuldades de comunicação eram extremas – Nelson controlava o lado do mar e em terra tinham que enfrentar as hostilidades dos beduínos, empenhados numa guerra de guerrilha.

A 13 de agosto e nos dias subsequentes, Nelson recebeu diversas fragatas, das quais três (juntamente com três navios de linha) foram deixadas com o capitão Sam Hood para a manutenção do bloqueio de Alexandria e impedir as comunicações marítimas do inimigo ao longo das costas do Egito e da Síria. No dia seguinte, sete navios de linha britânicos, acompanhando seis presas, partiram para Gibraltar, sob o comando de Saumarez. As três presas restantes foram queimadas. No dia 15, Nelson recebeu ordens para voltar para oeste com seu grupo e para cooperar com uma expedição planejada para Minorca. No dia 19, suspendeu com três navios de linha para Nápoles, que Nelson desejava visitar. Os três navios que apresentavam piores condições de navegação – o Vanguard, o Culloden e o Alexander – os sofreram reparos rápidos, apenas os indispensáveis para uma viagem a ser feita com bom tempo (verão).

É digno registrar que desde o dia da batalha em que foi ferido, Nelson, em virtude da forte pancada recebida na cabeça, sentia dificuldade em raciocinar. Sua debilidade era grande e somente a sua sobre-humana determinação manteve-o no controle da situação. A cicatriz na testa seria até o fim da sua vida coberta por seu cabelo.

A viagem até Nápoles durou de quatro a cinco semanas em razão da falta de vento, como também pelas dificuldades do Culloden, bem avariado após o encalhe (uma cinta de lona foi passada no seu casco para diminuir a entrada de água). Dessa forma, foi possível a Nelson ter o repouso exigido pelos médicos, o que melhorou seu estado de saúde e, principalmente, seu estado mental, resultante da pancada na cabeça, embora ainda persistisse alguma perturbação por algum tempo. Durante a viagem, o esquadrão de Nelson e o de Saumarez encontraram-se diversas vezes e, em 26 de agosto, Saumarez pôde estar a bordo do Vanguard com Nelson, achando-o em boa forma. O desejo que ele havia expressado de desfrutar um longo descanso na Grã-Bretanha desapareceu e ele demonstrou em cartas a seus superiores a intenção de continuar no Mediterrâneo cumprindo o seu dever.

No dia 15 de setembro, um forte temporal partiu o mastro de vante do Vanguard, que teve de ser rebocado por uma fragata de modo que os outros dois navios, embora avariados, chegaram a Nápoles seis dias antes. A 22 de setembro, o capitânia fundeou. Como as notícias da vitória tinham sido enviadas pelo Mutine, que chegara a Nápoles no dia 1º de setembro, a recepção foi extraordinária. Já quando da chegada do Mutine, dois de seus oficiais haviam sido colocados por lady Hamilton na sua carruagem. Ela estendia uma faixa onde estava escrito "Nelson e Vitória", logo entendido pela multidão como tendo ocorrido uma grande vitória, saudada pelos passantes com gritos de alegria e vivas ao almirante.

Os biógrafos de Nelson pintaram em cores vivas o calor da acolhida ao herói. Aqui transcrevemos o início das comemorações nas palavras de Carola Oman:

> Às 10h da manhã, no sábado, 22 de setembro, as águas da famosa baía, como um espelho, refletiam as velas muito coloridas de mais de quinhentos barcos de esporte, superlotados com grupos musicalmente motivados. Bandas profissionais, incluindo uma da principal ópera local, sabiam bem o hino nacional britânico e tinham aprendido para a ocasião "Rule Britannia" e "Veja o Herói Conquistador". Os cais estavam cheios com entusiásticos "lazzaroni", uma especialidade de Nápoles – mendigos, cujo nome é derivado de Lázaro, mas altamente organizados, vistos pelo seu monarca com paternal indulgência. Na cidade, onde fileiras sobre fileiras de casas, como pergaminho colorido, de terracota, amarelo e coral, tendo por trás colinas nevoentas cobertas com ciprestes, muitos naturais e residentes britânicos tendo pendurado bandeiras que formavam filas a partir dos balcões, já carregados com cravos e rosas dependuradas. A barcaça do embaixador britânico, acompanhada com um barco com músicos por ele contratados, foi a primeira embarcação a atracar ao Vanguard, sendo saudado por uma salva de 13 canhões.[8]

Na carta à esposa, Nelson comenta a emoção de lady Hamilton ao embarcar no navio – "ela caiu nos meus braços mais morta do que viva" – e não deixou de descrevê-la em termos que denotam toda a impressão que ela lhe causou:

> [...] ela é uma das melhores mulheres do mundo. Muito poucas poderiam ter feito o meneio que ela fez [...]. Ela honra o seu sexo, e uma prova de que a reputação pode ser recuperada. Eu reconheço, isso exige uma grande alma [...]. Sua bondade, como a de sir William, é, para mim, mais do que posso expressar [...].[9]

Suas palavras não escondem que começava a sofrer a influência de uma mulher cujo passado ele não ignorava e que parece não ser capaz de resistir à sedução da figura do herói, tão bem representada nesse momento pelo vencedor do Nilo.

Nelson, por sua vez, era incapaz de resistir às lisonjas de uma das mulheres mais belas do seu tempo, favorita de pintores e irresistivelmente sedutora. Em Emma, ele encontrou tudo o que nunca nenhuma mulher lhe havia dado: admiração e apreciação. Romântico por temperamento, ele foi sem dúvida uma presa fácil. Desgastado e doente daquela "febre de ansiedade" que o consumia desde os meados de junho, segundo suas próprias palavras, ele foi cuidado e mimado por Emma e definitivamente conquistado.

Voltemos, porém, à chegada de Nelson a Nápoles.

Apenas uma hora depois da recepção ao embaixador britânico, o Vanguard faz uma outra salva, dessa vez de 21 tiros. O rei das Duas Sicílias veio a bordo para cumprimentar Nelson pessoalmente.

Uma revoada de pássaros voou quando Nelson finalmente pôs os pés em terra. Acompanhado pelo embaixador e pela embaixatriz numa carruagem aberta, partiu para o palácio Sessa onde, mais uma vez, ficaria hospedado.

O 40º aniversário de Nelson, a 29 de setembro, foi comemorado com grande pompa, como nos dias que o precederam: bailes, jantares, uma competição para quem melhor honrasse o herói que, com sua vitória, salvava o Reino das Duas Sicílias. Na festa de aniversário, o capitão Nisbet, que havia sido enviado por Jervis para ficar perto de Nelson, já que seu comportamento não vinha sendo correto, embebedou-se e declarou que lady Hamilton estava recebendo de Nelson atenções que eram devidas à sua mãe. Embora retirado do salão por outros capitães, os napolitanos presenciaram o mau comportamento do jovem.

A fascinação de Nelson por Emma ia se tornando cada vez mais evidente. Numa carta de 4 de outubro enviada a lorde São Vicente, diz Nelson:

> Estou escrevendo tendo diante de mim lady Hamilton, portanto, V. Exa não ficará surpreso com a desordem gloriosa desta carta. Se meu lorde estivesse em meu lugar, duvido muito que pudesse escrever tão bem; nossos corações e nossas mãos devem estar ambos alvoroçados. Nápoles é um lugar perigoso, e nós nos devemos manter longe dele.[10]

Jervis deve ter percebido o drama de Nelson e, em carta dirigida à lady Hamilton, advertiu:

> Dez mil agradecimentos lhe são devidos minha senhora por restaurar a saúde do nosso valoroso amigo, cuja vida depende a sorte dos remanescentes governos da Europa, cujo sistema ainda não foi destruído por esses demônios. Rogo que não deixe as suas fascinantes damas napolitanas chegarem muito perto dele, pois ele é feito de carne e sangue e não pode resistir às suas tentações.[11]

No meu entender, um apelo para nada perturbar a missão sagrada que ele tinha de completar, segundo depreendeu da carta de Nelson.

Emma foi intermediária entre Nelson e a rainha, pois o levou à presença dela, de luto pela morte de sua filha menor. A rainha, impetuosa, empreendedora e teimosa, era conduzida mais pelo ódio e desejo de vingança contra os franceses do que por uma análise política racional e ponderada. Ela não só era favorável à guerra, atacando os franceses no território romano (estados papais), como também queria precipitar a ação do imperador da Áustria. A lógica desse comportamento e a audácia que ele implicava correspondiam ao temperamento de Nelson, de modo que não foi difícil fazê-lo compartilhar do plano. Entretanto, salta aos olhos que tal plano, tanto do ponto de vista político como militar, era falho, o que, em condições normais, Nelson certamente teria visto: substituía-se um esforço de cooperação por um ataque isolado, correndo-se o risco de o apoio esperado não ser dado já que a Áustria embaraçada e ofendida poderia não vir em socorro de Nápoles.

Sem dúvida, a presença dos franceses há um ano na República Romana, quando de lá expulsaram o governo papal, representava uma ameaça para Nápoles, mas, convenhamos, mais pela difusão de ideias revolucionária do que pelo risco de eles avançarem com seus exércitos para o sul, pois corriam o risco de distenderem demasiadamente suas linhas de comunicação, o que, existindo a possibilidade de guerra, era um grande risco, mesmo considerando-se apenas a Áustria. Agora que a esquadra francesa em Aboukir fora destruída, existia um risco ainda maior em razão de a esquadra britânica dominar o Mediterrâneo. A vontade combinada de três pessoas – a rainha, lady Hamilton e Nelson – levou, porém, ao ataque.

A 15 de outubro, Nelson viajou de Nápoles a Malta a bordo do Vanguard, acompanhado de três navios de linha que recentemente tinham se juntado a ele, mas prometeu ao rei estar de volta na primeira semana de novembro para ajudar a atacar os franceses. Ele permaneceu, portanto, apenas uma semana ao largo de Malta, deixando na ilha o capitão Ball com os insurgentes malteses que mantinham os franceses cercados em La Valetta.

O apoio do imperador austríaco às ações de Nápoles contra Malta – afinal Nápoles tinha uma pretensão feudal sobre a ilha, e qualquer ação contra ela podia ser tomada como resposta a uma agressão – pode ter levado a Corte napolitana e Nelson a considerarem que o apoio a uma intervenção em Roma teria igualmente o apoio do imperador, o que não correspondia à realidade. Talvez o marechal de campo, o barão Karl Mack von Leiberich, austríaco enviado para comandar o exército napolitano, até então muito conceituado, pode ter contribuído para essa falsa ideia.

Foi com surpresa que um correio recebido de Viena, a 13 de novembro, claramente expressou o desejo do imperador de que a abertura das hostilidades deveria ser deixada para os franceses ou, do contrário, ele não garantiria apoio. Nelson oficialmente fazia parte do conselho de Nápoles no que dizia respeito à questão militar e na reunião de emergência convocada para discutí-la foi incisivo:

> Eu me aventuro a dizer a Suas Majestades que uma das duas coisas que se seguem devem acontecer ao Rei, e ele tem uma escolha – ou avançar, acreditando que Deus dará suas bênções a uma causa justa, morrer com *"l'épé e à la main"*, ou permanecer quieto e ser expulso de seu reino.[12]

Pressionado, o rei optou por se tornar um herói. Os franceses receberam um ultimato, a 22 de novembro, para evacuar os Estados Papais e Malta. Imediatamente, um exército napolitano, sob o comando do general Mack, marchou contra Roma. Uma tropa napolitana de cinco mil homens embarcou nos navios da divisão de Nelson, para tomar Livorno (Leghorn), cuja posse por quem tinha o controle do mar, ameaçava as comunicações entre o centro do poder francês na península, no norte da Itália, e as tropas no pé da bota italiana. Depois do desembarque da tropa, tendo deixado Troubridge com alguns navios na área de Livorno, Nelson regressou a Nápoles. As ordens de Troubridge eram para ele patrulhar a costa da Riviera e diante de Gênova para interromper o tráfego costeiro, muito intenso desde que os britânicos haviam abandonado o Mediterrâneo, e do qual muito dependiam as tropas francesas no Piemonte e na Lombardia.

Quando Nelson chegou a Nápoles, a 5 de dezembro, a situação foi definida por ele muito claramente:

> A situação deste país é brevemente esta: o exército está em Roma, Civita Vecchia foi tomada, mas no castelo de Sant'Angelo há uma tropa francesa de quinhentos homens. Os franceses têm 13 mil homens num ponto forte no Estado Romano, chamado Castellana. O general Mack lançou-se contra eles com vinte mil: a ação é, na minha opinião, duvidosa, e dela depende a sorte imediata de Nápoles. Se Mack for derrotado, este país, em 14 dias, estará perdido; pois o imperador ainda não movimentou suas tropas, e se ele não marchar, este país não tem capacidade de resistir aos franceses. Mas não era um caso de escolha, mas de necessidade, que forçou o rei de Nápoles a sair de seu país, e não esperar até que os franceses tivessem reunido uma força suficiente para, numa semana, expulsá-lo de seu reino.[13]

É mais uma justificativa para uma ação que dependia inteiramente de uma decisão sobre a qual eles – Nelson e a corte de Nápoles – não tinham nenhum poder de influir. O exército napolitano vinha dissuadindo os franceses de atacar o Reino das Duas Sicílias, mas forçados a lutar, logo ficou demonstrada toda a fragilidade das tropas napolitanas. Num mês, "as melhores tropas da Europa", no dizer de Mack e Nelson, tinham deixado de existir.

Perseguidos pelos franceses, os napolitanos praticamente não lutaram e, com o rei à frente, fugiram quase sem baixas para Nápoles. A família real só pensava em fugir para Palermo.

Apesar da resistência da população, que não queria ver a família real abandonar a capital, e graças à determinação de Nelson e a coragem e a presença de espírito de lady Hamilton, todos embarcaram a bordo do Vanguard na tarde de 21 de dezembro. Diversos dias antes, valores da ordem de £2,5 milhões foram embarcados no navio. O navio suspendeu no dia 23, tendo chegado a Palermo no dia 26. A princesa mais jovem, de 6 anos, morreu na viagem vítima de convulsões. Durante todo esse período, a embaixatriz teve um comportamento admirável. É Nelson quem diz sobre Emma, em carta a Jervis:

> Nossa querida lady Hamilton, vê-la é admirá-la, mas, ao conhecê-la, tem-se de acrescentar honra e respeito; sua cabeça e seu coração ultrapassam sua beleza, que não pode ser igualada a nada que jamais vi.[14]

Em Palermo, Nelson foi morar na casa dos Hamilton, responsabilizando-se por uma parte desproporcional das despesas. Quando, mais de um ano depois, voltaram para Londres, William tinha uma dívida de £2 mil para com Nelson.

Os rumores sobre Nelson e Emma começaram a circular por toda parte, em Londres inclusive.

Notas

[1] Admiral Alfred Thayer Mahan, *The Life of Nelson*, London, Sampson Low Marston, 1897, cap. IX.
[2] Apud Mahan, op. cit., cap. X.
[3] Idem.
[4] Oliver Warner, in Oliver Kemp (ed.), *The History of Royal Navy,* Arthur Barker, London, 1969 p. 119.
[5] Oliver Warner. The Nile, in *Great Sea Battles,* Verona, Arnaldo Mondadori, 1968, p. 157.
[6] Apud Carola Oman, *Nelson*, London, Hodder & Stoughton, 1954, cap. X.
[7] Carola Oman, op. cit., p. 306.
[8] Idem, p. 309.
[9] Apud Carola, op. cit., p. 309-10.
[10] Idem, p. 320.
[11] Idem.
[12] Apud Mahan, op. cit., cap. XI.
[13] Idem.
[14] Idem.

PAIXÃO E DESONRA
1799-1800

O abandono de Nápoles pela família real levou a uma série de incidentes. A Marinha napolitana, que havido sido deixada sob a responsabilidade de um dos oficiais portugueses, teve que ser queimada para não cair nas mãos dos franceses. A população e o campesinato tomaram as armas e, sob a direção dos padres, tentaram, por algum tempo, com fúria e de forma indisciplinada, conter os franceses, que, veteranos e experimentados nos combates, logo os derrotaram. A 29 de janeiro de 1799, Nápoles foi ocupada pelos franceses e proclamada uma república. Para Nelson, o culpado de todas essas desgraças era o imperador da Áustria, que não tinha vindo em socorro de Nápoles. A 4 de fevereiro toda a resistência na cidade tinha cessado.

Os rumores de um envolvimento entre Nelson e Emma Hamilton logo chegaram aos jornais. Como qualquer esposa, lady Nelson não pôde deixar de se incomodar com os rumores que afetavam a honra de seu marido e representavam uma ameaça à sua própria felicidade. Sua primeira reação foi tentar se juntar a Nelson na Itália, mas certamente ele a dissuadiu de tal:

> Já em fevereiro você veria quão desagradável teria sido se você tivesse seguido um conselho qualquer que a trouxesse da Inglaterra para um marinheiro itinerante. A única coisa que poderia fazer, se você tivesse vindo, seria arriar o meu pavilhão e levá-la de volta, porque teria sido impossível ter arranjado uma habitação em Nápoles ou em Palermo.[1]

Estavam lançadas as sementes de uma inimizade de duas mulheres em luta pelo amor de um homem. Eram duas mulheres tão diferentes como o gelo e o fogo, sendo Emma vibrante, apaixonada, permanentemente consumida pelas chamas de imensa ambição, e Fanny fria como uma pedra de gelo, correta e controlada. Enquanto a primeira era mundana, ambiciosa, aventureira e extrovertida, lady Nelson era doméstica, circunspecta e, em comparação com a outra, apagada. A beleza e o exotismo de uma contrastavam com a placidez e simplicidade de pardal da outra. Mas o pior é que Emma não apenas entendia a personalidade de Nelson, mas alimentava e compartilhava a sua ânsia por glória, enquanto Fanny pedia para ele não arriscar a vida.

Eram duas mulheres muito diferentes, sem dúvida, mas Fanny sofreu mais do que merecia. Muitos biógrafos de Nelson, querendo proteger sua reputação a qualquer preço, traçaram de Fanny um retrato de uma esposa leal, mas fria e sufocante. O que ela fez, particularmente cuidando do velho pai de Nelson durante os longos anos que ele passou no mar, não tem sido frequentemente reconhecido e ninguém que leia suas cartas pode duvidar do seu amor por ele e seu orgulho por seus feitos. Fanny era uma senhora de certo encanto e que impressionava todas as pessoas que a conheciam: tinha uma força silenciosa e, embora no final derrotada por Emma, sobreviveu com considerável dignidade até uma triste velhice. Já a vencedora se destruiu poucos anos após a morte de Nelson.

A corte napolitana à época tinha hábitos corruptos, conforme Nelson e Troubridge abertamente comentavam, criando um ambiente propício à dissolução dos costumes. Na casa dos Hamilton, o jogo era prática diária entrando noite adentro. Nelson e Emma jogavam grandes quantias e não é difícil deduzir que com grandes perdas.

Uma carta escrita por Troubridge, esse amigo tão sincero e fiel, permite-nos avaliar o tipo de vida em Palermo:

Perdoe-me, meu lorde, é a minha sincera estima pelo senhor que me faz mencionar isso. Eu sei que o senhor não pode ter nenhum prazer jogando cartas todas as noites; porque, então, sacrificar sua saúde, conforto, dinheiro e tranquilidade, tudo, para seguir os costumes de um país onde sua permanência não pode ser longa? [...] Eu acredito que a guerra breve acabará, nos livrando este ninho de tudo que é infame, e que poderemos nos alegrar com o sorriso de nossas conterrâneas. Meu lorde não sabe da metade do que acontece ou do que se fala nessas ocasiões; se o senhor soubesse o que os seus inimigos sentem pelo senhor, estou certo de que o senhor cortaria essas festas noturnas. A jogatina em que o povo de Palermo está envolvido é comentada publicamente por todo o mundo. Eu rogo que o senhor deixe isso. Eu gostaria que a minha pena pudesse traduzir meus sentimentos. Tenho certeza de que o senhor me desculparia; é a sincera estima que tenho pelo senhor que me faz correr o risco de desgostá-lo.[2]

Não sabemos se Nelson respondeu a essa carta. Provavelmente não, mas esse foi um período em que ele se mostrou desgostoso e preocupado. Sem dúvida, consequência de sua luta entre a sua consciência e a sua paixão.

Nos primeiros dias de fevereiro, Nelson foi promovido a contra-almirante do vermelho. Na época, o posto de contra-almirante inicial era chamado de contra-almirante do azul e, como última etapa para a promoção a vice-almirante, contra-almirante do vermelho.

Durante a semana difícil da fuga de Nápoles, o tio de Nelson, Maurice Suckling, faleceu quietamente em Kentish Town, nomeando-o coexecutor do testamento, com um legado de £100. Ele foi uma pessoa importante na carreira de Nelson, como vimos, e o almirante sentiu muito a sua morte. Algum tempo depois, morreu também o irmão mais moço de Nelson, Suckling, e a expressão de pesar de Nelson foi bem menos expressiva – sua maior ligação era com os irmãos Maurice e William.

A guerra, porém, tomaria um novo rumo. A Grã-Bretanha conseguiu finalmente formar uma Segunda Coalizão, com a Rússia, Turquia, Áustria, Portugal e Nápoles. Logo a coalizão obteve resultados muito acima da expectativa de Nelson: tendo os russos e os austríacos terminado os preparativos, seu sucesso foi enorme, principalmente entre abril e agosto – a época mais favorável para operações na Itália indo de fevereiro a agosto –, e mostrou claramente o erro de Nelson em ter querido forçar a Áustria a entrar na guerra sem outros aliados, ainda não totalmente preparada e numa época inadequada para a campanha.

Nos últimos dias de março, a ilha de Corfu foi ocupada por esquadrões russos e turcos, sob o vice-almirante Ouschakoff e Abdul Cadir Bay. Essa operação contrariava o desejo de Nelson, que queria que as forças navais russas e turcas rendessem as forças britânicas ao largo de Alexandria, a fim de que ele pudesse reforçar as forças que bloqueavam Malta e a costa da Itália. Mas esses aliados não se deixaram convencer: com cerca de 20 mil homens prestes a entrar em campanha no norte da Itália, a Rússia, na qualidade de aliada da Áustria, tinha inegavelmente grandes interesses lá, bem como nas ilhas Jônicas, que comandavam a entrada do Adriático, um mar importante para as comunicações entre a Áustria e a Lombardia. Quanto à França, como as ilhas estavam sob ocupação francesa, representavam uma séria ameaça para seu território. Portanto, para desgosto de Nelson, foi nessa direção que eles se voltaram.

Em Corfu, a Leander, capturada pelos franceses, foi retomada e devolvida aos britânicos.

No início de abril, as tensões em Nápoles eram grandes entre os franceses e seus aliados jacobinos e os realistas, ao mesmo tempo em que grassava a revolta nos Estados Papais e no sul da Itália, tornando incerto o futuro da ocupação francesa.

Nelson determinou que o esquadrão de Troubridge bloqueasse Nápoles e as ilhas nas imediações de Nápoles – Prócida, Ísquia, Capri e Ponza –, além de procurar entrar em contato com os realistas da cidade. No dia 3 de abril, Troubridge pôde observar que todas as ilhas ostentavam de novo o pavilhão real. Com a presença da força britânica, os leais à coroa começaram a mandar para bordo todos os que nas ilhas tinham ocupado cargos importantes durante a administração dos franceses ou que tivessem de alguma forma colaborado com eles. Eles pediam a pena de morte para aqueles traidores.

Assustado, Troubridge pediu a Nelson que fossem enviados soldados napolitanos e um juiz honesto para conduzir os julgamentos.

Tem início, então, uma série de episódios que nada contribuem para a glória de Nelson. Sua extrema dedicação à casa real das Duas Sicílias – ou seria a tremenda influência que sobre ele tinha lady Hamilton – tornam alguns dos seus atos incompatíveis com o caráter que até então tinha demonstrado. Nós comentaremos esses fatos à medida que eles vão acontecendo.

Nelson aconselhou o casal real a conceder o mais rapidamente as recompensas devidas e aplicar as punições necessárias, opondo-se, assim, à sugestão do pretenso cardeal Ruffo, que chefiava um exército constituído de uma massa indisciplinada de realistas católicos de 17 mil homens, de ser concedida uma anistia geral para apaziguar os espíritos. Sem dúvida, o ponto de vista de Nelson não era o mais generoso.

A 22 de abril, os franceses evacuaram a cidade de Nápoles, com exceção do castelo de Sant'Elmo, onde deixaram uma guarnição de 500 homens. Os castelos de Uovo e Nuovo foram ocupados por jacobinos.

Na Itália Superior, os franceses estavam em plena retirada e as tropas de Nápoles receberam ordem de abandonar a cidade e se juntar ao corpo principal do exército, que logo seria seriamente pressionado pelas forças muito superiores austro-russas, sob o comando do famoso Suvarov. No dia 29, os aliados ocuparam Milão.

O sucesso de Troubridge continuou. Salerno caiu e logo as cores reais apareciam em Castellamare, no lado oposto à baía de Nápoles.

Enquanto Nelson começa a especular sobre a conveniência do regresso da família real à Nápoles, uma notícia surge trazendo apreensão por toda parte: a 12 de maio, chegou à Palermo um brigue com a notícia de que a esquadra francesa, constituída por 19 navios de linha – na verdade eram 25 –, tinha suspendido de Brest aproveitando-se de um nevoeiro e tinha sido avistada há cerca de quinze dias ao largo da cidade do Porto, em Portugal.

O brigue foi enviado na mesma noite para Nápoles, onde se encontrava Troubridge, para depois se dirigir para Minorca, onde o comodoro Duckworth permanecia com quatro navios de linha, não estando sob as ordens de Nelson, e a Gibraltar, onde se encontrava Jervis, comunicando a todas as suas intenções. Um outro cúter foi enviado a Malta, onde estava Ball. As ordens para os subordinados eram para se dirigir imediatamente, com todos os seus navios de linha menos um, para Minorca, onde ele pretendia se encontrar com seu chefe, que poderia também contar com os navios de Duckworth. Nelson enviou também correios para diferentes portos da Sicília, pedindo que quaisquer navios russos ou turcos que por lá estivessem viessem se juntar à frota aliada.

É-me surpreendente que, de pronto, ele não tenha seguido o mesmo destino. A presença dele era essencial para a tranquilidade da família real (ou a separação de lady Hamilton parecia muito dolorosa?).

Novas notícias chegadas a 13 de maio fizeram-no rever sua decisão. A escuna Peterel, que trouxe a informação de que os franceses tinham passado por Gibraltar e já estavam no Mediterrâneo, recebeu ordem de se dirigir a Malta e dizer a Ball que, com todos os seus navios de linha se dirigisse para o largo de Marítimo, uma pequena ilha a 20 milhas a oeste da Sicília, novo local de reunião. Troubridge, quando de sua passagem por Palermo, receberia as mesmas instruções. Todos os navios do esquadrão de Nelson, incluindo os portugueses, receberam ordens de seguir. O mais antigo de Marinha que ficou em Nápoles foi o capitão Foote, sobre quem voltaremos a falar.

No dia 17, chegou Troubridge, mas, devido às condições de mar, Nelson só suspendeu no dia 20. Na manhã seguinte, o quarto navio que estava em Nápoles com

Troubridge juntou-se ao grupo. A 23 de maio, Nelson com sete navios de linha – os navios de Ball ainda não tinham chegado – estava ao largo de Marítimo.

Esperando um engajamento que, pela disparidade de números, poderia destruí-lo, Nelson escreveu um adendo ao seu testamento:

> Eu dou em legado à minha querida amiga, Emma Hamilton, esposa do Mui Honrado sir William Hamilton, uma caixa aproximadamente redonda, com diamantes, que dizem me foram enviados pela mãe do Grão-Senhor, que eu peço ela aceite (e nunca se separe deles) com penhor da atenção e respeito por suas muitas evidentes virtudes (pois ela, a dita Emma Hamilton, possui todas elas em tal grau que eu faria uma injustiça a ela se mencionasse qualquer uma delas). Do seu fiel e afeiçoado amigo.[3]

As cartas para lady Hamilton eram quase diárias, mas para Fanny ele alegava que o volume da correspondência oficial, para um homem que sendo destro tinha de escrever com a mão esquerda, não lhe deixava tempo para a correspondência particular.

O que tinha ocorrido até então foi o seguinte: a força francesa, sob o comando do almirante Bruix, tinha se aproximado a 4 de maio de Cádis, mas não quis enfrentar os 15 navios britânicos que bloqueavam o porto, sob o comando de lorde Keith, que havia chegado desde o outono anterior para ser o segundo em comando. Não podendo, portanto, se unir ao esquadrão espanhol lá refugiado, no dia 5, Bruix atravessou os estreitos. Lorde São Vicente, em Gibraltar, chamou Keith e, no dia 12, saiu com 16 navios de linha em perseguição. Em 20 de maio, juntou-se a Duckworth, tomando então conhecimento que os franceses dirigiam-se para Toulon. Ora, com o fim do bloqueio a Cádis, era esperado que o esquadrão espanhol, com 17 navios de linha, deixasse o porto, o que de fato aconteceu, penetrando no Mediterrâneo e indo para Cartagena. Debaixo de muito mau tempo, lá chegando a 20 com muitos navios avariados. Os franceses chegaram a Toulon dia 14 e a 20 partiram com destino leste.

Tendo Nelson tomado conhecimento de que não havia possibilidade de os inimigos virem de imediato em sua direção, ele determinou que Ball retomasse o bloqueio da Malta com dois navios de linha e com todos os demais navios dirigiu-se a Palermo, aonde chegou no dia 20. Para o seu chefe ele assim justificou sua decisão:

Meu motivo para permanecer na Sicília é dar continuidade ao bloqueio de Nápoles, e a certeza de preservar a Sicília no caso de um ataque, pois se retirássemos os nossos navios estaríamos desalentando o povo, o que, estou certo, faria que não houvesse qualquer resistência [ao inimigo].[4]

Destacado da força principal, Duckworth chegou a Palermo com quatro navios de linha a 6 de junho. Um dos navios, o Foudroyant, de 80 canhões, designado como novo capitânia de Nelson, o que foi feito no dia 8 e junho. Importante, porém, foi a notícia de que São Vicente deveria deixar o comando brevemente e retornar à Inglaterra, por motivo de saúde. Era uma má notícia para Nelson, que tinha no chefe um amigo que o respeitava, admirava e prestigiava.

O que Nelson ainda não sabia é que desde o dia 2 de junho Jervis tinha deixado Keith no comando do seu grupo ao largo de Toulon e tinha ido para Port Mahon, em Minorca, onde ainda permaneceria por algum tempo como comandante em chefe, controlando duas forças: uma com 20 navios de linha, sob o comando de Keith, entre Toulon e Minorca; outra com 16 navios de linha, incluindo os 3 portugueses, com Nelson, nas águas da Sicília.

Os desentendimentos entre Nelson e Keith não tardaram a acontecer, já que Keith não tinha em relação a Nelson o mesmo tipo de sentimento de Jervis. Uma mútua antipatia logo de desenvolveu, mas, a bem da verdade, é de se louvar a paciência demonstrada por Keith com algumas atitudes de Nelson.

Tendo notícias de que a frota francesa, agora com 22 navios de linha, estava em Vado Bay e que, portanto, poderia atacar a força de Nelson, Keith destacou 2 navios de linha, de 74, para reforçar Nelson.

A situação em Nápoles nesse momento era de incerteza. O rei acreditava que breve os realistas, animados pelo sucesso de seus pares em todo o reino, logo se insurgiriam contra os franceses em Sant'Elmo e contra os jacobinos nos dois outros castelos e julgava que o apoio da frota britânica seria essencial para o êxito dessa empreitada. Lady Hamilton interferiu, convencendo Nelson de que ele deveria dar o apoio solicitado. Não resistindo ao apelo, Nelson partiu para Nápoles, com setecentos soldados napolitanos e o príncipe herdeiro representando o rei — que não quis acompanhar a tropa. Quando já fora da baía de Palermo, Nelson encontrou os dois navios que Keith lhe tinha enviado. Por eles soube que os franceses se dirigiam para Nápoles ou para a Sicília, o que, aliás, coincidia com a opinião de Nelson. Esse imediatamente mudou seus planos: regressou ao porto, desembarcou os soldados e o príncipe herdeiro, partindo para Marítimo, onde Ball e seus dois navios deveriam se juntar a ele.

Em carta a Keith, Nelson, com bastante sarcasmo, comenta sobre o reforço recebido:

> A força francesa, sendo de 22 navios de linha, 4 dos quais são de primeira classe, e a força sob meu comando sendo de somente de 16, nenhum dos quais de 3 conveses, e ainda sendo 3 portugueses, e um de britânicos tendo apenas 64 canhões, com guarnição muito reduzida, eu não tenho escolha senão voltar a Palermo.[5]

Dessa forma, o atrito entre os dois teve início, embora ele seja mais visível nas cartas de Nelson a outras pessoas. Entretanto, ele continuou ao largo de Marítimo. Em outra carta a Keith, ele diz:

> Esperarei ao largo de Marítimo, ansiosamente esperando um reforço que possa me permitir ir à procura da frota inimiga, quando nenhum momento será perdido em forçá-los ao combate, pois considero que a melhor defesa dos domínios de Sua Majestade siciliana é me colocar no caminho dos franceses.[6]

A 20 de junho, ao largo de Marítimo, Nelson soube que Jervis deixaria o comando do Mediterrâneo com Keith e se retirara de volta para a Inglaterra. Como o paradeiro de Brueys era ainda desconhecido e Nelson tinha a convicção de que os franceses se dirigiam para Nápoles, ele decidiu que era chegada a hora de resolver os problemas que ainda lá existiam. A decisão causou-lhe, porém, grande perturbação mental, pois, muito possivelmente, no seu íntimo duvidava se a sua decisão era baseada puramente em sua avaliação estratégica.

No dia 21, ele se dirigiu a Palermo, onde após um breve encontro com o rei e com lorde Acton, ele partiu no Foudroyant, levando a bordo os Hamilton, mas não as tropas ou o príncipe herdeiro. Dia 24, às 21h, chegaram a Nápoles, onde bandeiras de trégua tremulavam no castelo de Sant'Elmo e no de Uovo e Nuovo, e também na fragata britânica Seahorse, cujo comandante – capitão Foote – era o oficial britânico mais antigo na praça desde a saída de Nelson.

De fato, os insurgentes napolitanos – que Nelson chamava de jacobinos – haviam capitulado, tendo sido estabelecido que entregariam os castelos de Uovo e Nuovo assim que fossem fornecidos transportes que os levassem para Toulon. Os franceses no castelo de Sant'Elmo fizeram acordo semelhante. As bandeiras de trégua ficariam tremulando até que o acordo fosse cumprido.

Muitos autores discutiram e ainda discutem aspectos técnicos do problema para dar ou não dar razão a Nelson, aqui agindo como representante do rei das Duas Sicílias e como oficial britânico responsável pela área. O fato é que Nelson classificou o tratado como "infame", não ficando muito claro o porquê dessa classificação. Ele anulou a trégua dizendo só aceitar, em relação aos rebeldes, a rendição incondicional. Imediatamente, ele fundeou seus 18 navios de linha, formados em compacta linha de batalha, em frente à cidade, ao mesmo tempo que requisitou nas ilhas 22 pequenos vasos, armados com canhões e morteiros, flanqueando os navios de linha. Caso a força francesa chegasse, Nelson se encontraria em condições para enfrentá-la. Com esse poderoso dispositivo armado ele enviou a Ruffo uma nota em que considerava infames os termos do acordo com os rebeldes e mais duas notas, uma dirigida aos rebeldes e outra aos franceses. Para os franceses, que não eram traidores, ele apenas exigia a rendição incondicional, mas para os insurgentes, ele simplesmente negava a transferência para o território francês e exigia que se rendessem à autoridade do rei.

Ruffo recusou-se a entregar os documentos – afinal, eles o desautorizavam – e declarou que não poderia apoiar Nelson nem com homens, nem com armas.

Pressionados, os rebeldes abandonaram suas posições nos dois castelos sendo então embarcados em transportes que foram fundeados ao alcance dos canhões dos navios da esquadra (muitos rebeldes foram posteriormente mortos).

Deixando as tecnicalidades de lado, o fato é que o procedimento de Nelson contrasta com seu caráter sempre generoso, embora, é verdade, sempre muito sensível ao que ele considerava uma traição (vejam-se seus comentários quando da rebelião dos marinheiros em Nore). Mas o autor não consegue se furtar ao pensamento de que Nelson, diante de suá vulnerabilidade à emulação, principalmente das pessoas que lhe eram caras (veja-se o período em que o príncipe William Henry esteve com ele nas Índias Ocidentais), estava então sob a forte influência de lady Hamilton, totalmente chegada à rainha, e que advogava tratamento severo com os rebeldes, que a enchiam de medo.

A caracterização do tratado como "infame" é inegavelmente injusto. Assim como Nelson, o capitão Foote bem como o cardeal esperavam a qualquer momento a chegada de esquadra francesa e, portanto, a realização do acordo antes da chegada parece importante para garantir a ordem interna antes da concretização da ameaça externa.

No dia seguinte à rendição dos dois castelos nas mãos dos rebeldes, Troubridge desembarcou com 300 homens para sitiar o castelo nas mãos dos franceses, tendo tido a cooperação de 500 russos e algumas realistas.

A 29 de junho, o comodoro Francesco Caracciolo, recentemente comandante da marinha republicana, foi trazido a bordo do Foudroyant, tendo sido capturado no campo disfarçado. Ele tinha acompanhado a família real para Palermo, mas depois de algum tempo obteve permissão de retomar a Nápoles para impedir que suas propriedades fossem tomadas pelos republicanos por estarem abandonadas. Mais tarde, porém, ele passou para o lado dos republicanos tendo inclusive comandado sua pequena marinha, entrando em combate tanto com os britânicos como com os próprios napolitanos realistas – um combate com a fragata napolitana Minerva, que foi atingida diversas vezes, sofrendo seis baixas, dois mortos e quatro feridos. Não há dúvidas sobre sua culpa, mas seu julgamento foi apressado. Ele deveria ter sido mantido preso e, posteriormente, entregue às autoridades napolitanas para o devido julgamento. Nelson ordenou que oficiais napolitanos, presididos exatamente pelo comandante do Minerva, o mais antigo presente, fizessem uma corte marcial para julgá-lo. O pedido de Caracciolo para ser julgado por oficiais britânicos e não por seus conterrâneos – o ódio entre os partidários do rei e os republicanos era notório e os tumultos nas ruas mostravam isso claramente – foi recusado. A corte foi realizada a bordo do Foudroyant e o libelo acusatório formulado pelo próprio Nelson. Iniciada às 10h, a corte reconheceu, já às 12h, a culpabilidade de Caracciolo como rebelde e condenou-o à morte por 4 votos a 2. Por ordem de Nelson, às 17h Caracciolo foi enforcado no lais da verga – extremidade da verga – do mastro de vante da fragata napolitana Minerva. Ao pôr do sol, por ordem de Nelson, ele foi descido da verga e seu corpo lançado na baía de Nápoles. O enforcamento foi assistido pelos marinheiros britânicos postados nos mastros e vergas de seus navios fundeados na baía de Nápoles. Algum tempo mais tarde, o corpo flutuou e arrastado pela correnteza veio em direção ao capitânia, onde estava o rei de volta a Nápoles. O corpo foi, então, rebocado para Santa Lucia, onde foi finalmente enterrado na pequena capela dos pescadores.

Talvez não tenha havido ilegalidade no ato, mas ele não honra Nelson. O julgamento foi realizado no calor dos acontecimentos, sem nada que justificasse a pressa, e realizado por oficiais que apenas há poucos dias tinham estado lutando com ele. Nem o tempo nem as circunstâncias justificam a rapidez do julgamento e da aplicação da pena. Numa guerra civil, é de se esperar de quem está de fora o máximo de moderação para evitar os excessos dos dois lados em confronto. O seu maior erro, contudo, foi ter sobreposto sua qualidade de representante do rei das Duas Sicílias à de representante do povo britânico que, certamente, gostaria que a punição aos rebeldes fosse deixada a cargo dos próprios napolitanos, seguindo estritamente todos os procedimentos legais. Querer comparar o justiçamento de Caracciolo com o dos dois marinheiros britânicos, determinado por São Vicente, quando havia possibilidade de motim na força que ele comandava, não tem nenhum fundamento, sendo as circunstâncias completamente diferentes. O ódio da rainha e o de lady Hamilton, aos insurgentes pode e deve, de certo modo, ter influenciado Nelson nessa ocasião.

A 20 de julho, o rei chegou a Nápoles – Ferdinando I veio numa fragata napolitana, num comboio de transportes de tropas, escoltado por HMS Seahorse – mas por cerca de quatro semanas permaneceu a bordo do Foudroyant, transformado na sede de seu governo. Nessa corte, lady Hamilton dizia-se representante da rainha, que permaneceu em Palermo, não estando nas boas graças dos napolitanos nem do rei, que atribuía a ela a precipitação de dezembro.

No dia 13, rendeu-se o castelo Sant'Elmo. Já no dia seguinte, Troubridge, com cerca de mil dos melhores homens recrutados no esquadrão, e acompanhado de quatro mil homens, marchou contra Capua. Nessa altura, Nelson já recebera a notícia de Keith, agora comandante em chefe, que poderia ser necessário retirar seus navios de Nápoles para defender Minorca. Nesse mesmo dia, porém, tinham chegado as ordens de Keith, imperativas quanto ao envio de navios, mas flexíveis no que diz respeito ao número deles. A resposta de Nelson, que mostrou seu apego aos interesses do Reino das Duas Sicílias – sem dúvida, por influência de Emma – é claramente uma recusa de cumprir as ordens recebidas:

> Tão logo a segurança de Suas Majestades sicilianas esteja garantida, eu não perderei um momento em organizar o destacamento como determinado. No momento, sob a Providência Divina, a segurança de Suas Majestades sicilianas, e a rápida restauração de seu reino, dependem dessa esquadra, e a confiança que aparição de nossos navios diante da cidade inspira está além do que é possível acreditar, e eu não tenho escrúpulo em declarar minha opinião que, caso qualquer acontecimento nos faça sair do reino, permanecendo os franceses de posse de qualquer parte dele, os distúrbios voltarão, pois tendo sido a ordem completamente subvertida, deve haver uma limpeza completa, e haverá necessidade de um pouco tempo para restaurar a tranquilidade.[7]

Nelson tinha consciência de seu ato de indisciplina e sabia que se comentava abertamente sobre o fato de que suas decisões estavam sendo influenciadas por lady Hamilton. A carta particular que escreveu nesse mesmo dia para o primeiro lorde do almirantado deixou isso evidente.

Uma segunda mensagem de Keith foi recebida por Nelson a 19 de julho e seus termos não davam margem a qualquer dúvida. Ainda assim, Nelson persistiu na negativa:

> O senhor lorde, no momento em que me enviou a ordem, não estava informado da mudança ocorrida nos negócios do reino de Nápoles, e que todos nossos fuzileiros e uma parte dos marinheiros desembarcaram a fim de expulsar os canalhas dos franceses, do reino, o que, com as benções de Deus, muito em breve acontecerá, quando então uma parte deste esquadrão será imediatamente enviada para Minorca; mas enquanto os franceses não forem expulsos pelo menos de Capua, penso que não é correto obedecer à sua ordem para enviar qualquer fração do

esquadrão sob minhas ordens. Estou absolutamente consciente das consequências de desobedecer as ordens de meu comandante em chefe. Como eu acredito que a segurança do reino de Nápoles depende no momento de eu reter o esquadrão, não tendo escrúpulo em decidir que é melhor salvar o reino de Nápoles e correr o risco em relação à Minorca do que arriscar o reino de Nápoles para salvar Minorca.[8]

Pior que a justificativa, era o fato de que Nelson quando escreveu essas palavras já sabia que Brueys tinha se reunido com os espanhóis em Cartagena e podia formar 40 navios de linha contra 31 que Keith poderia reunir depois de retirar todos os navios de Minorca.

Por sorte de Nelson e certamente do almirantado, que escapou de tomar uma posição entre os dois comandantes, nenhuma das cartas de Nelson foram recebidas por Keith antes de transcorrido um bom espaço de tempo após a saída dele do Mediterrâneo em perseguição à esquadra combinada franco-espanhola. A 10 de julho, Keith deixou Port Mahon para Cartagena em perseguição aos inimigos. A perseguição continuou depois no Atlântico até Brest, aonde os britânicos chegaram 24 horas depois da entrada da força combinada naquele porto, a 13 de agosto.

É impossível, com os elementos existentes, avaliar as consequências da desobediência de Nelson, mas o almirantado, como não podia deixar de ser, censurou-o por isso:

> Os senhores lordes não veem, por nenhuma informação agora colocada diante deles, razão suficiente que justifique o senhor ter desobedecido as ordens recebidas do seu comandante, ou ter deixado Minorca exposta aos riscos de um ataque, sem qualquer força naval para protegê-la. Apesar de que em operações na costa possa ser altamente recomendável desembarcar parte dos marinheiros de um esquadrão para cooperar com e apoiar o exército, quando a situação permitir que eles sejam imediatamente reembarcados caso o esquadrão seja chamado para outro lugar, ou se a aproximação de uma força naval inimiga for informada – ainda assim, os lordes de nenhuma maneira aprovam que marinheiros sejam desembarcados para fazer parte de um exército a ser empregado em operações a certa distância da costa, onde, se eles tiverem o azar de serem derrotados não possam voltar para os seus navios, e dessa forma o esquadrão se torne tão deficiente que não possa mais ser capaz de realizar as tarefas exigidas dele; eu tenho a determinação dos senhores lordes de expressar ao senhor lorde que não deve mais empregar os marinheiros dessa maneira no futuro.[9]

Uma reprimenda branda para o erro cometido, que de forma alguma justificavam o procedimento, era totalmente injustificável. Muito diferente de deixar a

Almirante Nelson, representado por Lemuel Francis Abott. Pode-se perceber a manga direita sem o braço, perdido em Tenerife em 1797 e o olho direito fixo, também perdido em combate, em 1794, em Córsega. [por Lemuel Francis Abbott]

linha de batalha sem ordens, como ocorreu em cabo de São Vicente. Não fosse Nelson o herói popular que era na época, o almirantado teria agido de forma bem diferente, no mínimo com a exoneração do comando que então exercia. Somente uma paixão ensandecedora pode explicar uma ação dessa natureza.

Durante todo esse período, Nelson esteve deprimido e em más condições de saúde. Possivelmente foi nesse período que ele teve a consciência atormentada como consequência de sua luta entre a honra, o dever e a paixão irresistível.

Já não podia haver dúvida nessa época de que a dinastia Bourbon, que seria afastada do poder no século XIX, era corrupta, mas Nelson julgava que, protegendo-a, estava impedindo que um verdadeiro reinado do terror, como ocorreu na França, acontecesse. Entretanto, as execuções públicas na Piazza del Marcete era um motivo de permanente entretenimento para a população napolitana, de julho de 1799 a mais de 1800. Quando em meados de agosto as embarcações com os rebeldes viajaram para Toulon, apenas um terço dos passageiros originais estavam vivos.

Com a saída de lorde Keith do Mediterrâneo em perseguição à força combinada franco-espanhola até Brest, Nelson ficou o oficial britânico mais antigo no Mediterrâneo, recebendo, no dia 20 de setembro, a determinação do almirantado para que assumisse oficialmente o papel de comandante em chefe até que lorde Keith retornasse ou outro oficial seu superior fosse indicado para o posto. Essa interinidade fez com que o grupo que o atendia para o cumprimento de suas acrescidas tarefas fosse insuficiente. Nelson, é natural, esperava que, tendo em vista sua larga experiência no Mediterrâneo, e o seu desempenho até então, fosse confirmado no posto, já que Keith, no momento na Inglaterra, seria feito comandante da Esquadra do Canal, pois seu atual comandante estava para se retirar do serviço ativo. Embora a função fosse de vice-almirante de certo tempo de promoção, ele esperava ser promovido ao posto. Isso, porém, não aconteceu e Nelson, devido ao retorno de Keith, permaneceu na função apenas até o fim do ano.

A distribuição das forças britânicas no Mediterrâneo era a seguinte: seis navios de linha sob o comando do almirante Duckworth atendiam o serviço em Gibraltar e Cádis; quatro navios de linha estavam dispostos para a defesa de Minorca, sob permanente ameaça sob ameaça proveniente das costas espanholas; três navios de linha mantinham, com ajuda dos navios portugueses, o bloqueio de Malta. A divisão de Sidney Smith permanecia no levante; Troubridge, com alguns poucos navios, operava nas costas da Itália, bloqueando Civita Vecchia, ainda em mãos dos franceses; um pequeno esquadrão era mantido na Riviera genovesa para perturbar as comunicações dos franceses, manter contato com os exércitos austro-russos em pleno avanço na região, enquanto se aguardava, como seria natural, que a esquadra russa viesse dar apoio a Suvarov. Os pequenos navios britânicos estavam distribuídos entre essas diferentes tarefas. O Foudroyant permaneceu em Palermo desde que o rei retornou, a 8 de agosto, de Nápoles, e durante todo o período de comando em chefe de Nelson, lá permaneceu. Sem dúvida, os pontos de maior importância eram a consolidação do poder real no território das Duas Sicílias, a conquista definitiva de Malta e a retenção do exército francês no Egito, totalmente isolado da França. Nelson e os Hamilton falharam, contudo, na pretensão de o rei voltar definitivamente a Nápoles. Apesar de não haver mais franceses em todo o território napolitano, o fato de os franceses terem deixado cerca de 1.500 homens em Roma e Civita Vecchia servia como desculpa ao rei. Apesar dos esforços de Nelson para que soldados britânicos viessem cooperar com Troubridge, este, graças ao apoio de uma divisão enviada por Suvarov, pôde informar Nelson, no final de setembro, da evacuação de Roma e Civita Vecchia. Mesmo assim, o rei não voltou a Nápoles.

Devido aos relevantes serviços prestados à coroa das Duas Sicílias, Nelson recebeu o título de duque de Bronté, correspondendo a um domínio de mesmo nome na Sicília, que produzia uma renda anual de £3 mil. Nelson imediatamente criou uma pensão anual para seus pais de £500; ele não ousou dar mais até que pudesse verdadeiramente comprovar o retorno anual de sua propriedade.

O ducado, na verdade, era propriedade da igreja, confiscado pelo estado quase cem anos antes e estava em decadência. Ele não incluía a pequena cidade medieval existente na montanha e que deu o nome ao domínio; sua mais importante construção, a fortaleza de Maniace, não passava de uma ruína pitoresca; uma casa de fazenda chamada La Fragila era a única construção habitável. Como faltavam estradas, os habitantes não faziam esforços para melhorar a sua condição. Nelson nomeou um protegido dos Hamilton como seu agente. Após a doação, passou a assinar Bronté-Nelson, mudando mais tarde para Bronté, Nelson do Nilo e, finalmente, para Nelson e Bronté.

No início de outubro, chegou a Nelson a notícia de que uma força composta de 13 navios de linha tinha sido avistada ao largo do cabo Finisterre, e que ela podia estar indo para o Mediterrâneo. A informação fez Nelson antecipar a visita que havia planejada fazer a Minorca, pois pensava poder reunir dez navios para enfrentá-los, mas as notícias se revelaram falsas. Ele partira de Palermo a 5 de outubro e regressou a 22, tendo permanecido em Port Mahon 5 dias.

A situação de Malta era um motivo de preocupação. Por mais de um ano bloqueada por mar e por terra pelos ilhéus, a cidade resistia. A dificuldade de Nelson de arranjar navios para apertarem o bloqueio e de conseguir homens para reforçarem o ataque dos ilhéus por terra tornava a situação muito difícil. Os ilhéus dependiam da Sicília para obterem os grãos necessários para o seu sustento, mas os piratas da Barbária, em guerra com Nápoles, atacavam e capturavam os navios com suprimentos para a ilha e à corte siciliana faltavam a energia e a disposição para despachar mais suprimentos. Nelson temia que a restauração da Ordem dos

Cavaleiros de São João, tão odiada pelos ilhéus – e que a Grã-Bretanha queria ver cumprida para agradar ao czar – os levasse a abandonar a luta.

Tendo informação de que diversos navios franceses estavam carregando suprimentos em Toulon para abastecer os sitiados de La Valetta, chegaram ordens de Lisboa para que os navios portugueses que cooperavam com o bloqueio de Malta voltassem para Lisboa. Nelson, na sua maneira característica de agir deu ordens ao almirante português em termos candentes:

> Como a rendição da ilha de Malta, é da maior importância para os interesses das potências aliadas em guerra com a França, e a retirada do esquadrão sob seu comando, neste momento, do bloqueio da ilha, terá consequências ruinosas para seus interesses [dos aliados] [...] por meio deste é-lhe pedido e determinado, em consideração das circunstâncias acima, não obstante as ordens que o senhor possa ter recebido de sua corte para voltar a Lisboa, sob nenhuma consideração retirar um único homem desta ilha, que possa ter sido desembarcado do esquadrão sob comando de Vossa Excelência, ou destacar um navio para fora do Mediterrâneo, até que receba novas ordens minhas para esse fim.[10]

Temendo não ser obedecido, em carta particular dirigida ao almirante Niza, ele apela para sua honra, tão bem demonstrada, assegura Nelson, durante toda sua nobre carreira, insinuando também que o seu príncipe, ao tomar conhecimento de todas as circunstâncias da situação, não apoiaria o cumprimento de ordens dadas sem o conhecimento dessas circunstâncias.

Da mesma forma, ele trata com russos e austríacos com máxima habilidade. Com seus próprios homens ele usa de toda sua capacidade de persuasão. Nisso, sem dúvida, ele é inigualável.

Seus esforços não foram vãos. A guarnição de Messina recebeu ordens para desembarcar em Malta e, a 25 de novembro, Troubridge chegou com essas notícias ao largo de Palermo. Nelson não esperou sequer que o Culloden atracasse e, tendo transferido seu pavilhão para um transporte, enviou o Foudroyant para encontrá-lo, com ordens para os dois navios irem para Messina, embarcar os homens e rumarem diretamente para Malta. O Northumberland, 74 canhões, se juntaria a eles, formando uma divisão para substituir os portugueses. As tropas desembarcam em Malta a 10 de dezembro, e no dia 18 Nelson informou a Niza que não o considerava mais às suas ordens.

Na ocasião, os britânicos tinham em terra 1.500 homens, apoiados por dois mil malteses, muito bem armados e disciplinados, além de um número de irregulares não inteiramente confiáveis. Os russos, porém, nunca vieram, embora tivessem chegado até Messina quando, homens e navios, foram mandados para Corfu – o czar tendo se desentendido com os austríacos pensava em abandonar a coalizão. Somente após a saída de Nelson do Mediterrâneo, Malta seria totalmente resgatada.

Enquanto esses fatos ocorriam, a situação no Egito merece registro. Temendo ser atacado por terra pelos turcos vindos da Síria e também por mar, quando as condições de mar permitiram a realização de um desembarque de grande contingente de soldados turcos, já que os britânicos dominavam o mar, Napoleão resolveu se antecipar a isso deslocando suas tropas em fevereiro e, após enfrentar pouca resistência, chegou a Acre em 18 de março, cercando-a. Lá estavam, entretanto, os dois navios de linha comandados por sir Sidney Smith, que então demonstrou, não só coragem e determinação, das quais nunca se duvidou, mas também excepcional conduta e competência de julgamento em que poucos acreditavam. Durante os 62 dias que durou o cerco da cidade ele capturou o equipamento de cerco dos franceses, que o transportaram por mar, e perturbou seriamente as suas comunicações costeiras, além de contribuir materialmente para a condução da defesa, para a qual, os valentes turcos não estavam preparados. Após diversos assaltos desesperados pelos franceses, o cerco foi levantado a 20 de maio, Napoleão retirou-se de volta para o Egito, chegando ao Cairo a 14 de junho. Tentando se aproveitar do êxito em Acre, os turcos, com uma frota de 13 navios de linha fundearam na baía de Aboukir a 11 de julho, acompanhando um considerável número de transportes carregando de 10 a 30 mil homens. Smith acompanhou com seus navios a força turca. Os turcos desembarcaram e ocuparam o forte de Aboukir, mas no dia 25 de julho, Napoleão, tendo concentrado suas tropas, derrotou-os totalmente, com todos mortos ou aprisionados. Quatro semanas mais tarde, Napoleão partiu de Alexandria, e chegou à França após seis semanas de viagem, vencendo a vigilância britânica.

Nessa ocasião, ficou claro que, até que os efetivos franceses no Egito pudessem ser sensivelmente reduzidos pelas inevitáveis mortes por doença ou em batalha, não havia condições para que os turcos reconquistassem o controle sobre o Egito. Quando Smith assumiu o comando no Levante, seu irmão era ministro em exercício em Constantinopla, e ambos concordavam que a melhor solução para o Egito voltar ao controle dos turcos, era conceder passagem livre a todos os navios franceses para passarem para a França. Quando Nelson, porém, recebeu indicação que Smith estava sob suas ordens, de forma mais explícita e positiva determinou que não deveria ser concedida passagem livre para nenhum navio ou pessoa, sob nenhum pretexto, contrariando o desejo do sultão e do representante britânico de, por essa forma, se livrarem dos franceses no Egito. Quando um embaixador foi enviado para Constantinopla, o irmão de Smith voltou à condição de simples secretário de embaixada e o novo embaixador condenou a linha de conduta do seu predecessor, discordando dos termos da proposição posta diante dos franceses, mas concordando que a melhor maneira de se livrar da questão do Egito era aceitando fazer muitos sacrifícios. O resultado foi a assinatura de um acordo, conhecido como de El Arish, entre os turcos e os franceses, assinado a bordo do navio de Smith, a 24 de janeiro de 1800, pelo qual o exército francês poderia retornar à França sem ser molestado, e livre, portanto, de voltar a combater os aliados da Turquia e da Grã-Bretanha. Nessa altura, Keith havia retornado e reassumido como comandante em chefe e tinha trazido claras instruções do governo para não permitir nenhuma transação do tipo da que foi feita, e embora ele fosse a favor de uma política como essa, pela inconveniência de destacar navios para tão longe do seu centro de operações, ele não era homem para contestar ordens. Tendo escutado rumores do que estava sendo negociado, enviou, uma quinzena antes da assinatura do acordo, uma carta ao general Kleber, substituto de Napoleão, que mandou fosse entregue por Smith, dizendo:

> Eu tenho ordens positivas para não aceitar nenhuma capitulação das tropas france-
> sas, a não ser que elas tenham deposto as armas, entreguem-se como prisioneiros
> de guerra e entreguem todos os seus navios e provisões do porto de Alexandria
> para as potências aliadas.[11]

E ele acrescentava que mesmo não seria permitido que deixassem o Egito, a não ser por troca de prisioneiros. Qualquer pessoa que tentasse retornar, tendo em vista um acordo com um dos aliados que não incluísse os demais – como seria o acordo de El Arish –, seria feito prisioneiro de guerra.

Sendo notificado do retorno de Keith, a 16 de janeiro de 1800, Nelson deixou Palermo para se encontrar com seu comandante em chefe em Livorno (Leghorn), aonde chegou no dia 20. Keith, a bordo do Queen Charlotte, acompanhado por Nelson, viajou para Palermo e, após 9 dias, partiram para Malta, lá chegando a 15 de fevereiro. Mais uma vez, a estrela de Nelson iria brilhar. Tão logo a divisão chegou à ilha, uma fragata trouxe a informação de que um esquadrão francês tinha sido avistado ao largo da extremidade oeste da Sicília. Imediatamente, Keith assumiu posição à entrada da baía, dispondo outros navios onde lhe pareceu melhor, e determinou que Nelson navegasse com 3 navios de linha, mais tarde, quando estariam a sudeste da ilha, mais um navio veio se juntar a eles. No dia seguinte, o vento que soprava de sudeste rondou para noroeste, mas somente na manhã do dia 18 o inimigo foi avistado. A divisão francesa era constituída pelo Généreux, de 74 canhões, um dos dois navios de linha que tinham escapado da destruição em Aboukir, um grande navio-transporte, transportando 4 mil homens e gêneros, e três corvetas. A bordo do Foudroyant foram escutados tiros ao norte; o navio içou todas as velas e rumou em direção ao canhoneio logo avistando o Alexander perseguindo cinco navios franceses. Ao fim da ação, o Généreux arriou seu pavilhão assim como o transporte, tendo as três corvetas fugido.

Numa carta a lady Hamilton, Ball procura mostrar toda a sorte que persegue aqueles que fazem por merecê-la:

> Estamos conduzindo o bloqueio de Malta há 16 meses, durante os quais o inimigo jamais tentou vir trazendo um grande socorro. Lorde Nelson chegou aqui no dia em que o inimigo estava a poucas léguas da ilha, capturou os principais navios e dispersou os demais, de modo que nenhum chegou ao porto [de La Valetta].[12]

Durante a viagem para Malta, Keith recebeu cartas do general comandante do exército austríaco no Piemonte em que ele explicava os seus planos para a próxima campanha. De acordo com esse plano, os austríacos deveriam sitiar Gênova e avançar ao longo da Riviera, o que implicava a necessidade de apoio naval a ser dado pelos britânicos. Assim, a 24 de fevereiro, ele deu ordens a Nelson para assumir o bloqueio de Malta, não poupando esforços para sua rendição. Sob o ponto de vista profissional, era a oportunidade de ouro para Nelson encerrar sua carreira no Mediterrâneo, como os seus amigos mais chegados – Troubridge e Ball – insistiam com ele. Afastado de Palermo e de lady Hamilton, queria voltar para lá, alegando más condições de saúde. Acresce que o Guillaume Tell, de 80 canhões, estava refugiado no porto – ele era o 13º e último navio envolvido na Batalha do Nilo, sendo, portanto, um troféu valioso para Nelson. Além disso lá estavam também as corvetas Diane e Justice, as únicas sobreviventes da batalha. Seus amigos tudo fizeram para convencê-lo, inclusive insistindo que seu estado de saúde não parecia justificar essa decisão. Certamente sabedor dos rumores do que ocorria em Palermo, Keith, para afastá-lo de lá, determinara que ele poderia escolher como sua base Siracusa ou Messina ou Augusta, ambas na costa leste da Sicília, tendo em vista Palermo não ser adequada por estar muito afastada de Malta. No passado, com base no mesmo raciocínio, Nelson escolhera Siracusa como base.

Tudo foi, porém, em vão. A 10 de março, ele deixou Malta com destino à Palermo a bordo do seu capitânia, mas, pelo menos, mandou o Foudroyant de volta a Malta, passando seu pavilhão para um navio-transporte. Felizmente, ele assim decidiu porque o Guillaume Tell, deixou La Valetta na noite de 29 de março com o intuito de aliviar o problema da fome na cidade retirando os 1.200 homens de sua guarnição. A boa estrela de Nelson funcionou, pois o Foudroyant retornou a Malta exatamente a tempo de assumir sua posição no bloqueio ao largo de Malta. O maior francês foi avistado primeiro pela Penelope, que, galantemente, engajou com ela na alheta, como Nelson fizera com o Ça Ira na Batalha do cabo de São Vicente. O navio francês queria apenas fugir, já que os efetivos britânicos eram muito superiores, e assim não pôde se virar e destruir a pequena fragata. Os tiros desta, porém, derrubaram as vergas superiores dos mastros principais e mezena, dessa forma reduzindo a velocidade do Guillaume Tell e permitindo a chegada do restante dos navios britânicos. Quando esses chegaram, o francês já havia praticamente destruído a Penelope e o Lyon, ambos de 64 canhões. Então, cerca de 6h da manhã, o Foudroyant chegou à distância de tiro e meia-hora mais tarde já tinha derrubado os mastros principal e mezena. Às 8h05, veio também abaixo o mastro de vante, quando então, sem mais nenhum mastro, o francês, depois de uma magnífica luta, arriou o seu pavilhão e cessou fogo.

Nelson chegou a Palermo em 16 de março, e soube que os Hamilton estariam deixando o Reino das Duas Sicílias, possivelmente porque seu cargo estava sendo necessário para atender alguém com "interesse". No dia 20, escreveu para o primeiro lorde do almirantado sobre sua intenção de regressar para a Grã-Bretanha.

Certamente, o primeiro lorde do almirantado, tendo sido informado da intenção de Nelson de regressar, por motivos de saúde, para a Inglaterra, não conseguiu esconder todo o seu desapontamento:

> Com relação à sua carta de 20 de março, tudo que eu direi é expressar minha extrema mágoa que o estado de sua saúde seja tal que o obrigue a deixar a sua estação ao largo de Malta, no momento em que eu suponho que haja as melhores perspectivas para a rendição. Fiquei muito triste que o senhor não tenha terminado aquele negócio pessoalmente, pois o Guillaume Tell é obra sua e não deveria arriar a bandeira para nenhum outro. Se o inimigo vier para o Mediterrâneo, e quando isso ocorreu será subitamente, ficarei muito preocupado de ouvir que o senhor tomou conhecimento disso seja em terra seja num transporte em Palermo.[13]

No dia 6 de abril, Nelson solicitou oficialmente sua licença para regressar à Grã-Bretanha, logo após ter recebido notícia da captura do Guillaume Tell. Com o Foudroyant já de volta a Palermo, Nelson, acompanhado pelos Hamilton e uma comitiva, fez uma viagem para Siracusa e Malta, voltando a 1º de junho para Palermo. O aniversário de lady Hamilton, 26 de abril, foi celebrado no mar com brindes e canções.

Em Palermo, a rainha, por razões de ordem política, desejava ir a Viena de modo a fazer pressão na corte de sua irmã e de seu genro, mas, para muitos, o rei queria se ver livre dela. Ao ter notícias de que Napoleão tinha cruzado os Alpes e avançava para recuperar a Itália, a rainha atrasou a sua saída.

Embora seja difícil compreender como, para transportar a casa real de um país estrangeiro Nelson tinha retirado dois navios do bloqueio de Malta – o Foudroyant e o Alexander, já o bloqueio era tarefa imposta pelo seu comandante em chefe. Ele o fez sem esperar resposta de Keith para sua solicitação. Este proibiu tal operação, mas Nelson não recebeu a proibição, já tendo partido para Livorno (Leghorn) com a rainha, suas três irmãs solteiras – as futuras rainhas da Espanha, França e Sardenha – e mais uma comitiva de 50 pessoas, além dos Hamilton.

A 14 de junho os navios chegaram a Livorno, onde encontraram Keith. Durante seis semanas ele tinha estado bloqueando Gênova, abandonada por seus defensores, doentes e famintos, a 5 de junho. No dia da chegada de Nelson, foi travada a famosa Batalha de Marengo, em que Napoleão derrotou os austríacos, que abandonaram o norte da Itália e entregaram aos franceses todos os pontos fortificados, inclusive Gênova. No dia 18, Keith ordenou a Nelson que todos os navios em Livorno deveriam ir imediatamente para Spezia. Nelson enviou o Alexander e uma fragata, permanecendo com o Foudroyant, pronto, segundo ele, para levar para Palermo a rainha e a comitiva real, caso isso se tornasse necessário. Keith foi peremptório no sentido de que nenhum navio de linha deveria ser usado para transportar a rainha, que, na opinião de São Vicente, deveria se dirigir o mais rapidamente possível para Viena, não voltando a Palermo.

No dia 24, Keith chegou pessoalmente a Livorno, onde resistiu às lágrimas da rainha e cedeu apenas uma fragata britânica para escoltar as fragatas napolitanas até Trieste. Caso Nelson e os Hamilton quisessem ir diretamente para Grã-Bretanha, Keith colocaria à disposição deles a fragata Seahorse ou, se preferissem, um navio-transporte que mandaria vir de Malta; cederia o Alexander, que os levaria até um ponto do Adriático, de lá retornando para Mahon.

Finalmente uma decisão foi tomada: a rainha e sua comitiva, acompanhada por Nelson e os Hamilton, partiram, a 17 de julho, para Florença via Ancona, numa viagem que envolvia, devido à presença de tropas francesas, enormes riscos. Antes, porém, no dia 13, Nelson havia arriado seu pavilhão do Foudroyant. Apesar dos inegáveis erros cometidos nesse período, que somente uma paixão avassaladora explica, Nelson ainda tinha a estima de seus subordinados. A carta a ele dirigida pela tripulação de seu escaler é uma patética demonstração do carinho e dedicação de seus subordinados:

> Meu lorde,
> É com extrema dor que vemos que o senhor está para nos deixar. Temos estado com o senhor (ainda que não no mesmo navio) em todo combate em que o senhor participou, tanto no mar como na terra; muito humildemente suplicamos ao senhor que nos permita ir para a Inglaterra como a tripulação do seu escaler, em qualquer navio ou vaso de guerra, ou de qualquer forma que possa agradar ao senhor.

Meu lorde, perdão pelo estilo rude de marinheiros que estão pouco acostumados com a escrita. Meu lorde, [...] sermos
Seus servos simples e obedientes
A guarnição do escaler do Foudroyant.[14]

A comitiva embarcou em Ancona em algumas fragatas russas, alcançando Trieste a 2 de agosto. A recepção a Nelson em todos os lugares por onde a comitiva passou na Itália foi enorme, eclipsando as homenagens prestadas à rainha das Duas Sicílias. Em Viena, aonde chegaram no dia 21 ou 22 de agosto, o entusiasmo pelo almirante vitorioso do Nilo chegou a surpreender, já que o povo da cidade não era dado a manifestações tão efusivas e não era grande na ocasião a amizade com a Grã-Bretanha.

A rainha, abalada pelos últimos acontecimentos e, sem dúvida, pelo afastamento da inseparável amiga lady Hamilton, partiu para uma estação de repouso em Baden, deixando Nelson e os Hamilton, e o pequeno grupo que os acompanhava, livres para continuar a viagem que prosseguiu para Praga, Dresden e Hamburgo, seguindo o curso do Elba. As cenas de carinho popular por Nelson se repetiram, embora em alguns círculos a presença de lady Hamilton não fosse bem-vinda.

Em setembro, Malta finalmente se rendeu aos britânicos. O czar Paulo I demandou que a ilha lhe fosse entregue, na qualidade de Grão-Mestre da Ordem, mas os britânicos se recusaram a fazê-lo.

A 31 de outubro, após cerca de 4 meses de viagem, Nelson e o seu grupo embarcaram num pequeno barco que fazia o serviço de correio com a Grã-Bretanha, chegando a Yarmouth, a 6 de novembro, 2 anos e 8 meses após a partida de Nelson de Spithead.

Uma ausência conspícua na chegada festiva do herói de regresso ao lar: sua esposa, lady Nelson. Para uma mulher discreta e reservada, a ausência é absolutamente compreensível. As histórias que circulavam nos jornais e entre os amigos a respeito das relações de Nelson e Emma devem ter causado a essa esposa meiga e apaixonada pelo marido muito sofrimento e exigido enorme autocontrole.

O encontro do casal só se daria em Londres, no dia 9, no hall do hotel Nerot, em King Street, St. James, às 15h. Fanny e o pai de Nelson foram apresentados aos Hamilton e todo o grupo jantou junto. Nessa altura, ninguém ainda sabia que Nelson esperava um filho de sua amante.

No dia seguinte, Nelson seguiu de carruagem para se apresentar ao primeiro lorde do almirantado, sir Spencer, seu antigo comandante nas Índias Ocidentais. Pouco depois, lady Nelson saía em outra carruagem para encontrar a esposa de sir Spencer.

Mesmo depois que os dois casais deixaram o hotel e cada casal foi para sua casa, os Nelson e os Hamilton encontravam-se diariamente. A imprensa não deixava de explorar o assunto, ridicularizando William Hamilton e não poupando sua esposa.

A sociedade não aceitou, como dificilmente poderia deixar de ser, lady Hamilton, mas mesmo Nelson, pelo menos por parte da sociedade mais sofisticada, encontrou frieza. Numa recepção no palácio St. James, o rei, após perguntar a Nelson pela saúde, sem esperar pela resposta, deu-lhe as costas entabulando animada conversação com outra pessoa por cerca de meia hora.

A submissão do almirante à sua dama – alguém os comparou ao urso amestrado e seu domador – tornou-o totalmente insensível aos sentimentos da zelosa e apaixonada esposa, a ponto de, a 19 de dezembro, tê-la deixado e ao velho pai, para passar o Natal com os Hamilton em Fonthill.

Foram dias difíceis para o casal. Algum tempo mais tarde, Nelson escreveu a um amigo: "antes de viver a vida infeliz que vivi querendo vir para a Inglaterra, teria permanecido no exterior para sempre".[15]

Mas o sofrimento de Fanny foi sem dúvida maior. Por mais de uma vez ela sentiu-se mal em público, chorando convulsivamente ou perdendo os sentidos.

A separação do casal era inevitável.

Notas

[1]   Admiral Alfred Thayer Mahan, *The Life of Nelson*, London, Sampson Low Marston, 1897, cap. XI.
[2]   Idem.
[3]   Idem, cap. XIII.
[4]   Idem.
[5]   Idem.
[6]   Idem.
[7]   Idem.
[8]   Idem.
[9]   Idem.
[10]   Idem, 2º v., cap. XIV.
[11]   Idem.
[12]   Idem.
[13]   Idem.
[14]   Carola Oman, Nelson, London, Hodder & Stoughton, 1954, p. 388.
[15]   Idem, p. 408.

Copenhague – Perseguição a Villeneuve

1801 a 18 de outubro de 1805

A 1° de janeiro de 1801, os jornais publicaram a promoção de Nelson a vice-almirante (do azul).

No que se refere à sua esposa, é do advogado de Nelson o relato mais realista do rompimento definitivo do casal. Em algum momento de janeiro de 1801, durante o café da manhã, em meio a uma conversação normal, Nelson teria se referido à "minha querida lady Hamilton", ao passo que Fanny respondeu com veemência "estou farta de ouvir sobre sua querida lady Hamilton, e estou resolvida que você desistirá dela ou de mim". Nelson teria então dito com perfeita calma: "Cuidado, Fanny, com o que você diz. Eu a amo sinceramente, mas não posso esquecer minhas obrigações com lady Hamilton, ou falar dela a não ser com afeição e admiração". Nesse momento, murmurando apenas algo como "a minha decisão está tomada", lady Nelson deixou o aposento e, pouco depois, saiu de casa. Depois disso, eles nunca mais viveram juntos. Tudo indica que Nelson foi muito generoso no que diz respeito aos recursos para a sua esposa viver.

Uma senhora, amiga do casal, viúva de um dos homens que sempre acompanhou Nelson, deixou um testemunho que não é possível ignorar. Numa carta a um amigo diz ela:

Estou consciente de que você não tem a intenção de tocar num assunto tão delicado como esse: eu somente me refiro a ele para lhe assegurar, com base em meu conhecimento pessoal, resultado de um longo e íntimo relacionamento, que a conduta de lady Nelson foi não apenas afeiçoada, sábia e prudente, mas admirável, ao longo de sua vida de casada, e que ela não tem nada de que se reprovar. Eu digo isso não para botar a culpa sobre alguém cuja memória eu tenho satisfação de honrar, mas somente para fazer justiça a uma mulher verdadeiramente boa e amável [...]. Se brandura, paciência e indulgência para as fraquezas da natureza humana tivessem prevalecido, sua sorte teria sido muito diferente. Nenhuma reprovação jamais passou por seus lábios, e quando ela se separou de seu lorde, quando ele içou mais uma vez seu pavilhão, foi sem qualquer suspeita de que a separação fosse final, e que eles não se encontrariam de novo no resto da vida. Eu desejo que você saiba o que ela vale, pois ela tem sido tão mal apresentada pelos que desejam pôr a culpa em alguém exceto naquele que tão merecidamente tornou-se querido de toda a nação.[1]

No dia 13 de janeiro, Nelson separou-se formalmente da mulher e no dia 17 içou seu pavilhão a bordo do San Josef, o navio de três conveses que ele havia capturado na Batalha do cabo de São Vicente, agora na esquadra do Canal. Entretanto, já havia um entendimento de que, caso a situação com a Dinamarca se deteriorasse, chegando ao rompimento de hostilidades, Nelson deveria acompanhar a esquadra enviada ao Báltico, sob o comando de Hyde Parker. No mesmo dia, ele recebeu a notícia de que deveria seguir para o Báltico.

A questão com a Dinamarca era antiga. Conforme já tivemos ocasião de comentar, em 1780 os estados bálticos – Rússia, Suécia e Dinamarca – na condição de neutros na guerra então em curso, haviam decidido adotar uma neutralidade armada que os protegesse contra os beligerantes. Até o fim daquele conflito, a questão ficou sem uma solução definitiva. Na guerra que teve início em 1793 e ainda continuava em 1801, a Suécia e a Dinamarca tinham até então se mantido neutras e, graças a isso, o comércio desses países teve um grande impulso e poderia ser ainda maior se seus navios não tivessem viagens interrompidas para ser inspecionados ou levados para o porto, quando algum contrabando de guerra era encontrado em sua carga. Além disso, havia questões duvidosas, como, por exemplo, o transporte de material para a construção de navios. Para os britânicos, sem dúvida, eles constituíam contrabando, e para os neutros, não. Ora, esses materiais vinham em grande parte do Báltico.

A partir de dezembro de 1799, os neutros passaram a adotar o sistema de comboios, com os mercantes protegidos por navios de guerra. Para os neutros, a simples declaração do oficial de marinha comandante do comboio de que não havia material de contrabando deveria ser aceito pelos beligerantes, o que, entretanto, não era aceito pela Grã-Bretanha. Incidentes se sucederam até que, em julho de 1800, houve um acordo com a Dinamarca que concordou em parar com o sistema de comboio. O problema para a Grã-Bretanha tinha dupla importância: por um lado, apreendendo produtos franceses a bordo de neutros, havia grande prejuízo do comércio da França; por outro lado, apreendendo material de construção naval, a Grã-Bretanha negava à França os materiais essenciais para a manutenção da sua frota, muitos dos quais não eram por ela produzidos.

O czar da Rússia, Paulo I, tinha se afastado da Áustria e da Grã-Bretanha em razão dos desastres da campanha de 1799 e com a recusa da Grã-Bretanha de entregar-lhe a ilha de Malta. Logo que a notícia chegou ao seu conhecimento, em novembro de 1800, ele apreendeu cerca de trezentos navios mercantes britânicos em portos da Rússia e apoderou-se de propriedade britânica nos depósitos. Já em dezembro, juntou-se à Suécia, Dinamarca e à Prússia para reviver a neutralidade armada de 1780. Apesar de não haver nenhuma declaração de guerra de qualquer lado, houve combates duros até a dissolução da neutralidade armada.

Nessa altura da guerra, a Grã-Bretanha perderia todos os seus aliados. Já vimos que a Rússia logo se voltou contra a Grã-Bretanha. A Áustria, derrotada em todas as frentes, na Itália e na Alemanha, depois da desastrosa campanha de Hohenlinden, a 3 de dezembro de 1800, assinou a paz com a França.

Sem abandonar seus esforços em outras partes do mundo, a Grã-Bretanha determinou conjurar a ameaça no Báltico e juntando tudo o que flutuava nas suas águas territoriais, formou uma força de 20 navios de linha, com navios menores na proporção devida.

Entrementes, o San Josef chegou a Torbay, ponto de encontro para a frota do Canal, quando Nelson recebeu a notícia do nascimento, em 29 ou 30 de janeiro, de uma jovem, chamada por lady Hamilton de Horatia. Até hoje há controvérsias sobre quais seriam os pais verdadeiros da menina, no entanto penso que a paternidade deve ser atribuída a Nelson e Emma. Esses, entretanto, foram levados a proteger o segredo da melhor maneira possível, principalmente para proteger a honra dos dois. Afinal, William Hamilton era um bom homem, que sempre se mostrara amigo de Nelson e bom esposo para Emma, e a prova inelutável da sua traição pelos dois amantes deveria ser convenientemente escondida.

Para as condições do Báltico, o San Josef foi considerado um navio muito pesado, por isso, em 12 de fevereiro, o pavilhão de Nelson passou para o St. George, de três conveses com menor calado. Hardy foi designado para comandar o novo capitânia, e no dia a 1º de março Nelson recebeu ordens para se colocar sob o comando de Hyde Parker, indo poucos dias depois para Spithead onde seiscentos homens embarcaram sob o coronel William Stewart.

Nelson e Hyde Parker, nunca se deram bem e nessa ocasião o desentendimento entre os dois foi notado por todos. A 11 de março chegaram as ordens para a força se fazer ao mar e já no dia seguinte suspenderam. A força estava constituída por 15 navios de linha, e dois navios de 50 canhões, além de fragatas, escunas, brigues, cúteres, navios incendiários e sete navios bomba (caso os dinamarqueses não cedessem, a intenção era bombardear Copenhague). Nelson não foi informado absolutamente nada sobre as intenções de seu comandante e discordava totalmente do pouco que chegava ao seu conhecimento. Nelson fez um esforço para vencer a barreira de frigidez levantada por seu superior. Tendo pescado um escaravelho quando em Dogger Bank, apesar das difíceis condições então reinantes, mandou arriar um escaler e enviou o exemplar para Hyde Parker, que respondeu com uma nota cumprimentando Nelson e agradecendo o presente. Segundo alguns comentaristas, o efeito disso foi maravilhoso, tendo talvez influído no resultado da expedição.

No dia 19 de março, a força estava no Skaw, um ponto ao norte da Jutlândia (Dinamarca), de onde sai o grande canal Kattegat, que se estende na direção sul, passando entre a Suécia e a parte norte da península dinamarquesa, até chegar à grande ilha de Zealand, onde se situa Copenhague, na praia mais a leste. As duas principais entradas para o Báltico estão uma em cada lado da ilha de Zealand, sendo que a mais de leste, separando-a da Suécia, é chamada de Sound, e a oeste é chamada Great Belt (o grande cinturão). Sob o ponto de vista militar, cada uma dessas entradas apresentava vantagens e desvantagens.

Uma fragata à frente com o enviado britânico para negociar com os dinamarqueses, sendo suas instruções dar apenas 48 horas para que cedessem às pretensões britânicas e abandonassem a coalizão. No dia 23, o enviado retornava tendo o ultimato britânico sido recusado. Ele trouxe também um relatório alarmante do estado das defesas em Elsinore e Copenhague que estavam muito mais fortes que as informações obtidas na Grã-Bretanha indicavam. Hyde Parker convocou, então, um conselho de guerra no qual Nelson compareceu.

Como sempre, a visão estratégia de Nelson era clara, precisa e direta. Na coligação, a Rússia era como o tronco, e a Suécia e a Dinamarca, os galhos. Se ele pudesse ir diretamente contra o tronco e derrubá-lo, os galhos viriam com ele. Na ocasião, a marinha russa estava dividida, estando uma parte em Cronstadt e uma parte maior em Revel – 12 navios de linha –, um porto avançado e muito exposto, estando os russos lá presos em razão dos gelos do inverno. Se os britânicos atacassem Revel, destruindo o núcleo principal da marinha russa, esta perderia todo o seu poder combatente. Parker, entretanto, não queria deixar na sua retaguarda uma Dinamarca forte, e Nelson cedeu e propôs então que a ela fosse derrotada rapidamente. A esquadra britânica poderia seguir pelo Sound ou pelo Belt, devendo rapidamente atingir uma posição na retaguarda de Copenhague, interpondo-se assim entre os russos e os dinamarqueses. Então se aproximariam da cidade onde as suas defesas eram menores.

No dia seguinte, 24 de março, Nelson enviou uma longa carta a seu chefe, explicando todo o seu plano. É uma carta com completa unidade de propósito e objetividade. Nesse mesmo dia, Paulo I foi estrangulado e seu filho, cujas tendências eram antifrancesas, assumia o governo. Esse fato só seria conhecido por Nelson três semanas mais tarde.

Na tarde de 26 de março, a força fundeou a seis milhas de Cronenburg (Suécia), lá ficando por três dias em razão dos ventos de proa bem fracos. Tendo sido o plano de operações de Nelson adotado, ele mudou seu pavilhão para um navio mais leve, o Elephant, um 74, comandado por Foley, o mesmo que tinha cortado a frente da linha de batalha francesa em Aboukir. Em 30 de março, o vento soprando de noroeste permitiu que a força suspendesse deixando para trás o castelo de Cronenburg, do lado sueco. Os britânicos acreditavam que os suecos, como membros da coalizão, disparariam contra a força britânica, o que não aconteceu, aproveitando-se então estes para se aproximarem ao máximo do lado sueco, afastando-se consequentemente das baterias dinamarquesas. O uso do canal do Sound foi assim absolutamente tranquilo. Naquela mesma tarde, os navios fundearam cinco milhas abaixo de Copenhague. Parker, Nelson e outros oficiais passaram para uma escuna indo inspecionar as defesas da cidade. Como Nelson havia advertido, os britânicos logo perceberam que a demora havia favorecido os defensores, que tinham melhorado consideravelmente suas defesas.

Em frente de Copenhague existiam dois canais de acesso, um de cada lado de um banco, conhecido como Middle Ground. Os dinamarqueses, para dificultar o trabalho dos práticos, haviam retirado todas as boias dos dois canais. O canal de dentro, o King's Channel, estava protegido por defesas erigidas para essa emergência. Elas consistiam de uma linha de cascos de navios, a maioria sem mastros, alinhados ao longo do lado interno do canal, junto à baixada que o bordejava, flanqueado do lado norte por uma estrutura permanente, chamada Trekroner (Três Coroas). Nesse local, estava instalada uma bateria com 70 canhões a oeste da qual, ao longo da boca da baía, dois cascos haviam sido colocados e um pequeno esquadrão composto de dois navios de linha e uma fragata (essa força, para efeito da batalha, deve ser desconsiderada, pois praticamente não atuou). Os cascos estavam armados com cerca de 634 canhões e espalhados entre eles baterias flutuantes, fortemente artilhadas.

A disposição desses sete cascos era a seguinte ao sul do Trekroner: dois avante de linha, dois a ré e os outros três entre esses, de modo a formar uma linha de cerca de uma milha e meia. A linha defensiva dinamarquesa ao sul de Trekroner, contando os cascos armados e as baterias flutuantes, totalizava 18 unidades.

A parte mais forte do sistema estava ao norte, e atacar por esse setor seria, usando a expressão empregada por Nelson, "segurar o touro pelos chifres". A parte ao sul estava mais desprotegida. Além disso, era preciso considerar que um ataque vindo do norte exigiria um vento soprando do norte e, assim, em caso de insucesso ou mesmo em caso de vitória, os navios não poderiam voltar para o norte onde ficaria parte da força, principalmente os que estivessem muito avariados. Por outro lado, um ataque pelo sul, pressupondo um vento sul, os navios poderiam voltar para a força principal. Além do mais, quando os navios estivessem ao sul da cidade, estariam interpostos entre a Dinamarca e as outras marinhas da coalizão, que, portanto, não poderiam reforçar os dinamarqueses a não ser derrotando antes os britânicos.

Houve muitas críticas ao plano de Nelson, mas, como todos estavam de acordo que alguma coisa tinha de ser feita, Nelson recebeu autorização de Parker para iniciar a operação. De pronto, deu a Nelson 12 navios de linha, dois a mais do que este solicitara. Então, sua força estava na posição atual para fazer frente a qualquer reação sueca ou russa, no entanto tinha ficado mais fraca.

Na noite de 31 de março, os homens de Nelson tinham terminado de colocar novas boias para marcar os bancos. Na manhã do dia seguinte, 1° de abril, a bordo da fragata Amazon, sob o comando de Riou um dos melhores comandantes de fragatas da Grã-Bretanha (que pereceria no dia seguinte, lutando contra os fortes de Três Coroas), Nelson fez a inspeção final e, às 13h, aos vivas das guarnições de todos os navios, deu a ordem para seguirem pelo canal de fora, de modo a atacar o sistema de defesa pelo sul, onde ele era mais fraco. O vento soprava do norte era fraco, porém favorável, e permitia que Nelson percorresse o canal, fundeando ao cair da noite os navios na extremidade mais sul do canal para esperar o vento favorável que lhes permitiria avançar para o King's Channel e atacar o dispositivo de defesa inimigo. Lá Nelson reuniu-se com a maioria de seus capitães e com o almirante Graves, segundo em comando no destacamento de Nelson, motivando todo o grupo para a Batalha do dia seguinte. Depois que todos haviam se retirado para seus navios, Nelson, Foley e Riou prepararam os planos de batalha que, no dia seguinte, foram distribuídos por todos os navios. O plano de Batalha de Nelson estabelecia o papel a ser desempenhado por cada navio de linha: os navios britânicos seriam dispostos em coluna; os três primeiros da coluna deveriam passar ao longo da linha inimiga, engajando-a de passagem, até que o líder chegasse na altura do quinto casco dinamarquês, quando então fundearia ao seu lado, pela popa, como aliás todos os demais navios, para que, alinhando-se com o vento, pudessem fazer uso total de suas bordadas. A seguir, os navios britânicos, o segundo e o terceiro na coluna, ultrapassariam o líder, e, sucessivamente, fundeariam avante dele, de modo a apoiá-lo contra as outras baterias inimigas. Ao mesmo tempo, o quarto e o quinto da coluna britânica ancorariam na popa do líder, de modo a engajar os dois cascos mais à retaguarda da linha dinamarquesa que, nessa altura, já tinham sido atacados pelos três primeiros da linha britânica e que, assim esperava Nelson, seriam rapidamente destruídos, permitindo que os seus antagonistas britânicos avançassem para o norte reforçando o ataque lá em curso. Para os demais navios, as instruções eram mais simples: deveriam ultrapassar os navios já em ação e ir fundeando sucessivamente à frente deles até que o 12º navio ficasse ao lado do último dinamarquês. Cada navio de linha levaria a contrabordo uma embarcação capaz de transportar soldados, pois, no caso de as circunstâncias permitissem, seria feito um ataque com essas embarcações contra Trekroner.

Às 8h do dia 2 de abril, o vento estava favorável e os navios prontos para o início da ação, quando os práticos, pessoal da marinha mercante acostumado a operar no Báltico, mostraram-se em dúvida para conduzir navios de calado tão grande para as condições locais e foram dispensados. Um mestre da frota se propôs a conduzir o navio líder e os capitães dos demais navios assumiram a praticagem de seus próprios navios.

De início, tudo foi mal. O velho navio de Nelson, o Agamemnon, não conseguiu suspender, estando a sua âncora firmemente presa no Middle Ground, em posição que não permitiu que participasse da operação. Dois outros navios, os 74 Bellona e o Russell encalharam no lado leste do mesmo banco, de tal forma que apenas o Bellona pôde fazer uso de seus canhões contra os navios mais ao sul da linha dinamarquesa numa distância grande demais para que fosse eficaz. Assim, de pronto, Nelson perdeu um quarto de sua força, ficando reduzida a nove navios.

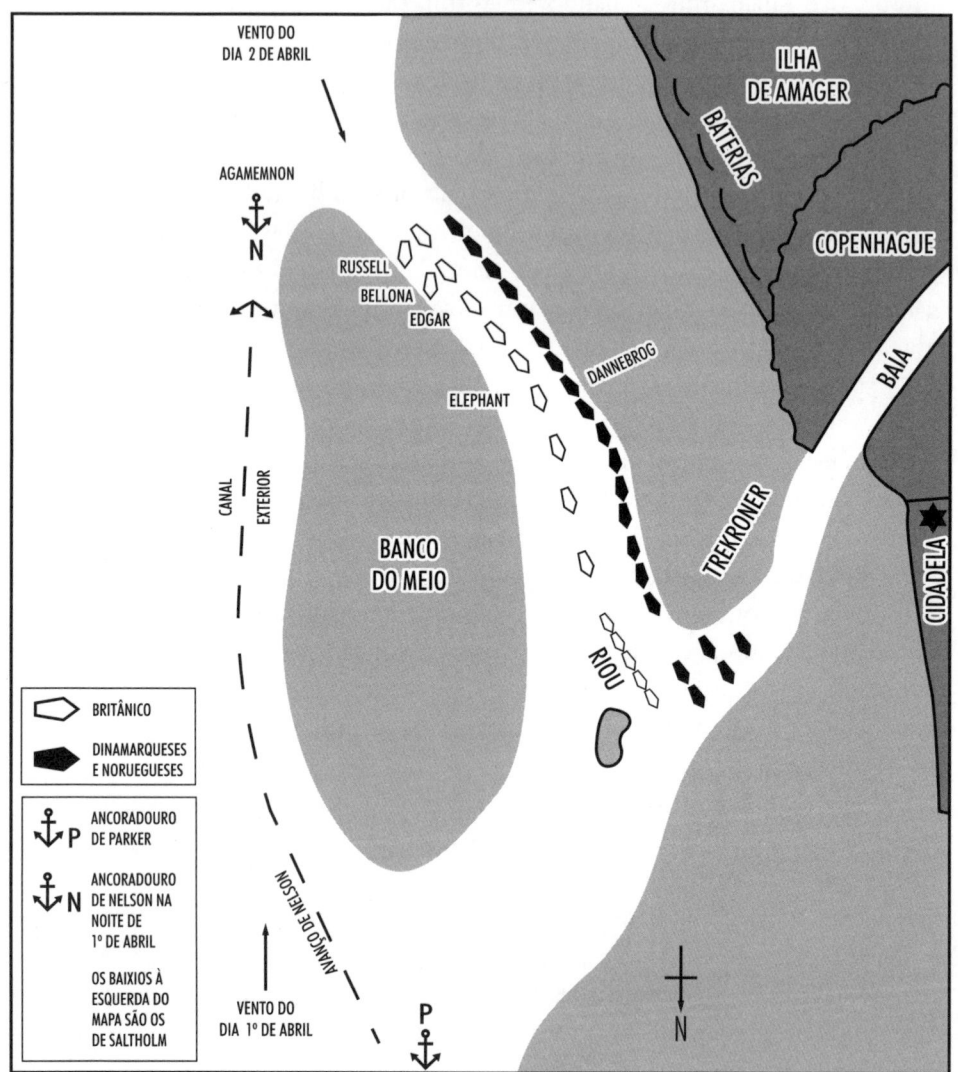

A BATALHA DE COPENHAGUE
2 DE ABRIL DE 1801

Novas instruções foram dadas para fazer frente à situação criada. Em razão da ausência dos navios encalhados, o capitânia de Nelson, que deveria ficar ao largo do maior navio dinamarquês, o Sjaelland caiu para a posição que seria a do Bellona, imediatamente à frente do Glatton. Nelson sinalizou então para o Ganges para que se colocasse o mais próximo possível avante do Elephant. Esse movimento foi imitado pelo Monarch ficando, pois, no lugar antes destinado ao capitânia, ao lado do Sjaelland. Foi quando chegou o Defiance, capitânia de Graves, último navio do dispositivo a tomar posição. O capitão Riou, com sua divisão ligeira, engajou o Trekroner e o casco armado mais próximo à fortaleza, ao sul dela. No dizer de Nelson, a partir daí não houve mais manobras, só pura luta.

A ordem original dos navios britânicos em coluna era:

1. Edgar, 74 canhões
2. Ardent, 64 canhões
3. Glatton, 54 canhões
4. Isis, 50 canhões
5. Agamemnon, 64 canhões
6. Bellona, 74 canhões
7. Elephant, 74 canhões
8. Ganges, 74 canhões
9. Monarch, 74 canhões
10. Defiance, 74 canhões
11. Russell, 74 canhões
12. Polyphemus, 64 canhões

A divisão de Parker, devido às condições do vento, não pôde apoiar como previsto o ataque ao norte do sistema de defesa inimiga. À distância de cerca de quatro milhas da ação, avaliou que Nelson estava enfrentando dificuldades maiores do que as previstas e queria interromper o combate, determinando o desengajamento da divisão de Nelson. Tendo seu capitão de bandeira discordado, enviou-o num escaler para conhecer a real situação. Antes, porém, que ele pudesse alcançar o nosso almirante, mandou içar o sinal de n° 39, às 13h30, significando que a divisão de Nelson deveria desengajar. O sinal foi avistado por Riou, que, em consequência, procurou se afastar da ação com o grupo de fragatas ficando no campo das baterias das Três Coroas, acabando por ser morto. A bordo do Elephant, Nelson foi informado pelo oficial dos sinais que havia ordem para o desengajamento. Nelson mandou reconhecer o sinal, mas determinou que ele não fosse retransmitido para seus navios. Informado que o sinal n° 16, determinando o engajamento, ainda estava içado no capitânia de Parker, disse a Foley que, sendo o almirante de um olho, bem que poderia deixar de ver um sinal.

Até hoje perdura a controvérsia sobre se Nelson simplesmente ignorou a ordem – que, se cumprida, seria fatal para os navios britânicos – ou se havia entendimento que a ordem, se dada, seria opcional, cabendo a Nelson decidir. Como, posteriormente, houve um inquérito sobre a ordem, parece claro que nunca houve tal acordo prévio. A retirada de navios bastante avariados e tripulações exaustas através de canais difíceis de navegar, sob o fogo de inimigos apenas meio derrotados, que teriam seu moral elevado quando se evidenciasse a retirada do inimigo, seria temerário e transformaria uma quase certa vitória em um desastre certo.

Às 14h, a resistência dinamarquesa começou a diminuir, tendo sua linha de batalha praticamente deixado de responder aos canhões britânicos. O capitânia dinamarquês, o Dannebrog, estava em chamas desde 1h30, e comandante em chefe, comodoro Fischer, mudou seu pavilhão para o Holstein, o segundo do flanco norte, embora o capitânia tenha continuado valentemente a luta, perdendo 270 homens entre mortos e feridos − posteriormente ele deixaria a linha e encalharia perto do Trekroner, onde explodiria após a ação. O Sjaelland, um 74, próximo dele ao norte, também saiu da linha quando os seus cabos de fundeio foram cortados, enquanto que o Holstein e o navio mais ao norte, o Indfödesretten estavam tão avariados, o último principalmente pelas fragatas de Riou, que o comodoro mais uma vez mudou o seu pavilhão agora para as baterias de Trekroner. Os dois navios do flanco sul, que perceberam os ataques mais concentrados, estavam tão avariados que não tinham mais onde içar suas bandeiras, sendo acusados pelos britânicos de terem continuado a luta mesmo depois de se render.

Esmagada a resistência inimiga ao sul do Trekroner, seria o momento de atacar a bateria e as defesas situadas ao norte, no entanto, nas condições da divisão de Nelson, essa seria uma tarefa extremamente arriscada. Nelson tentou um estratagema. Enviou uma mensagem para o príncipe regente, que estava no comando geral da ação do lado dinamarquês, informando-o de que caso os britânicos não pudessem tomar posse de suas presas, eles as incendiariam:

> Aos irmãos dos ingleses, os dinamarqueses, lorde Nelson tem instruções para poupar a Dinamarca, quando ela não resistir mais: mas se o fogo continuar por parte da Dinamarca, lorde Nelson será obrigado a incendiar todas as baterias flutuantes que ele tomou, sem poder salvar os bravos dinamarqueses que as defenderam.
> Nelson e Bronté.[2]

A resposta do príncipe não tardou e foi trazida pessoalmente pelo seu principal ajudante de campo:

> Sua Alteza Real, o príncipe real da Dinamarca, mandou-me, o general-adjunto Lindholm, a bordo para perguntar ao senhor vice-almirante da marinha real britânica, o honrado lorde Nelson, o objetivo principal de enviar uma bandeira de trégua.[3]

A resposta de Nelson foi imediata:

> O motivo de lorde Nelson em enviar para terra uma bandeira de trégua é humanitário; ele, portanto, consente que as hostilidades cessem até que lorde Nelson possa tirar seus prisioneiros de suas presas, e consente em desembarcar todos os dinamarqueses feridos, e queimar ou remover suas presas.[4]

Nelson declarou ainda a boa disposição dos britânicos para com os dinamarqueses e que outras questões poderiam ser discutidas diretamente com sir Parker. Em consequência, Lindholm dirigiu-se para o navio London.

Os canhões silenciaram e ambos os lados içaram bandeiras de trégua. Nelson deu logo início à retirada de seus navios, que haviam sofrido mais do que em qualquer outra batalha em que ele se envolvera. A trégua foi sendo prolongada dia a dia até 9 de abril, com os dois lados reparando os danos sofridos.

Afinal, as negociações foram conduzidas por Nelson, muito ajudado pelas notícias do assassinato do czar, e no dia 9 chegou-se a um acordo: haveria um cessar-fogo por 14 semanas durante as quais a Dinamarca suspenderia sua participação na neutralidade armada, deixando seus navios no estado em que se encontravam agora. A frota britânica poderia se abastecer em todos os portos dinamarqueses. Em contrapartida, os britânicos se comprometiam a não bombardear qualquer parte da costa da Dinamarca (nem a Noruega, então sob a coroa dinamarquesa, nem Holstein, nem nenhuma colônia dinamarquesa foi incluída na barganha).

O armistício foi assinado e ratificado em 12 de abril e a frota britânica entrou no Báltico.

Sob a alegação de que não havia um estado de guerra com a Dinamarca, o almirantado, apesar de essa ser uma vitória exemplar, não distribuiu nenhuma medalha. Os únicos beneficiados foram Nelson, que se tornou visconde, e seu segundo, Graves, que recebeu a Ordem do Banho.

A 25 de abril, a força fundeou em Kings Bay; a 5 de maio chegaram ordens para a saída de Hyde Parker, com Nelson assumindo sua função. Sem perspectivas de novos combates e ávido por reencontrar Emma, Nelson pediu para ser dispensado do serviço por motivo de saúde. Entrementes, ele levaria seus navios para Revel, ignorando se os russos ainda estariam lá. A intenção era mostrar o poder naval à disposição da Grã-Bretanha. O pretexto para a visita era apresentar ao czar as boas intenções britânicas, de modo que Nelson levou para Revel apenas 12 navios de linha, deixando os demais, juntamente com os pequenos navios – com os navios bombas e incendiários – fundeados perto da ilha de Bornholm, possessão dinamarquesa.

A 12 de maio, o esquadrão chegou a Revel e Nelson enviou uma carta de cumprimentos para as autoridades russas em São Petersburgo. No dia seguinte, fez uma visita às autoridades locais, sendo recebido de maneira extremamente gratificante para sua vaidade. No dia 16, porém, chegou uma carta do conde Panin, ministro russo, em que, em linhas gerais, dizia que uma visita em força parecia mais um exercício de pressão que os russos não podiam admitir. Tendo constatado que a esquadra russa não estava mais em Revel, Nelson sabia que, sem a ameaça a seus navios, o czar podia usar o tom agressivo que usara. Enviou uma resposta altiva, lamentando a má compreensão e declarando que deixaria imediatamente a cidade, o que fez a tempo. No dia 24 de maio, já estava fundeado na baía de Rostock, na costa germânica do Báltico, para esperar sua substituição, quando recebeu uma segunda carta de Panin. Nela, o ministro lamentava o desentendimento e, como prova de confiança em Nelson, era levantado o embargo imposto aos navios mercantes britânicos. Uma brilhante vitória diplomática que os políticos perseguiam, sem sucesso, há bastante tempo.

A 19 de junho, Nelson foi substituído pelo vice-almirante Pole. Nessa mesma data, a bordo do brigue Kite, ele deixou o Báltico chegando a Yarmouth a 1° de julho. O brinde elevado na sua despedida foi simples, no entanto bem expressou o sentimento de seus subordinados: "Possa ele, que não é mais nosso comandante, ser nosso exemplo".

Na ausência do grande guerreiro, a guerra tinha evoluído consideravelmente. Desde 9 de fevereiro de 1801, quando foi assinado a paz entre a França e a Áustria, pelo Tratado de Lunéville, os combates no continente haviam cessado. Não para a Grã-Bretanha: esta seria a última a aderir à paz, embora o povo a desejasse muito. O poder naval britânico tinha obtido grandes vitórias: Malta havia caído, a neutralidade armada do norte tinha sido dissolvida e a ocupação francesa do Egito estava nos seus últimos estertores. Embora já houvesse negociações entre a Grã-Bretanha e a França para um acordo de paz, Napoleão, com a ameaça de invadir a Grã-Bretanha, esperava inquietar o povo britânico e conseguir melhores condições para a paz. Dificilmente podia o grande corso pensar que tinha capacidade para mais do que simplesmente ameaçar. Tanto o primeiro-ministro Addington – que substituíra Pitt – como São Vicente, primeiro lorde do almirantado, apelaram, também por razões psicológicas, para que Nelson comandasse a defesa contra a ameaça de invasão, tanto pelo efeito interno na população como no externo contra os inimigos do continente. Assim, Nelson assumiu o "esquadrão para um serviço particular". Realmente, eles não esperavam que os franceses preparassem a conquista da

Grã-Bretanha, ou um ataque de consequências tão graves que tirassem o país da guerra, mas uma grande incursão, sendo que o mais provável objetivo seria a cidade de Londres, o principal centro comercial do país. O memorando de Nelson ao almirantado, de 25 de julho, descreve detalhadamente o que deveria ser o ataque francês.

A nova tarefa de Nelson, apenas três semanas após seu regresso do Báltico, foi organizar as defesas em terra das costas leste e sudeste da Inglaterra. Pensar que Nelson esperaria o ataque do inimigo sem antes tentar destruí-lo é desconhecer as características do grande almirante. A São Vicente ele escreveu:

> Concordo perfeitamente com o senhor que devemos manter o inimigo tão longe de nossas costas quanto possível, e devemos estar preparados para atacá-los no momento em que deixem os seus portos.[5]

Fanny enviou nessa ocasião uma carta para Nelson que é quase um pedido de reconciliação, que ele, totalmente dominado pela paixão, não podia escutar:

> Meu caro esposo,
> Não posso me calar diante da alegria geral através do reino. Eu devo expressar meu agradecimento e minha alegria pelo fato de Deus ter poupado sua vida. Todos o louvam com palavras de gratidão e louvor. Dizem que a vitória é superior à de Aboukir. Quais são os meus sentimentos, o seu próprio bom coração dirá para você. Peço-lhe, acredite que nenhuma mulher jamais sentiu maior afeição por um esposo como eu sinto, e tanto quanto eu saiba, invariavelmente fiz tudo que você desejou. Se alguma coisa eu omiti, fico triste por isso.[6]

Mas a separação era definitiva. A renda anual de £1.800 deixada por Nelson correspondia, pelo menos aparentemente, à metade do seu rendimento.

A 15 de agosto de 1801, empregando 57 botes, organizados em 4 divisões, cada divisão disposta em 2 colunas, Nelson mandou atacar os navios franceses fundeados no porto de Boulogne, onde estavam concentradas tropas para uma eventual invasão. A tentativa britânica, porém, fracassou, com grandes perdas da Grã-Bretanha, que teve 44 mortos e 128 feridos. Os bombardeios britânicos em diversos pontos da costa, combinados com a natureza agressiva do homem agora no comando da esquadra do Canal, alertaram os franceses para a iminência de um ataque e eles se prepararam para isso. Acresce que uma novidade tecnológica contribuiu para o sucesso francês: não foi possível aos britânicos cortar o cabo de fundeio dos navios franceses, pois eles haviam sido substituídos por correntes de metal (amarras) como ainda hoje são os dispositivos de fundear dos navios. Talvez, porém, a principal razão para o fracasso tenha sido o fato de fortes e variáveis correntes terem separado as divisões e impedido que o ataque fosse coordenado. Para Nelson, as dificuldades enfrentadas comprovavam que, com as embarcações disponíveis para os franceses uma invasão da Inglaterra, naquele estágio, seria impossível.

Separado da sua paixão, convencido de que não havia possibilidade de uma tentativa de invasão, Nelson só queria deixar o seu comando e gozar um tempo de sossego na casa recém-adquirida. À recusa do almirantado de liberá-lo, Nelson atribuiu ao seu antigo subordinado Troubridge, agora no almirantado. Possivelmente, nesse inesperado rancor pelos antes tão estimado amigo, se devia a um certo despeito.

Em setembro, os Hamilton vieram para onde estava o navio capitânia de Nelson e ele passou uma quinzena feliz. No entanto, quando partiram, no dia 20, seu estado de ânimo ficou ainda pior.

Finalmente, a 1º de outubro foram assinadas as preliminares de paz com a França, o que chegou ao conhecimento de Nelson no dia 9. Em 15 de outubro foi recebida a notificação oficial do fim das hostilidades com a França, a entrar em vigor a partir de 22. Somente nessa data Nelson pôde ter licença, continuando, porém, a frente do seu esquadrão. Em 27 de março de 1802, foi assinado o Tratado de Amiens e Nelson pôde arriar o seu pavilhão.

A paz de Amiens levou a Grã-Bretanha a ceder todas as colônias além-mar, conquistadas na última guerra, exceto Ceilão e Trinidad, e em concordar a devolver Malta aos Cavaleiros de São João (o que nunca cumpriu). A França retirou-se dos territórios napolitanos e dos Estados Papais e concordou em devolver o Egito à Turquia, o que, desde o desembarque de um exército britânico, não havia mais como impedir, e a reconhecer a integridade de Portugal. Graças a esta vitória diplomática, a França reconhecida elegeu Napoleão cônsul perpétuo.

Durante esse breve período, compreendido entre o seu regresso do Báltico, a 1º de julho de 1801, e a sua assunção de comando do "Esquadrão para um Serviço Especial", no dia 27 desse mesmo mês, Nelson fez da casa dos Hamilton seu lar na Inglaterra, mas deixou com lady Hamilton ordem para procurar uma casa para ele. A casa foi finalmente adquirida em torno de 27 de setembro de 1801, em Merton, por um preço talvez mil libras abaixo do esperado e, antes mesmo de Nelson, os Hamilton para lá se mudaram. Numa carta a Nelson, sir William Hamilton não esconde quem foi responsável pela escolha:

Já moramos na casa do senhor lorde há alguns dias, e agora posso falar com alguma certeza. Tenho morado com a nossa querida Emma por diversos anos. Conheço seus méritos, tenho uma grande opinião da cabeça e do coração que Deus Todo-Poderoso com satisfação deu a ela, mas somente um marinheiro poderia dar a uma boa mulher o poder total de escolher e dotar uma residência para ele sem sequer vê-la. O senhor está com sorte, pois em minha consciência eu verdadeiramente acredito que um lugar tão adequado às suas necessidades não poderia ser achado, e a um preço tão baixo. A proximidade da capital, e o perfeito isolamento deste lugar, são, para o senhor lorde dois pontos além de qualquer expectativa; mas a casa é tão confortável, o mobiliário bonito e bom, que eu nunca vi tantas vantagens juntas em tão pequeno espaço. O senhor só precisa vir e imediatamente usufruir; o senhor pode passear por uma boa milha ao redor de sua fazenda. O senhor iria rir vendo Emma e sua mãe fixando pocilgas e galinheiros, e já o canal está cheio de vida com os patos, e o galo está andando pomposo com as suas galinhas ao longo dos caminhos.[7]

A casa, já mobiliada, custou £9 mil, dos quais Nelson só dispunha de £3 mil, tendo conseguido o resto por empréstimo. O canal referido na carta era um pequeno regato que atravessava o terreno – "o Nilo" – onde lady Hamilton afirmava que iria transportar Nelson num barco a remos e que sir William já via como uma possível fonte abundante de peixes.

A 29 de outubro de 1801, Nelson assumiu o seu assento na Câmara dos lordes, na qualidade de visconde, onde inúmeras vezes falou sobre assuntos profissionais ou sobre a política externa sobre a qual suas ideias eram claras e objetivas.

Durante esse período duas mortes, trouxeram consequências para Nelson. Em Bath, a 26 de abril de 1802, morreu, aos 79 anos, o pai de nosso almirante. Ele sempre procurou não se envolver com o problema pessoal do filho, mas o fato de que até o fim manteve estreito contato com Fanny é indicativo de que lado estava suas simpatias. Nelson não compareceu ao enterro, por estar doente na ocasião. As irmãs de Nelson, por outro lado, até o fim tiveram relações amistosas com lady Hamilton, mesmo após a morte do irmão famoso.

Um ano mais tarde, a 6 de abril de 1803, morreu sir William Hamilton, nos braços de Emma e de Nelson. Sua posição nesse estranho trio era a mais difícil. Acreditaria ele que as relações entre sua mulher e Nelson eram fruto apenas de uma profunda amizade? Ou reconhecia ele que a disparidade das idades dele e de Emma, bem como o histórico da vida pregressa dela, tornaram inevitável o caso amoroso? Difícil dar uma resposta decisiva. Se ele sabia de alguma coisa, confundiu seus críticos no seu testamento:

A cópia da pintura de Emma como Madame Brunn, em esmalte, por Bone, eu deixo para o meu mais querido amigo, lorde Nelson, duque de Brontê, um sinal muito pequeno do grande apreço que tenho pelo senhor lorde, o mais virtuoso, o mais leal e o verdadeiramente mais valente caráter que já encontrei. Que Deus o abençoe e que a vergonha caia sobre todos que não digam amém.[8]

O herdeiro universal de sir William, como aliás era do conhecimento geral, era seu sobrinho Grenville. A provisão para lady Hamilton era insuficiente para que ela mantivesse o padrão de vida a que estava acostumada: ela recebeu, de imediato, a quantia de £300, e uma anuidade de £800, das quais £100 por ano eram para a mãe de Emma, enquanto vivesse. As dívidas de Emma, estimadas por sir William Hamilton em £450 deveriam ser pagas por Grenville usando o dinheiro que ele deveria receber do governo, ainda em pagamento dos seus serviços como ministro do rei em Nápoles.

O problema que seria para a opinião pública o fato de lady Hamilton, mesmo depois da morte do marido, continuar morando com Nelson, foi logo resolvido, pois em agosto de 1805 ele deixaria definitivamente o país para o Mediterrâneo, na qualidade de comandante em chefe.

É digno de registro que exatamente nessa época era o seguinte o balanço dos proventos de despesas de Nelson:

Propriedade e proventos de lorde Nelson

Pensão recebida depois do Nilo	£	2.000 00
Pensão da Marinha pela perda de um braço e um olho		923 00
Meia-paga como vice-almirante		465 00
Juros correspondentes a £1.000		30 00
Total		**3.418 00**

Despesas de lorde Nelson

Para a senhora Nelson	£	1.800 00
Juros de empréstimo feito		500 00
Pensão para a viúva de meu irmão		200 00
Para ajudar na educação de meus sobrinhos		150 00
Total		**2.650 00**

Portanto, sobravam para as despesas variáveis de Nelson apenas £768 por ano, o que, face às despesas em Merton e Piccadily, a casa dos Hamilton, era muito pouco.

A 8 de março de 1803, o rei enviou ao Parlamento uma mensagem dizendo que, em virtude das preparações militares em curso nos portos da França e da Holanda, ele julgava necessário tomar medidas urgentes para a proteção de seus domínios. Enquanto se discutia na Câmara dos lordes, Nelson, impressionado pela iminência da guerra, deixou o seu assento e escreveu para o primeiro-ministro, que, em qualquer momento que fosse necessário, ele seria "o almirante". A sua paixão por Emma Hamilton não evitou que seu amor à glória e seu senso de honra ditassem o seu caminho.

A Grã-Bretanha acelerou seus preparativos enquanto as negociações com a França foram se tornando cada vez mais ásperas e sem esperanças, sendo a posse de Malta apenas a questão de fundo.

O Victory, de 100 canhões, foi designado como capitânia da força que, na qualidade de comandante em chefe do Mediterrâneo, iria comandar. A 6 de maio, Nelson recebeu ordens para partir. O embaixador britânico deixou Paris no dia 12, tendo entregue um ultimato britânico à França. A 16 de maio, o governo britânico declarou guerra à França. No dia 20, Nelson saiu, a bordo do Victory, de Portsmouth com destino ao Mediterrâneo. Suas últimas instruções diziam que se esse fosse o desejo do comandante da força do canal Cornwalls, no momento ao largo de Brest, passaria o Victory para o seu comando. Por cerca de 24 horas, Nelson procurou por Cornwallis na área de patrulha e não o encontrando, passou para a fragata, de 32 canhões, a Amphion, sob o comando de Hardy, dando ordem para Sutton, no comando do Victory, para esperar uma semana pelo almirante, rumando após, se fosse o caso, para Plymouth onde esperaria por novas ordens. Numa carta deixada para Cornwallis, Nelson pedia que, caso o Victory não fosse considerado indispensável para o bloqueio de Brest, que fosse imediatamente enviado para ele.

No dia 2 de junho, às 14h, a fragata chegou a Gibraltar, suspendendo no dia seguinte para Malta. O novo representante britânico junto à corte das Duas Sicílias, que veio com Nelson foi transferido para o HMS Maidstone, dirigindo-se diretamente para Nápoles, enquanto os demais navios iam para La Valetta, onde, a 1° de julho, Nelson foi recebido por Alexander Ball, o governador. A visita de 36 horas de duração não foi totalmente satisfatória. Nenhuma notícia da existência do estado de guerra entre a Grã-Bretanha e a França havia chegado à ilha e o esquadrão lá estacionado e que deveria se juntar a Nelson, encontrava-se em patrulha. A visita serviu também para convencer Nelson que Malta não era ponto adequado para servir como base de apoio para operações no Mediterrâneo, principalmente em relação à esquadra francesa de Toulon, entre outras razões pelo seu isolamento.

A 25 de junho, Nelson chegou à baía de Nápoles, local de um passado ainda cheio de agradáveis recordações para ele. Logo a fragata Maidstone, que tinha trazido o representante britânico, juntou-se a Nelson, portando notícias e respostas às cartas que Nelson havia enviado comunicando sua nomeação. Nelson foi também informado que a esquadrão, sob o comando de sir Richard Bickerton, partira para Toulon, tão logo o seu comandante foi informado do estado de guerra.

Finalmente, a 8 de julho, Nelson encontrou, ao largo de Mônaco, o esquadrão de Bickerton, com o HMS Gibraltar, de 80 canhões, o Triumph, Belleisle, Superb, Renown, Donegal e Kent, todos de 74 canhões, o Agincourt e o Monmouth, ambos de 64 canhões, a fragata Medusa e as escunas Termagant e Weazle.

Antes das notícias sobre a guerra, os componentes do esquadrão esperavam ir para casa, pois quase todos os navios necessitavam reparos extensos. As tripulações dos navios estavam muito reduzidas, faltando cerca de 800 ou 900 homens; faltavam também estoques para reposição de velas e dos aparelhos de laborar, estando mesmo os depósitos em Gibraltar e Malta em falta de todos acessórios (as economias determinadas por São Vicente, desde que assumiu a função de primeiro lorde do almirantado são a principal causa dessa situação crítica). A intenção de Nelson era enviar os navios para o porto em turnos, para prepará-los para o cruzeiro de inverno. Há muito tempo no mar, havia um surto de escorbuto nos navios.

Na manhã do dia 30 de julho, finalmente a Victory foi avistada. Às 17h30, o capitão T. M. Hardy assumiu o comando do navio, em substituição a Sutton, e foi içado a bordo o pavilhão de lorde visconde Nelson.

No continente, Napoleão nada tinha a temer dos seus inimigos. Embora a Áustria tivesse muitas queixas contra ele desde a paz de Lunéville em 1801, continuava sem entusiasmo e exausta pela luta ingrata que tinha levado àquela paz, de modo que não pensava em renovar a guerra. Limitada pelo tratado à margem leste do rio Adige, não havia, portanto, no norte da Itália nenhuma força que ameaçasse as comunicações francesas, entre as divisões localizadas no vale do Pó e a localizada no calcanhar da bota italiana. A Prússia continuava o seu jogo pendular entre a Áustria e a França, e como na ocasião a França parecia a parte mais forte, ela pendia para o seu lado. Por outro lado, a Rússia, após o assassinato do seu louco soberano Paulo I, sob a direção do seu jovem filho Alexandre I, permanecia indecisa quanto ao melhor rumo que deveria tomar nas circunstâncias.

Se as grandes potências não representavam nenhum risco para Napoleão, os menores e mais fracos estados ao sul e a oeste, perto de suas fronteiras, isolados do restante da Europa − exceto por mar − representavam menos ainda. A Espanha, reduzida após a última guerra, à condição praticamente de vassalagem da França, só não estava na guerra ao lado de Napoleão porque, no momento, isso não convinha a ela. O Piemonte havia sido incorporado à França, enquanto que as repúblicas italianas e ligurianas (Gênova), no norte da Itália, estavam totalmente identificadas e submissas à França, a ponto de Nelson recomendar ao seu governo que seus portos fossem formalmente bloqueados, bem como de Leghorn (Livorno) onde tremulava a bandeira francesa. Os Estados Papais, situados entre os estados tributários da França no norte e a província ocupada de Nápoles, só gozavam de uma independência limitada pela vontade de Napoleão.

A verdade, porém, que esses avanços franceses os deixavam expostos ao poder marítimo britânico: a neutralidade de Gênova e da Toscana, por exemplo, já não constituíam um embaraço como tinha sido em 1795 e 1796. Ações ofensivas contra esses estados só dependiam agora da capacidade naval britânica e essas ações afetariam seriamente a situação no sul da França, muito dependente do acesso livre a esses portos. O fato de o Piemonte ter sido tirado do rei da Sardenha fez com que os britânicos não tivessem mais escrúpulos de fazer uso da ilha da Sardenha.

Assim, Nelson via o Mediterrâneo o ponto focal, tanto para defesa contra Napoleão como para o ataque, o local em que mais facilmente ele poderia ser induzido a agir de modo a esvair seus recursos. Numa carta à rainha de Nápoles, ele diz:

> A mente inteligente de Sua Majestade compreenderá rapidamente as grandes coisas que poderemos fazer no Mediterrâneo. Neste lugar, Napoleão é mais vulnerável. É daqui que poderemos mais facilmente ferir seu orgulho, e humilhá-lo a ponto de fazê-lo aceitar condições razoáveis de paz.[9]

Entretanto, a Grã-Bretanha, não tendo cuidado de seu poder militar durante a breve paz com a França, e alarmada com a ameaça de invasão do seu território metropolitano, só pensava na segurança e de suas águas territoriais. Nessas condições, sua capacidade ofensiva no Mediterrâneo estava limitada.

Como Nelson, Napoleão entendia a importância do Mediterrâneo, mas, embora sua intenção fosse controlar esse mar algum dia, na ocasião ele estava voltado para a invasão da Grã-Bretanha e não podia dividir suas forças em dois empreendimentos de maior vulto. Para ele, o objetivo era manter a área sob tensão e, por ações diplomáticas sobre os estados neutros, reduzir os recursos do inimigo até o limite extremo de uma situação de paz. Quanto mais ele se aproximasse dessa linha limite sem cruzá-la, maior o seu êxito.

Gibraltar e Malta representavam para os britânicos duas bases de operação inexpugnáveis, a razoável distância uma da outra, e ambas bastante próximas de pontos cujo controle era essencial. No período de comando de Nelson, os três pontos focais e áreas de perigo foram os estreitos de Gibraltar, o calcanhar da bota italiana e Toulon. Os dois primeiros, representavam áreas onde as linhas de comércio se estreitavam, sendo de particular exposição ao comércio marítimo; no terceiro ponto estava a esquadra francesa que tinha de ser controlada e, caso tentasse sair, destruída. Assim, as forças de Nelson ficavam divididas: a maioria dos navios menores, patrulhando as proximidades da bota e dos estreitos de Gibraltar, para proteção do tráfego marítimo. A divisão de Malta, com a obrigação de patrulhar a boca do Adriático e os estreitos de Messina, com o propósito de impedir a passagem dos franceses, em pequenos grupos, ou para a Sicília ou para as ilhas jônicas; a maioria dos navios de linha, ao longo de Toulon, para controlar a esquadra francesa.

O comando de uma força nas condições já descritas, numa região em que os ventos e os mares são de excepcional violência, e os suprimentos de alimentos e água muito difícil de obtenção, já que toda a região adjacente era hostil ou sob grande influência da França, fez com que a direção de Nelson durante esse período fosse um triunfo da administração naval. Durante 22 meses, com a força nunca indo para um porto que não fosse uma enseada aberta numa costa neutra, sem capacidade de fornecer suprimentos, os navios sob o comando de nosso almirante atuaram com eficiência, chegando ao fim do período em condições de obter uma vitória naval de valor inigualável.

A logística dos navios era um enorme desafio. Provisões, água e suprimentos de toda espécie eram trazidos na estação que ocupavam, fosse no mar ou em enseadas pouco frequentadas dentro dos limites da patrulha. Os alimentos frescos, indispensáveis para a manutenção da saúde dos tripulantes, representavam o maior desafio não só pela pressão dos franceses sobre os neutros, mas também pela necessidade de efetuar o pagamento em dinheiro vivo. Sem dúvida, Nelson dependia de sua logística na Sardenha e precisava de um ancoradouro que estivesse em tal posição que estivesse bastante próximo de sua área de patrulha. Um grupo de ilhas – ilhas Madalena, – próximo à extremidade norte da Sardenha, onde existia madeira e água, formava com a ilha principal uma boa baía, com uma vantagem decisiva para Nelson: tinha duas entradas de tal modo dispostas que podiam ser alcançadas com vento provindo de qualquer direção.

Essa baía tornou-se, portanto, um ponto ideal de encontro para os navios britânicos, onde transportes podiam descarregar seus suprimentos para os navios, e estes podiam ser reparados e supridos. Embora estivesse a cerca de 200 milhas de Toulon, isso não constituía um sério problema, pois Nelson não queria a frota muito próxima de Toulon. Para ele, a posição inicial era manter os navios de 30 a 40 milhas para oeste da entrada da baía de Toulon, posição que, segundo ele, era ideal para impedir a junção de uma frota espanhola vinda de oeste, e também que lhe permitiria, caso o vento norte rondasse durante uma tempestade para norte-noroeste, procurar abrigo nas ilhas Hyères, e no norte-nordeste, no cabo São Sebastião. Com isso, dizia ele: "dou oportunidade para que os navios deixem Toulon e com isso possam ser destruídos no mar".

Embora o estado de saúde dos homens da força fosse excelente, o mesmo não se pode dizer de Nelson. Ele estava debilitado a tal ponto que os médicos, no início de 1804, julgavam que ele deveria voltar para casa. Sua saúde estava agravada pelo seu estado de extrema ansiedade por Emma, de quem ele esperava um segundo filho. Nasceu uma menina, que teve vida curta.

No dia 12 de maio de 1804, houve mudanças na alta administração naval da Grã-Bretanha, com São Vicente deixando o seu cargo, assumido por lorde Melville. Um pouco antes, Nelson foi promovido a vice-almirante (do branco).

A vida a bordo dos navios era absolutamente tediosa. Nas palavras de Nelson:

> Nossos dias são tão iguais que, descrevendo um, você descreve todos. Agora [em outubro] nós tomamos o café da manhã à luz de velas e vamos todos para cama às 8 horas. Nós navegamos, navegamos e um dia é tão igual aos outros que dificilmente os podemos distinguir, mas a esperança, bendita esperança nos mantém esperançosos de que um dia os franceses sairão, e em então considerarei meu dever para com a minha pátria cumprido.[10]

Melhor ainda para descrever o transcurso de um dia de navegação na esquadra é o registro feito por um dos médicos do navio, dr. Gillespie:

> Às 6 horas, meu servente traz uma luz e me informa da hora, vento, estado do tempo e o rumo do navio, quando me visto imediatamente e geralmente observo o convés, sendo a aurora, nessa estação e latitude aparente desde entre 6h30 e 6h45. O café da manhã é anunciado na cabine do almirante, onde lorde Nelson, o contra-almirante Murray (comandante da frota), capitão Hardy, comandante do Victory, o capelão, o secretário, um ou dois oficiais do navio, e o seu humilde servo, se reúnem e tomam o café da manhã, consistindo em chá, pãezinhos em forma de rolo, torrada, e quando terminamos dirigimo-nos para o convés para apreciar a majestosa vista do sol nascente (dificilmente obscurecido por nuvens neste esplêndido clima), navegando sobre as suaves e plácidas águas do Mediterrâneo, onde se apoiam os orgulhosos e formidáveis bastiões da Grã-Bretanha, seguindo em marcha regular seu almirante no Victory. Entre 7h e 14h há muito tempo para tratar de negócios, estudar, escrever e fazer exercício; em assuntos diversos eu pretendo me entreter de modo a estar permanentemente ocupado. Às 14h, uma banda de música toca até 14h45, quando então bate o tambor com a música chamada "O rosbife da velha Inglaterra", anunciando o jantar do almirante, que é servido

exatamente às 15h, e que geralmente consiste em três pratos e uma sobremesa de frutas escolhidas [fato este que permite avaliar a frequência com que havia contato com a terra], juntamente com três ou quatro dos melhores vinhos, a champanhe incluída. Se uma pessoa não se sentir perfeitamente bem deve ser por culpa sua, tal a urbanidade e hospitalidade que reinam aqui, não obstante os numerosos títulos, as quatro ordens de cavaleiro usados por lorde Nelson, e os lauréis bem merecidos que ele conquistou. Café e licores encerram o jantar, lá para 16h30 ou 17h, depois do qual todos passeiam no convés onde a banda de música toca por cerca de uma hora. Às 18h é anunciado o chá quando então todos se reúnem de novo na cabine do almirante, onde o chá é servido até às 19h e, conforme a tendência de cada um, continua a conversação com o senhor lorde relaxado, embora ele seja sempre totalmente livre de rigidez e pompa como é possível com sua dignidade própria, e é muito comunicativo. Às 20h horas, um copo grande de ponche com bolo ou biscoito é servido, e logo após desejamos ao almirante boa noite (que geralmente está na cama antes de 21h). Este é o relatório de um dia no mar num dia de tempo bom ou pelo menos moderado, em que este castelo flutuante navega através da água com a maior firmeza que se possa imaginar.[11]

Para combater a monotonia, Nelson mudava constantemente a área de patrulha, indo às vezes para Toulon, Ville Franche e Barcelona, depois mudando para Minorca, Maiorca, Sardenha e Córsega. Mais difícil, porém, era combater as saudades de Emma e de Horatia. A uma proposta de Emma de vir para o Mediterrâneo, talvez Malta ou, não sendo possível, para bordo do próprio Victory, Nelson não aceitou: Malta era demasiado longe de sua patrulha e não podia conceber Emma a bordo do navio nas frequentes tempestades no inverno mediterrâneo.

As condições do tempo em julho de 1804 convenceram Nelson que ele não poderia suportar um outro inverno no Mediterrâneo. Sua saúde continuava ruim e a única vista piorava muito, possivelmente por ele passar a maior parte do tempo sob o forte sol mediterrâneo. Napoleão, agora imperador, poderia estar pensando em sérias negociações de paz. Em agosto, ele escreveu para o primeiro lorde do almirantado, visconde Melville, pedindo licença para se ausentar do posto para recuperação da saúde. Seu desejo era passar apenas alguns meses em casa e regressar, acreditando que Bickerton poderia responder pelo comando durante sua ausência. Pouco depois, Nelson já se arrependia de ter escrito a carta. Dia 13 de outubro, o cúter John Bull chegou trazendo notícias classificadas de secretas, cópia das enviadas a Cornwallis, bloqueando Brest, para enviar duas fragatas para interceptar o comboio vindo da América para a Espanha, esperada ao largo de Cádis, com destino a Ferrol. Essa notícia queria dizer que a guerra contra a Espanha era iminente. Nelson enviou imediatamente para o local o Donegal, de 80 canhões, acompanhado por quatro fragatas, mas esses navios não chegaram a tempo de evitar o desastre diplomático. O comandante espanhol da força que acompanhava o comboio, sentindo-se confrontado por uma força igual, resistiu. Passados apenas 10 minutos, um dos navios mercantes espanhóis explodiu, matando 13 senhoras que estavam a bordo, e logo os outros três navios se renderam. A Espanha expediu ordens para retaliar contra propriedades britânicas e a 12 de dezembro declarou guerra à Grã-Bretanha.

Alguns dias antes, em 2 de dezembro, Nelson soube da chegada de sir John Orde e pensou que este viria substituí-lo. Passados 15 dias, ele recebeu a informação de Orde de que este havia recebido instruções para bloquear Cádis, com cinco navios de linha que o acompanhavam. Ora, isso representava uma divisão de responsabilidade com Nelson, cabendo a Orde a possibilidade de fazer fortuna com as presas, tão logo a guerra fosse declarada.

Na tarde do dia do Natal, o Swiftsure juntou-se à força de Nelson, ao largo de San Sebastian, trazendo notícias. Sua permissão para voltar para casa tinha sido concedida e o almirantado concordara que Bickerton o substituísse na sua ausência. O seu comando havia sido reduzido, conforme Orde lhe havia informado.

Nelson manteve as ordens em segredo e partiu para patrulhar Toulon, onde encontrou ainda a frota francesa, cujo número de navios havia aparentemente aumentado para 11 navios de linha e 18 fragatas. Após uma semana, Nelson partiu para Madalena.

Na tarde de 19 de janeiro de 1805, no estreito de Agincourt, quando as suas fragatas deixadas para vigiar os franceses, aparecerem, com todas as suas velas, com o sinal tão esperado desfraldado ao vento: "o inimigo está no mar".

O plano de Napoleão, que, em função de circunstâncias variáveis receberia algumas mudanças, era genial na sua simplicidade. Ele determinou que seus navios espalhados em diversos portos – 20 em Brest, 10 em Toulon e 5 em Rochefort – iludissem o bloqueio britânico, evitassem qualquer engajamento e, após se reunirem com uma força espanhola de cerca de 15 navios de linha, se dirigissem para Martinica, ponto forte francês nas Índias Ocidentais. Lá, isoladamente ou em pequenos grupos, espalhassem o terror entre as possessões britânicas. Bonaparte acreditava que, em função desses ataques, os britânicos reagiriam, enviando pelo menos 30 navios de linha para a área, enfraquecendo assim as defesas do seu território metropolitano, criando a oportunidade, ainda que transitória, para a invasão da Grã-Bretanha que, numa ação "diversionária", faria o desembarque de uma tropa da Irlanda, e um desembarque em larga escala nas costas da Inglaterra, utilizando para isso os cerca de 150 mil soldados estacionados em Boulogne.

Ignorando esses planos, ao ser informado de que a força francesa deixara Toulon, Nelson perseguiu-os inutilmente em todo o Mediterrâneo. A força francesa, agora sob o comando do almirante Villeneuve, o sobrevivente do Nilo, devido à morte de seu antecessor, foi caçada por Nelson até o início de maio, sem sucesso. Nessa altura já havia indícios de que Villeneuve havia passado Gibraltar e se dirigido para Martinica.

Na verdade, a força francesa passara por Gibraltar no dia 8 de abril, fundeando no dia seguinte em Cádis, onde seis navios de linha espanhóis haviam se juntado a ela, criando uma força combinada de 18 navios de linha. Essa força partiu para Martinica, aonde chegou a 14 de maio, com instrução de lá permanecer até 23 de junho, esperando a chegada do esquadrão de Brest (mais tarde, ao ser informado da chegada de Nelson ele anteciparia seu regresso à Europa).

Esse esquadrão, bloqueado por Cornwallis, não conseguiria, porém, deixar o porto, graças em parte às condições incomuns de tempo para aquela época do ano, e também ao excelente estado dos navios britânicos em razão da proximidade de suas bases. Condição muito diferente da dos navios de Nelson, há muito tempo sem tocar num porto, sendo abastecidos no mar. Até mesmo o escorbuto começava a mostrar a sua cara feia entre as tripulações.

Às 19h do dia 11 de maio, Nelson dirigiu-se para as Índias Ocidentais, com todas as velas abertas ao vento, em perseguição à esquadra de Villeneuve, procurando diminuir o imenso atraso que tivera para sair do Mediterrâneo, em razão dos ventos desfavoráveis que teve de enfrentar. Ele fez a travessia até Barbados em 24 dias, enquanto os franceses haviam levado 34 dias.

Durante a longa travessia, Nelson, como era seu hábito, gostava de enviar informações aos seus comandantes relativamente aos seus planos de combate. É curioso mostrar como isso era feito com uma força permanentemente em movimento.

Na época, a média da velocidade de uma força naval era de 5 e 6 nós – 1 nó corresponde a uma milha por hora ou 1,852 km/hora –, valor médio que significa que em ocasiões eram atingidas velocidades maiores – 9 a 10 nós – ou velocidade menores, em momentos de calmaria. Os momentos em que a velocidade da força era menor eram aproveitados para a entrega da correspondência. Como a velocidade de avanço de uma força é a velocidade do navio mais lento, sempre há navios com reserva de velocidade que, no caso, são os usados como mensageiros. Assim, o capitão de uma fragata era chamado a bordo do Victory e recebia as ordens a serem entregues aos demais navios. De regresso para seu navio, ele aumentava a sua velocidade colocando-se na proa de um dos navios mais lentos. Arriava então o seu bote, que era alcançado pelo navio maior e a mensagem entregue. A fragata reduzia a sua velocidade até ser ultrapassada pelo navio que recebera a mensagem, podendo então recolher o seu bote e iniciar toda a operação com os navios seguintes.

A caçada nas Índias Ocidentais foi tão frustrante como no Mediterrâneo. Algumas informações levaram Nelson a acreditar que Villeneuve estava de volta à Europa. A 13 de junho, ele seguiu o mesmo caminho, tendo na véspera enviado a fragata Curieux despachada para a Grã-Bretanha. O navio pode acompanhar Villeneuve por algum tempo, certificando-se do número e rumo dos navios. A 9 de julho, ele já estava em Londres. O novo primeiro-lorde do almirantado, Barham, logo despachou navios velozes com ordens para os esquadrões que bloqueavam Rochefort e Ferrol se unirem e tomarem uma posição 100 milhas a oeste do cabo Finisterre. Assim, sob o comando de sir Robert Calder, um esquadrão de 15 navios de linha, enfrentou, na nebulosa manhã de 22 de julho, a esquadra de 20 navios de linha de Villeneuve. A ação, travada a grande distância, foi indecisa (dois navios de linha espanhóis foram capturados); quando dias mais tarde Calder perdeu o inimigo de vista, que partiu para Vigo, onde deixou três navios, alcançando Ferrol a 1° de agosto. Calder enviou cinco navios de seu esquadrão para reassumirem o bloqueio de Rochefort e se juntou a Cornwallis, um dia antes de Nelson. Cornwallis dispensou mesmo a visita rotineira de Nelson, determinando que fosse para Portsmouth, acompanhado do Superb rumando para casa a bordo do Victory.

Depois de resolver um problema de quarentena – havia uma epidemia de febre amarela na Espanha –, às 19h do dia 19 de agosto ele desembarcou sendo ovacionado por enorme multidão apesar da chuva inclemente. Depois de se apresentar ao comandante em chefe da área, às 21h horas estava na estrada, tendo chegado a Merton às 6h do dia seguinte, após uma ausência de dois anos e três meses.

Esse breve período, de apenas 25 dias, foi, para Nelson, de grande reconhecimento público e felicidade privada junto com Emma e parentes.

A 2 de setembro, apenas uma quinzena depois de Nelson deixar o Victory, chegou o mensageiro enviado por Collingwood trazendo para o almirantado a notícia que desde o dia 20 de agosto, Villeneuve estava em Cádis com seus navios. Cerca de 40 navios estavam reunidos em um porto cujos recursos não eram capazes de suportar uma carga adicional de aproximadamente 30 mil homens, estando bloqueado por mar e dispondo de um precário sistema de comunicações por terra. Devido a isso, os aliados da França e da Espanha estavam enviando embarcações de países neutros, carregados com gêneros, em portos franceses, para pequenas enseadas próximas a Cádis, de onde essas cargas podiam ser transferidas por embarcações costeiras para o porto bloqueado, operação que os navios de alto-mar não podiam realizar. Collingwood passou a prender os navios neutros e levá-los para Gibraltar, o que, logo que reassumiu, Nelson manteve.

Tão logo recebeu a notícia, Nelson ficou perturbado. Foi então que ocorreu um episódio que, mesmo que não seja totalmente verdadeiro, demonstra o tipo especial da relação entre Emma e Nelson, tão diferente do que existiu entre ele e a esposa. Disse ela:

> Nelson, embora nós lamentemos sua ausência, ofereça seus serviços, eles serão aceitos, e você ficará por isso de coração tranquilo; você obterá uma vitória gloriosa, e então você poderá retornar para aqui e ser feliz.[12]

A resposta dele foi imediata: "Bravo, Emma! Se houvesse mais Emmas, haveria mais Nelsons".[13]

Com a mesma boa vontade como os serviços foram oferecidos, foram aceitos. Na noite de 13 de setembro, Nelson deixou Merton dirigindo-se a Portsmouth. A nota feita em seu diário na ocasião é um reflexo de seu espírito:

Noite de sexta-feira, 13 de setembro:

> Às 22h30 horas deixei a muito querida Merton, onde deixei tudo que mais amo no mundo, para servir meu rei e meu país. Queira o grande Deus, que eu adoro, que eu possa satisfazer as expectativas do meu país, e se for a Sua vontade que eu retorne, meus agradecimentos nunca deixarão de ser ofertados ao Trono de Sua Mercê. Se a sua vontade for abreviar meus dias sobre a terra, eu me inclino com total submissão, confiando que Ele protegerá os que me são tão caros que eu deixar para trás. Seu desejo será feito: Amém, amém, amém.[14]

A 28 de setembro, o Victory alcançou a frota que, até aquele momento consistia em 29 navios de linha.

Mais uma vez, damos a palavra a Nelson:

> A recepção que eu tive ao me juntar à esquadra causou-me a sensação mais doce de toda a minha vida. Os oficiais que vieram a bordo para dar boas-vindas pelo meu retorno esqueceram-se do meu posto como comandante em chefe no entusiasmo com que me cumprimentaram. Assim que essas emoções passaram, eu coloquei diante deles o plano que eu tinha previamente preparado para o ataque ao inimigo, e tive o prazer não só de ver o plano aprovado, mas entendido e compreendido.[15]

A passagem de Collingwood para Nelson teve o caráter festivo, pelo menos em parte, em razão do temperamento de Collingwood: justo, altamente treinado e eficiente, mas autocentrado, rígido, não comunicativo e que impunha restrições ao diálogo com os seus capitães.

No dia 19 de outubro, às 9h30, vindo das fragatas, chegou ao comandante em chefe, a 50 milhas de distância, o sinal que Nelson vinha há tanto tempo esperando: "O inimigo está deixando o porto".

Ia se iniciar a maior batalha naval de todos os tempos e que poria um fim à vida do maior almirante que o mundo já vira: Horatio Nelson.

Notas

[1]   Admiral Alfred Thayer Mahan, *The Life of Nelson*, London, Sampson Low Marston, 1897, v. 2, cap. XV.
[2]   Idem, cap. XVI.
[3]   Idem.
[4]   Idem.
[5]   Idem, cap. XVII.
[6]   Apud Carola Oman, *Nelson*, London, Hodder & Stoughton, 1954, p. 468.
[7]   Apud Mahan, op. cit, v. 2, cap. XVIII.
[8]   Idem, cap. XIX.
[9]   Idem.
[10]   Idem.
[11]   Idem, cap. XXI.
[12]   Idem.
[13]   Idem.
[14]   Idem.
[15]   Idem.

Depois de Trafalgar

Já vimos que, na qualidade de herdeiro de Nelson, seu irmão mais velho, William, foi feito conde. Em meados de maio de 1806, o Parlamento votou para o novo nobre uma pensão de £5 mil por ano, além de um crédito de £10 mil para a aquisição de uma residência – além da doação de £5 mil para cada uma das irmãs. Suas relações com Emma Hamilton se deterioram tendo em vista ela o acusar, talvez injustamente, de nada ter feito a favor de suas pretensões a uma pensão, mas, ao que tudo indica, o governo foi o obstáculo para isso.

William teve dois filhos com a esposa Sarah: Charlotte, que se casou com Samuel Hood, neto do grande almirante Samuel Hood, e um filho homem, Horatio, que faleceu aos 19 anos de idade em 1808. Com essa morte inesperada, o herdeiro do conde passou a ser Thomas Bolton, filho do marido de Susana, o que contrariava profundamente William, já que a sua esposa tinha passado da idade de conceber um outro filho.

Em abril de 1828, a esposa de William morreu e ele, apesar de estar com 72 anos, propôs casamento para uma jovem viúva de 28 anos que, após algumas recusas, acabou por aceitar, sendo-lhe garantidos £4 mil por ano, a doação de uma casa em Portman Square. Mas tudo foi inútil, pois William morreu 6 anos mais tarde, não tendo tido filhos. A esposa casou-se pela terceira vez com um sobrinho de Jane Austen.

A morte de Nelson foi para lady Hamilton um tremendo choque, tendo ficado algum tempo doente, acompanhada por sua mãe e por Catherine Matcham, irmã de Nelson. Aliás, as duas irmãs do almirante sempre mantiveram com Emma relações boas.

Nelson deixou para o seu grande amor a casa de Merton e um pecúlio de £500 anuais, das suas terras em Brontë. Esse dinheiro, porém, sempre foi irregular, para manter Horatia. Emma teve a sua guarda, e por isso podia lançar mão dos juros das £4 mil que ele deixara para a filha. A pensão pretendida por ela, em reconhecimento dos serviços prestados quando embaixatriz, esposa de sir Hamilton, na corte napolitana, nunca lhe foi concedida. Devido à vida extravagante que sempre levou – suas dívidas remontavam ainda à época em que seu marido estava vivo – e ao seu possível retorno à jogatina, sempre viveu com dificuldade; com a morte de Nelson, a situação só fez piorar.

Depois de algumas tentativas, conseguiu vender Merton por £13 mil, o que, por algum tempo, aliviou a sua situação. Após 60 anos da morte de Nelson, o lugar já não tinha nada que lembrasse o grande herói. O progresso, mesmo na tradicional Inglaterra, não se detém diante de sombras de um passado já distante.

Em 1813, Emma chegou a ser presa, por duas vezes, por não pagamento de dívidas. Para fugir à pressão dos credores, acabou indo para Calais com Horatia, onde morreu a 15 de janeiro de 1815, com 51 anos. Sua vida era pacata, tendo até melhorado de saúde devido ao bom ar do campo, os exercícios leves e a sensação de liberdade e, sobretudo, pelo seu sucesso na sua melhor "atitude", sua representação de uma grande dama inglesa. Segundo o testamento de Horatia, seu hábito de beber em quantidades assustadoras foi comprometendo seu comportamento e sua saúde.

Com a morte da sua guardiã, Horatia, com 14 anos, foi morar com Catherine Chatman. Antes do falecimento, ela já havia escrito para a tia, queixando-se de que a vida com Emma estava se tornando muito difícil por causa da bebida.

Horatia, entretanto, reconhecia as grandes qualidades de Emma:

> Com todos os defeitos de lady H – e ela tinha muitos – coexistiam muitas boas qualidades que, se ela tivesse caído em mãos melhores, teriam feito dela uma mulher muito superior. De minha parte, é justo dizer que apesar de todas as dificuldades, ela, até os últimos meses finais, sempre gastou com a minha educação etc., todos os juros da soma deixada para mim por lorde Nelson, que estavam inteiramente sob controle dela.[1]

Durante dois anos, Horatia viveu com os Chathaus na bucólica Ashford Lodge, no vilarejo de Slaughan, quando eles resolveram se mudar para o exterior, um velho sonho acalentado pela família. A filha de Emma foi, então, viver com a outra irmã de Nelson, Susanna Bolton, em Norfolk. Na ocasião, embora estivesse apenas com 16 anos já estava noiva. O noivado não durou muito, pois, segundo Horatia, ela logo descobriu que o noivo não tinha as características por ela desejadas. Logo depois, porém, ela noivou de novo, dessa vez com o reverendo Philip Ward, o que faz pensar que talvez esse jovem tenha sido a principal causa do rompimento do primeiro noivado: Ward tinha todos os atributos para ser o príncipe encantado de qualquer mocinha leitora de romances: jovem, bonito e bem-intencionado, o jovem tornou-se marido de Horatia a 19 de fevereiro de 1822. Na paz rural em que ela vivia, a partir daí, anualmente ela punha uma criança no mundo. Teve uma vida feliz, plena e longa, tendo sido sua principal preocupação achar trabalho para os filhos e bom casamento para as filhas.

Horatia, apesar das inúmeras pesquisas que fez durante anos, nunca soube que era filha de Nelson e Emma. Somente após a sua morte, aos 81 anos, surgiram documentos, em 1893 e 1894, que não deixaram dúvida quanto a isso.

Em 1894, três filhas de Horatia, reconhecidas como netas do almirante, receberam pensão do estado.

Lady Nelson, esposa do almirante, recebeu do governo uma pensão de £2mil. Embora fosse considerada por muitos uma mulher desinteressante e preconceituosa, não se pode negar que até o fim da vida ela demonstrou sempre a mais completa devoção ao marido. Após a morte de Nelson, dedicou-se totalmente ao filho Josiah, que vinha tendo dificuldades, conforme já comentamos, na sua carreira naval, a ponto de, em 1800, ter sido enviado para sua casa com o propósito de corrigir os problemas que vinha enfrentando. Ele nunca mais voltaria, porém, a embarcar como oficial da Marinha Real. Entretanto, aparentemente ele herdara do pai a capacidade para negócios e, aplicando nas bolsas de Londres e Paris, tornou-se um homem próspero. Casou com 40 anos, mas, com a idade de 50 anos, morreu subitamente de pleurisia, deixando três filhas – outros quatro filhos morreram ainda na infância.

No dia 6 de maio de 1831, Fanny faleceu.

★ ★ ★ ★ ★

Por toda a Grã-Bretanha, Nelson teve a sua memória lembrada. Logo monumentos foram erigidos em Guildhall e St. Paul; um arco foi erigido no parque do castelo Townsend, perto de Cork, com uma inscrição dizendo que ele tinha sido construído por 1.200 marinheiros voluntários, em 5 horas, dia 10 de novembro

Nau Victory corta a linha de batalha franco-espanhola durante a Batalha de Trafalgar. Apesar de ter sido muito avariada no combate, a Victory sofreu extensos reparos e até hoje permanece no serviço ativo da Marinha Real britânica. [*The Battle of Trafalgar, 21 October 1805; The Victory cutting through the French line* (1810), por Nicholas Pocock]

de 1805, em homenagem ao vitorioso de Trafalgar; em Dublin, Portsdown Hill e a rua Sackville receberam colunas graciosas e, em Edimburgo, Carlton Hill foi adornada com uma torre gótica; em Liverpool, Birmingham, Glasgow, Norwich e Yarmouth foram erigidos monumentos grandiosos; por todo o país, inumeráveis ruas e prédios públicos receberam nomes do almirante e dos seus feitos heroicos.

Desde 1827, teve início a demolição, em Londres, de grande número de casebres sujos, verdadeiros pardieiros, na área a oeste de St. Martin in the Fields. As obras se arrastaram, porém, por muito tempo, e o local foi aberto ao tráfego somente em 1845 na sua forma atual. No centro da praça está a famosa coluna de Nelson, uma coluna de granito acanelado, de 170 pés e 6 polegadas de altura, tendo no topo uma estátua de Nelson, de 17 pés de altura, usando um chapéu de bico de 3 pés e 9 polegadas de ponta a ponta. O pedestal foi adornado em baixo relevo, cada um dos quatro lados por um artista diferente, com representações dos grandes feitos do almirante: São Vicente, Nilo, Copenhague e Trafalgar (a cena da morte de Nelson). A coluna é cercada por fontes e por quatro grandes leões de bronze.

Diz a tradição que a parte de cima da coluna com folhas de acanto foi fundida com o bronze dos canhões britânicos dos navios que tomaram parte na batalha, e os painéis da parte inferior, com o bronze dos canhões dos navios franceses capturados em Trafalgar.

Mas sem dúvida o maior monumento a Nelson e a Trafalgar é o Victory, o único navio do século XVIII até hoje conservado. Após a Batalha de Trafalgar, o Victory ficou muito avariado e passou por um completo reparo, terminado em 1808, ainda tendo permanecido por anos como capitânia da frota do Báltico, quando foi retirado do serviço ativo e ancorado em Portsmouth. Em 1922, como era precário seu estado de conservação, foi levado para a doca n° 2, onde sofreu extensos reparos de forma a voltar ao estado em que estava em 1805. Hoje, a doca conhecida como Portsmouth Historic Dockyard, abriga o navio, que tem comandante e tripulação, permanecendo no serviço ativo da Marinha Real britânica.

Notas

[1] Apud Carola Oman, *Nelson*, London, Hodder and Stoughton Limited, 1954, p. 688.

BIBLIOGRAFIA

DURANT, William. *História da civilização:* a Era de Napoleão. Rio de Janeiro: Record, 1975.

KEMP, Oliver (ed.). *The History of Royal Navy.* London: Arthur Barker, 1969.

MACINTYRE, Donald; BATHE, Basil W. *Man of War.* USA: Castle Books, 1974.

MAHAN, Admiral Alfred Thayer. *The Life of Nelson.* London: Sampson Low Marston, 1897, 2 v.

MASEFIELD, John. *The Life in Nelson's Time.* USA: United States Naval Institute, 1971.

OMAN, Carola. *Nelson.* London: Hodder & Stoughton, 1954.

SUGDEN, John. *Nelson: A Dream of Glory, 1758/1797.* London: Jonathan Cape, 2004.

VIDIGAL, Armando; ALMEIDA, Francisco Alves de. *Guerra no mar.* Rio de Janeiro: Record, 2009.

WARNER, Oliver. *Great Battle Fleets,* Norwich: Jarrold & Sons, 1974.

_____. *Great Sea Battles.* Verona: Arnaldo Mondadori, 1968.

O AUTOR

Armando Vidigal foi vice-almirante. Graduou-se em Ciências Navais pela Escola Naval e foi membro do Instituto de Geografia e História Militar, do Núcleo de Estudos Estratégicos da Unicamp, do Instituto Brasileiro de Estudos Estratégicos e do Centro de Estudos de Política e Estratégia da Escola de Guerra Naval. Exerceu importantes funções na Marinha, tais como diretor da Escola de Guerra Naval e comandante do Terceiro Distrito Naval. Conferencista em Portugal, Argentina, Chile, Colômbia, Equador, Paraguai, Uruguai e Suécia. É autor e organizador de diversos livros. Pela Editora Contexto é coautor de *História das guerras*.

OS REVISORES TÉCNICOS

Francisco Eduardo Alves de Almeida é capitão de mar e guerra da Reserva. Graduado em Ciências Navais pela Escola Naval e em História pela UFRJ, é mestre em História Comparada e conduz pesquisa de doutorado sobre História Naval do século XVIII, também pela UFRJ. É professor de Estratégia da Escola de Guerra Naval e 2º vice-presidente do Instituto de Geografia e História Militar do Brasil.

William de Sousa Moreira é capitão de mar e guerra da Reserva. Graduado em Ciências Navais pela Escola Naval, é mestre em Administração pela Universidade Central da Venezuela. Doutorando em Ciência Política (UFF), conduz pesquisa sobre "Ciência, Tecnologia e Poder", na área de Estudos Estratégicos. É professor de Estratégia da Escola de Guerra Naval e membro da Associação Brasileira de Estudos de Defesa (ABED).

PATTON
o herói polêmico da Segunda Guerra

João Fábio Bertonha

Patton foi um dos personagens mais famosos e controversos da Segunda Guerra Mundial. General competente e carismático, ficou conhecido pelas suas falas pouco convencionais, como aquela da famosa cena de abertura do filme que leva seu nome. Originário de uma família rica e poderosa (sendo considerado o mais rico oficial do Exército dos EUA na sua época), Patton era capaz de falar com a linguagem simples dos soldados. Seu poder de persuasão podia levar a tropa aos maiores sacrifícios, o que fazia dele um comandante amado e odiado ao mesmo tempo. Exigia disciplina e obediência dos seus comandados, mas entrava constantemente em conflito com seus superiores. Seu desempenho durante a Segunda Guerra Mundial foi muito importante para a derrota do nazismo, mas Patton combatia um exército que defendia o racismo sem abrir mão de seus próprios preconceitos contra negros e judeus. Em *Patton: o herói polêmico da Segunda Guerra*, a vida desse homem contraditório, verdadeiro profissional da guerra, é destrinchada, seu talento bélico realçado, sua incapacidade de conviver pacificamente exposta. O livro contém ainda bibliografia comentada, mapas ilustrativos de momentos decisivos da Segunda Guerra e fotos marcantes daquele que foi ao mesmo tempo herói e anti-herói.

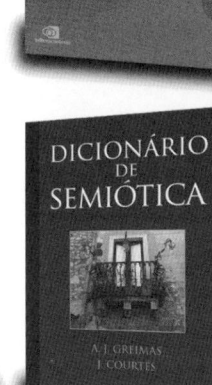